U0113346

发掘内蒙古历史文化 服务"一带一路"建设研究丛书

朝 克 主编

内蒙古钢铁工业发展历程与 "一带一路"建设研究

The Study on the Development of Iron and
Steel Industry in Inner Mongolia and
the Belt and Road Construction

武月清 仪德刚 著

中国社会科学出版社

图书在版编目（CIP）数据

内蒙古钢铁工业发展历程与"一带一路"建设研究／武月清，仪德刚著．—北京：中国社会科学出版社，2021.10
（发掘内蒙古历史文化 服务"一带一路"建设研究丛书）
ISBN 978 - 7 - 5203 - 8561 - 9

Ⅰ.①内… Ⅱ.①武…②仪… Ⅲ.①钢铁工业—工业发展—内蒙古②"一带一路"—国际合作—研究—内蒙古 Ⅳ.①F426.31②F125

中国版本图书馆 CIP 数据核字（2021）第 111815 号

出 版 人	赵剑英	
责任编辑	张冰洁	侯聪睿
责任校对	杨 林	
责任印制	王 超	

出　　版	中国社会科学出版社
社　　址	北京鼓楼西大街甲 158 号
邮　　编	100720
网　　址	http://www.csspw.cn
发 行 部	010 - 84083685
门 市 部	010 - 84029450
经　　销	新华书店及其他书店

印　　刷	北京君升印刷有限公司
装　　订	廊坊市广阳区广增装订厂
版　　次	2021 年 10 月第 1 版
印　　次	2021 年 10 月第 1 次印刷

开　　本	710×1000 1/16
印　　张	16
插　　页	2
字　　数	223 千字
定　　价	88.00 元

凡购买中国社会科学出版社图书，如有质量问题请与本社营销中心联系调换
电话：010 - 84083683

总　序

内蒙古自治区人民政府交办的重大委托课题"发掘内蒙古历史文化，服务'一带一路'建设"于2017年10月课题经费下拨后正式启动。

在课题经费下拨之前，根据内蒙古自治区主席布小林提出的："要坚定不移地以习近平总书记提出的新时代中国特色社会主义思想和关于'一带一路'建设的重要论述为指导，深入贯彻党的十九大和十九届二中、三中全会精神，认真贯彻落实习近平总书记提出的哲学社会科学工作要为党的路线方针政策及经济社会建设服好务的重要论述。要充分解放思想、求真务实、与时俱进，深入发掘内蒙古源远流长的历史文化与文明，充分发挥内蒙古政府交办的重大委托课题的示范引导作用，为党和国家工作大局及'一带一路'建设服好务。要从内蒙古地区自身优势出发，科学解读和阐释'一带一路'建设的核心内容、性质和目的及其现实意义，进而更科学、更有力、更积极地推动中俄蒙乃至延伸到欧洲各国的'一带一路'建设"以及她所指出的"该项重大委托课题要将对策研究、应用研究及理论研究紧密相结合，对策、应用研究要从内蒙古地区和'一带一路'建设的实际情况出发，要以该地区'一带一路'建设的重大理论和现实问题为主攻方向，深入实际和强化实证性研究，拿出具有重要决策参考价值和实践指导意义的对策性、应用性、实用性调研报告或研究成果。在基础研究和理论研究方面，要实事求是地发掘和充分反映内蒙古地区的历史文化与文明，进而为中华民族多元一体的历史文化与文明不断增添新的内涵，为内蒙古'一带一路'建设不断增加新的活力和生命力"等指导思想为主题，2017 年 3 月在内蒙古自治区人民政府办公厅（以下简称内蒙古政府办公厅）负责人的主持下，北京和内蒙古两地的相关专家学者在京首次召开课题工作会议。与会专家学者针对自治区主席提出的课题思路、课题内容、课题意义、课题框架、课题实施计划等展开了广泛而务实的讨论，随后将会议讨论稿交给了内蒙古政府领导。在这次召开的课题会上，初步做出如下几项决定：一是，由中国社会科学院民族文学研究所党委书记朝克研究员主持该项重大委托课题。二是，重大委托课题内部要分：（1）蒙古族与欧亚草原历史文化渊源；（2）元朝商贸往来与"一带一路"贸易畅通研究；（3）蒙古始源与中蒙俄"一带一路"地名考释；（4）蒙古族民俗文化与"一带一路"建设研究；（5）蒙古族文学艺术与"一带一路"建设研究；（6）内蒙古农牧业文化与"一带一路"建设研究；（7）蒙古族教育科学医疗文化与"一带一路"建设研究；（8）草原丝绸之路与呼伦贝尔俄侨历史文化研究；（9）内蒙古草原丝绸之路与中蒙俄经济走廊建设研究；（10）内蒙古语言文字与"一带一路"建设研究，共 10 个子课题。三是，根据参加该项重大委托课题专家们多年从事的科研工作实践及研究领域和专业特长，由中国社会科学院历史研究所青格力研究员、中央民族大学黄健英教授、内蒙古党校吉日格勒教授、中国社会科学院民族学与人类学研究所色音研究员、中央民族大学汪立珍教授、内蒙古社会科学院王关区研究员、内蒙古师范大学党委书记傅永春教授、呼伦贝尔学院院长侯岩教授、内蒙古社会科学院院长马永真研究员、内蒙古师范大学孟和宝音教授分别承担 10 项子课题的科研工作任务。四是，每个子课题要完成一部科研专著，同时还要写一份同研究课题相关的政策对策调研报告或相关政策对策性建议。并要求政策对策性调研报告或相关政策对策性建议要在课题启动后的第一年年底完成，课题专著类研究成果要在课题启动后的第二年年底完成。五是，该项重大委托课题在下拨经费后两年内完成。六是，课题总负责人同子课题负责人签署课题合同责任书。七是，课题的日常事务性工作、各子课题间的相互协调、各子课题组在内蒙古地区开展调研或资料搜集时协助提供各方面的方便条件、政策对策建议及调研报告的撰写工作、课题《工作简报》的编辑工作等均由内蒙古自治区研究室（参事室）来负责。该项课题在正式启动之前，课题组核心成员及各子课题负责人先后召开两次工作会议，主要是进一步讨论第一次课题工作会议上拟定的课题实施计划及相关内容，以及如何更好、更快、更高质量地按计划完成各项子课题科研工作任务等方面的事宜。在广泛而反复讨论的基础上，最后对于课题实施计划及要求做出了明确规定，其规定基本上保持了第一次课题工作会议上拟定的事项和内容，只是对有关子课题题目和相关子课题负责人做了必要调整。

内蒙古自治区人民政府交办的该项重大委托课题经费于2017年10月份下拨到各子课题负责人所属部门的账号，从此各子课题组开始正式启动了各自承担的科研工作。2018年7月，各子课题组基本上都撰写完成了各自承担的对策研究报告。其中，有的课题组完成了两份对策调研报告。而且，调研报告经课题组负责人会议讨论通过后，第一时间交给内蒙古自治区研究室（参事室）进行审阅。随后，根据内蒙古自治区研究室（参事室）提出的建议，将这些对策研究报告，分别交给中央党史和文献研究院及中国社会科学院从事政策对策研究的资深专家进行审阅。各子课题组根据审阅和审读专家提出的意见，对政策研究报告做了必要修改和补充，同时淘汰了个别审阅未通过的政策研究报告。最后将10个子课题组审阅通过并进行修改补充的13篇对策研究报告，合订成30余万字的《内蒙古自治区人民政府重大委托课题"发掘内蒙古历史文化，服务'一带一路'建设"之对策研究报告》，交给了内蒙古自治区研究室（参事室）。

各子课题组承担的科研工作，也基本上按计划于2019年年底完成了田野调研、资料搜集整理和分析研究、撰写课题成果专著等方面的工作任务。在这里，有必要说明的是，由于两位子课题组负责人的先后去世，以及一些子课题组负责人工作岗位、工作部门、工作性质的变动和调整,加上有些子课题组负责人所承担的行政管理工作或其他科研管理工作过重而很难拿出一定时间主持该项课题等原因,在具体实施这一重大委托课题的实践中,对有关子课题组负责人做了及时调整和补充。另外,也有个别子课题组核心成员由于所承担的其他各种科研工作任务过重等原因,自动申请退出了该项课题。所有这些,给内蒙古政府交办的重大委托课题的顺利推进带来了一定困难。但在内蒙古自治区研究室(参事室)领导和相关人员的积极协调和帮助下,在课题组负责人及所有课题组专家学者的共同努力下,除了极个别的子课题组没有按时完成课题成果的撰稿工作之外,绝大多数子课题组均按时提交了作为课题研究成果的初步定稿。

在这里,还需要交待的是,课题总负责人同内蒙古自治区研究室(参事室)负责人共同商定后,在课题进行的过程中根据一些子课题组负责人的变化与变动,重新调整了第三、第八及第十子课题组负责人。重新调整后的这三个子课题组负责人分别是蒙古国国立大学的超太夫博士(第三子课题书稿补充修改完成人)、呼伦贝尔学院的斯仁巴图教授(第八子课题负责人)、中国社会科学院民族文学研究所的朝克研究员(第十子课题负责人)等。其中,蒙古国国立大学的超太夫博士主要在相关专家的协助下,负责完成其父亲内蒙古党校吉日格勒教授基本成型的课题研究书稿。以上子课题组负责人的及时调整,对于该项重大委托课题的顺利推进产生了积极影响和作用。另外,还根据该项重大委托课题的指导思想及科研任务、研究内容,将第八子课题题目改为"内蒙古草原旅游文化与'一带一路'建设研究"。依据课题工作安排,将初步完成并提交上来的各子课题组书稿,全部送交中国社会科学院、内蒙古社会科学院、内蒙古大学、内蒙古师范大学的相关专家进行审阅。对于各子课题组完成的书稿,审阅专家们提出了不同程度的修改意见。然而,从 2019 年年底至 2020 年年中的半年多时间,受新冠肺炎疫情影响,一些子课题组对审稿专家提出的书稿修改所需的补充调研工作未能按计划推进。这期间,各子课题组根据现已掌握的第一手资料也做了一些补充和修改，但一些具体数字还需要经过再次补充调研才能够进一步完善。疫情得到基本控制后，子课题组专家学者在第一时间对于书稿修改内容做了补充调研，并在较短时间里完成了课题书稿的修改完善工作。其实，从2019年年底到2020年9月，该项重大委托课题的各子课题组又将修改补充的书稿，在不同时间段内分别让不同专家学者反复审阅2—3次。而且，审阅专家学者都从各自的角度提出不少意见和修改建议。最后，于2020年9月至10月，把审阅通过并修改完善的书稿先后交给了中国社会科学出版社，顺利进入了出版阶段。

内蒙古政府交办的该项重大委托课题在具体实施的两年多时间里，各子课题组负责人和参加课题研究的专家学者，先后用汉文和蒙古文公开发表41篇学术论文，在中蒙俄"一带一路"沿线地区开展37次实地调研，并在北京、呼和浩特、海拉尔及蒙古国的乌兰巴托等地先后召开14次不同规模、不同内容、不同形式、不同层面的大中小型学术讨论会、专题讨论会、学术报告会等。与此同时，还内部印发四期课题《工作简报》，主要报道课题组负责人工作会议、子课题组负责人的变动和调整、整个课题工程的推进、各子课题组承担的科研工作进度、各子课题组取得的阶段性成果及发表的论文或相关文章、不同规模和内容的课题学术讨论会及课题推进会、国内外进行的学术考察和田野调研、课题进行中遇到的问题或困难等方面的内容。另外，内蒙古自治区研究室（参事室）还先后印制了四本约200万字课题阶段性研究成果汇编及资料汇编。所有这些，对于整个课题的顺利推进产生了极其重要的影响和作用。

众所周知，从元代以来的"丝绸之路"到当今新时代强有力推进的"一带一路"建设的漫长历史岁月里，内蒙古作为通往俄罗斯和蒙古国乃至通向欧洲各国的陆路商贸大通道，为欧亚大陆国际商贸往来、商业活动、商品交易、文化交流发挥过并一直发挥着极其重要的作用。特别是，当下内蒙古对外开放的边境口岸，已成为我国对外开放和

"一带一路"建设的重要枢纽。根据我们现已掌握的资料，内蒙古草原边境地区有 19 个对外开放的口岸，关系到内蒙古边境陆路口岸和国际航空口岸的地区共有 14 个旗（市）及呼和浩特市和呼伦贝尔市。其中，发挥重要枢纽作用的是，对俄罗斯开放的满洲里口岸和对蒙古国开放的二连浩特口岸，以及呼和浩特、海拉尔、满洲里 3 个国际航空口岸等。所有这些，给元代以后兴起的草原"丝绸之路"远古商业通道注入了强大的活力和生命力，并肩负起了以中蒙俄为主，包括欧洲各国的商贸活动和经贸往来，乃至承担起了东西方文化与文明交流的重要使命。正因为如此，从草原古"丝绸之路"到新时代"一带一路"建设这一条国际商贸大通道上，内陆地区的商人同俄罗斯和蒙古国的商人之间，建立了互敬互爱互信互勉互助的友好往来和深厚友谊。尤其是，内陆地区的商人同生活在草原"丝绸之路"与"一带一路"通道上的内蒙古各民族之间，建立了不可分离、不可分割的商贸合作关系和骨肉同胞关系。所有这些，毫无疑问都表现在他们的你中有我、我中有你的历史文化与文明，乃至他们的经济社会、生产生活、风俗习惯、语言文字、思想教育、伦理道德、宗教信仰等方方面面。也就是说，从草原古"丝绸之路"到新时代"一带一路"建设的漫长历史进程中，他们的相互接触、互相交流、思想沟通变得越来越深，进而对于彼此的影响也变得越来越广。其中，语言文化方面的相互影响更为明显。

我们在该项重大委托课题里，从历史学、地理学、地名学、社会学、经济学、政治学、文化学、语言文字学、教育学、民族学、民俗学、文学艺术、外交学、宗教学等角度，客观翔实地挖掘整理和分析研究了内蒙古草原对古"丝绸之路"的作用和贡献及在新时代"一带一路"建设中如何更好地发挥作用、蒙古汗国和元朝时期古"丝绸之路"商贸往来与内蒙古"一带一路"贸易畅通之关系、古"丝绸之路"上的蒙古族与欧亚草原历史文化的渊源、内蒙古草原古"丝绸之路"对亚欧大陆历史进程的影响、蒙古族游牧文化与中蒙俄"一带一路"农牧业和生态合作关系、蒙古族科教医疗事业的发展对于"一带一路"建设的贡献、内蒙古地区蒙古族民俗文化与"一带一路"民心相通的内在合力、蒙古族文学艺术与"一带一路"建设的关系、内蒙古草原旅游文化对"一带一路"建设产生的重要推动作用、中蒙俄"一带一路"建设及语言文字资源的开发利用等学术问题。我们认为，从13世纪初开始，八个多世纪的人类历史的进程中，内蒙古地区对于草原古"丝绸之路"商贸往来发挥过极其重要的作用。在强有力地推动中国政府倡议的开放包容、和平发展、合作共赢，以及政治上高度互信、经济上深度融合、文化上广泛包容的"一带一路"建设的新时代，内蒙古草原作为欧亚大陆的大通道，在这关乎人类命运共同体、人类责任共同体的伟大工程及历史实践中，同样发挥着十分积极而重要的推动作用。

朝 克

2020 年 12 月

目　　录

图 目 录

表 目 录

前　言

钢铁工业是一个国家建设的基础工业,在中华人民共和国成立以前,本土炼铁生产极其落后,以近代方式运作的钢铁工业非常稀少。从 1896 年有产铁记录起,到 1949 年间,只生产了 2250 万吨铁。从 1907 年有产钢记录到 1949 年间,只生产了 686 万吨钢,[①] 最高年产钢仅 92.3 万吨。1949 年粗钢产量仅有 15.8 万吨,居世界第 26 位,钢铁产品主要依靠国外进口。

随着经济建设的发展,新中国钢铁工业也开始进入迅猛发展的时代,第一个、第二个五年计划期间建设了鞍钢、武钢、包钢、太钢等大型钢铁联合企业。[②] 1958 年,提出了工业发展"以钢为纲,纲举目张,全国大炼钢铁"的口号,更加突出了钢铁工业在全国工业发展中的重要地位。中国的冶金工业就是 20 世纪 50 年代起鞍钢、包钢、武钢依赖成套设备的进口发展起来的,通过进口成套设备,引进关键技术,培养、锻炼了一大批科研技术干部和管理人才,推进了我国冶金工业的发展和技术进步。

1949 年到 1965 年,钢铁工业发展经历了四个阶段:一是恢复时期

---

① 中国经济概况编写组:《中国经济概况》,新华出版社 1983 年版,第 94 页。

② 钢铁工业的基本生产过程是在炼铁炉内把铁矿石炼成生铁,用生铁水炼成钢,再铸造成钢锭或连铸造坯,经轧钢等方法加工成各种用途的钢材。拥有上述全过程生产设备的企业就是钢铁联合企业。中国现代钢铁工业是指 1949 年后的钢铁工业。选自中国大百科全书编辑委员会《中国大百科全书·矿冶》,中国大百科全书出版社 1980 年版,第 170、850 页。

(1949—1952 年), 1952 年钢产量达到 134.9 万吨, 超过历史上年产量的最高水平。二是第一个五年计划时期(1953—1957 年), 在苏联援助和全国支援下, 成功地建成了鞍钢大型轧钢厂、无缝钢管厂和七号高炉等三大工程, 1957 年全国钢产量达到 535 万吨, 钢铁技术工作主要是引进苏联的技术和借鉴其管理经验。三是"大跃进"时期(1958—1960 年), 开展了全民大办钢铁, 由于急于出铁、出钢的主观愿望超过国力的可能, 违反按比例协调发展的客观规律, 造成国民经济和钢铁工业内部的比例失调, 使钢铁生产形成三年大起, 两年大落(1961—1962 年)的局面。四是调整时期(1961—1965 年), 1961—1962 年是钢铁行业最困难的时期, 随着国民经济调整, 钢铁工业从 1963 年开始逐步恢复振兴, 1966 年不仅生产了 1532 万吨钢, 而且大部分生产技术经济指标创造了很高的水平。

现代钢铁工业从战争的废墟中崛起, 以苏联支援的八个钢铁项目(新建武钢、包钢、北满钢厂、吉林铁合金厂、吉林炭素厂、热河钒钛厂、改扩建鞍钢和本钢)为基础开始发展, 还进行了大冶钢厂、太钢、唐钢等近 20 个企业的改扩建工程。特别是鞍山、武汉、包头三大钢铁基地的兴建, 对全国经济发展具有重大意义, 标志着中国钢铁工业发展史的新纪元。[1] 1953—1957 年, 我国年均增加钢产量 80 万吨, 平均年增长 31.6%, 经历了钢铁工业的第一个发展黄金期。这一时期, 国家的政策是实事求是, 立足于自身特点, 制定积极的技术政策。很快这一决策被"多快好省"的技术政策所代替, 违背了钢铁工业发展规律, 使中国钢铁工业付出了代价。直到国民经济调整时期钢铁工业才又逐步振兴恢复起来, 绝大多数技术经济指标创造了历史最高水平, 出现了第二个黄金时期, 形成了一个布局比较合理、大中小相结合的钢铁工业体系。包钢在这一期间处于建设初期, 也经历了起起伏伏的发展, 大致分为四个阶段: 第一阶段是准备阶段(1953 年—1957 年 7 月)。主要是选择厂址, 进行勘测设计, 拟订建设方案, 集结施工力量

---

[1] 文强:《中国钢铁工业发展史(一)》, 学苑音像出版社 2004 年版, 第 41 页。

和进行生产准备工作。第二阶段是大规模建设阶段（1957 年 7 月—1960 年年底）。首先是矿山和机修总厂的建设，然后是以 1959 年国庆十周年出铁为目标，从黄河水源工程到炼铁、焦化、洗煤、电厂、厂区运输、铁路枢纽，全厂区的水、电、气线路等工程的全面展开，掀起了包钢建设大会战的高潮。再者就是为 1960 年五一出钢展开炼钢系统的工程。第三阶段是保温护炉的困难阶段（1961 年—1963 年上半年）。国家遇到了严重的经济困难，包钢被迫减产、精简，包钢只能做一些保温护炉、保养轧机设备的工作。第四阶段是 1963 年下半年开始到 1965 年，这是包钢经过调整使生产建设逐步走上正轨的阶段，包钢扭亏为盈，实现连续三年盈利上升。这四个阶段的发展历程与中国钢铁工业发展脉络相似，其经历的社会背景、受到的决策影响也几乎一致。

自 1927 年发现白云鄂博富含铁矿以来，我国于 1950 年成立了"白云鄂博地质调查队"，对主矿进行调查，1953 年开始筹建包钢，1957 年开始大规模建设。包钢是我国在少数民族地区建立的第一个大型钢铁联合企业，是内蒙古自治区最大的工业企业，包钢的建成和发展结束了内蒙古寸铁不产的工业落后状态，促进了包头地区机械、煤炭、电力、交通运输、建筑、建材等行业和城市建设的发展，使北部边陲小镇——包头变成一个以钢铁为中心的工业基地。包头成为我国重工业城市之一，并以"草原钢城"闻名于国内外，对开发边远地区资源、发挥边远地区优势，起到了积极的作用，促进了内蒙古地区经济的发展，改善了我国钢铁工业的布局，填补了冶金工业的许多空白，对加速国家工业化进程和改变内蒙古自治区经济面貌有着极其重大的意义。

包钢是新中国成立后中国从苏联引进钢铁技术并实现本土化的典型案例，是中国现代钢铁技术①研究的重要内容。因此对包钢建设初期的技术发展及其影响因素进行分析研究，可以对我国这一时期大型冶

---

① 本书采用吴熙敬主编的《中国近现代技术史》中的说法，现代钢铁技术指 1949 年后的钢铁技术。

金技术国产化历史进行系统总结，以点带面，从一个缩影中管窥我国现代钢铁技术早期发展的脉络。中国科技史研究揆古察今，考察包钢这段技术发展的历史是重要的个案，可以给当今中国钢铁技术发展提供历史经验。

1927 年丁道衡发现白云鄂博铁矿，建议在包头附近建设钢铁企业，1953 年开始筹备，1954 年正式成立包钢，1959 年投产。根据 1953 年 5 月 15 日签订的中苏协议规定：包钢规模为年产钢 300 万吨，分两期建设，苏联只担任第一期（150 万吨/年）的设计和供应第一期的设备。但初步设计实际是按年产钢 300 万吨的规模做了总体设计，并在其中规定了第一期建设的各项工作，一期工程预计 1962 年完成，二期工程于 1965 年完成。① 在实际实施方案中，包钢建设最终经历了怎样的改变？到 1965 年包钢的建设发展到什么程度？引进的高炉炼铁生产系统②、炼钢生产系统③等技术是怎样的？后期有没有自己的技术创新？包钢的建设发展除了技术这一因素外还受到哪些因素的影响？这一系列问题

----

① 中国共产党中央委员会：《中共中央批准包头钢铁公司初步设计任务书》，（中发卯 33 号）1956 年 4 月 4 日。

② 高炉炼铁生产系统：高炉生产的过程，实际上是用焦炭（包括煤粉、油、气等燃料）对铁矿（主要是含铁的氧化矿物）进行"还原"的过程。焦炭和铁原料（烧结矿或球团矿或富铁矿），配上熔剂等从炉顶布入炉内，高温热风从炉缸上部鼓入，经过还原反应，铁原料被还原并熔化为铁水，其他物质形成渣水，与铁水分开，高炉采用富氧鼓风、高压操作、高风温、喷吹煤粉或富氧，实行精料和自动控制等多种新技术后，单位容积的日产量（也称利用系数）大幅度提高。吨铁燃料和焦炭消耗（称综合燃料比和焦比）显著下降。（选自文强《中国钢铁工业发展史》，学苑音像出版社 2004 年版，第 9—10 页。）

③ 炼钢生产系统：炼钢实际上是将废钢和熔融铁水，加上熔剂（石灰、石灰石、萤石等），在炼铁炉中使铁水的杂质元素氧化并加入合金元素的过程。通过炼钢，铁水中的部分碳氧化成一氧化碳或二氧化碳逸出，其他杂质元素以氧化物或其他化合物状态进入炉渣，使钢达到预定的化学成分。炼钢最初采用平炉炼钢，后来广泛采用氧气顶吹转炉或转炉复合吹炼，电炉生产也逐渐高效化，一般为了提高钢的质量，减少炼钢炉负担，会在炉前加铁水预处理（去硫、去磷、去硅）装置，在炉后加各种炉外精炼的设备以降低钢中含气（氢、氧、氮等）量，消除有害杂质，提高钢的纯净度和质量。（选自文强《中国钢铁工业发展史》，学苑音像出版社 2004 年版，第 9—10 页。）

都值得探讨。本文的研究时间主要界定在 1953—1965 年这一阶段，但文中也追溯到 1927 年白云鄂博矿的发现过程，并对后续包钢到 1993 年完成最初 300 万吨规划的发展状况都进行了概述，以求看到包钢的整体发展概貌。为行文方便，书中 50 年代等均指 20 世纪 50 年代或 60 年代等。包头钢铁公司历经几次改名，本书均以"包钢"代称。在进入正题之前，首先对中国现代钢铁技术史及包钢的相关研究文献进行梳理。

一　对中国现代工业史的研究

前人对中国现代工业史的研究已经有了丰硕的成果。祝慈寿所著的《中国现代工业史》[①] 论述了 1949—1989 年中国工业建设成就和历史演变，按工业经济特征把新中国工业的历史发展初期分为四个时期：国民经济恢复时期的工业（1949—1952 年）；生产资料私有制的社会主义改造时期的工业（1953—1957 年）；社会主义建设"大跃进"时期的工业（1958—1960 年）；国民经济调整时期的工业（1961—1965年）。书中梳理了各个历史时期的工业发展、工业布局的演变等并按部门对冶金工业的发展进行了介绍；刘国良的《中国工业史》（现代卷）[②] 从经济史的角度梳理了中华人民共和国成立初期工业的恢复、第一个五年计划期间的工业、"大跃进"时期的中国工业直至经济改革开放工业持续发展的中国工业经济史，论述了在国家计划经济体制下，像冶炼这样的重工业命脉都属于国营工业，而国营工业的价值目标直接服从于政府的政治、经济和社会目标，因此政府的战略政策直接影响着工业的发展，而且该书直面"大跃进""大炼钢铁"等史实，反映了当时的面貌，给出适当的评价；《十年来的机械工业》（文集）对 1949—1959 年的机械工业发展进行了介绍，周子健对十年来重型与矿

①　祝慈寿：《中国现代工业史》，重庆出版社 1990 年版。

②　刘国良：《中国工业史》（现代卷），江苏科学技术出版社 2003 年版。

山机械工业的发展进行了概述；彭敏的《当代中国的基本建设》[①] 对当代中国工业建设的背景、政策及冶金工业的发展都有叙述；《中国工业五十年——新中国工业通鉴》[②] 共九部，客观记载了新中国经济工作和体制变革的中国工业史典，包括经济领域特别是工业方面的方针政策、重要讲话、会议材料、工业统计信息、重大事件等，史料翔实，对研究新中国成立后的 50 年的工业发展历程有很高的实用性。

二　对中国现代钢铁工业技术史的相关研究

董光璧的《中国近现代科学技术史》[③] 与吴熙敬的《中国近现代技术史》[④] 以中国技术进步的思路对近现代科学技术进行了叙述，提到 50 年代苏联对中国的技术援助。《中国近现代技术史》对钢铁工业的发展及钢铁生产中采矿、炼铁、炼钢、轧钢、耐火材料、炼焦等环节的技术发展以及矿山和冶金机械装备进行了概述；王麦的《当代中国钢铁工业的科学技术》[⑤] 总结了 1949—1984 年这一历史时期钢铁工业科学技术工作的发展和各个方面的成就、历史经验，是我国第一部钢铁工业科学技术的发展史，对各个专业如采矿、选矿、炼铁、炼钢、资源综合利用等做了剖析，有一章专门对包头资源综合利用情况进行介绍，还介绍了包钢研究所的发展和成就；《当代中国的钢铁工业》[⑥] 一书展示了新中国钢铁工业 1949—1995 年的发展历程，同时总结了四十六年来钢铁工业在发展过程中所取得的诸多宝贵经验，介绍了包钢从筹备

---

① 彭敏主编：《当代中国的基本建设》（上、下卷），中国社会科学出版社 1989 年版。

② 国家经济贸易委员会编：《中国工业五十年——新中国工业通鉴》（1—9 部），中国经济出版社 2000 年版。

③ 董光璧：《中国近现代科学技术史》，湖南教育出版社 1997 年版。

④ 吴熙敬主编：《中国近现代技术史》，科学出版社 2000 年版。

⑤ 王麦主编：《当代中国钢铁工业的科学技术》，冶金工业出版社 1987 年版。

⑥ 邓力群、马洪、武衡：《当代中国的钢铁工业》，当代中国出版社 1996 年版。

到 1993 年的发展概要;《中国炼铁三十年(1949—1979)》① 论文集,记录了新中国成立以来我国高炉炼铁在生产技术、理论研究以及高炉结构和设备等方面的一些已被采用的新技术文章,反映了我国高炉炼铁在这些方面所经历的发展过程和取得的主要成就,是 1949—1979 年我国炼铁事业发展的纪实;《十年来的中国科学》(冶金,1949—1959)② 是对新中国成立后有关冶金科学技术成就的一个初步总结,内容包括采矿、选矿、耐火材料、冶金焦、炼铁、炼钢、轧钢、钢质量、合金钢系统、重有色金属冶炼和轻金属冶炼十一个部分;景晓村的《当代中国的机械工业》③ 介绍了新中国机械工业 1949—1985 年的发展过程,该书第六章专门对重型矿山机械工业发展做了介绍,其中包括冶金技术装备的发展概况;《中国钢铁工业五十年》④ 是我国钢铁工业50 年发展的真实记录,体现了对我国钢铁工业发展的客观总结;《中国钢铁工业五十年数字汇编》(上、下卷)⑤ 是一本大型资料性工具书,对 1949—1999 年中国钢铁工业进行统计资料汇总,全面记述新中国成立后我国钢铁工业 50 年的整体发展情况,重点记述了各省、市、自治区钢铁工业的发展与变化情况等;《冶金工业四十年 1949—1989》⑥ 编录了钢铁工业领导人、冶金部、几大钢铁公司经理等回忆或研究性文章共 40 篇,对冶金工业 40 年的曲折发展进行了论述,还收录了当代中国钢铁工业的大事记(1949—1989);《丰碑——崛起的中国钢铁工业

---

① 中国炼铁三十年编辑小组:《中国炼铁三十年(1949—1979)》,冶金工业出版社 1981 年版。

② 中国科学院编译出版委员会:《十年来的中国科学》(冶金,1949—1959),科学出版社 1960 年版。

③ 景晓村主编:《当代中国的机械工业》,中国社会科学出版社 1990 年版。

④ 中国钢铁工业五十年编辑委员会:《中国钢铁工业五十年》,冶金工业出版社 1999 年版。

⑤ 中国钢铁工业五十年数字汇编编辑委员会:《中国钢铁工业五十年数字汇编》(上、下卷),冶金工业出版社 2003 年版。

⑥ 冶金报社:《冶金工业四十年 1949—1989》,经济日报出版社 1990 年版。

1949—2005》① 简单介绍了中国十个五年计划期间中国钢铁工业所取得的成绩，对其发展历程做了回顾，概要地介绍了各个钢铁公司，配有多幅插图；《中国钢铁工业发展史》② 对新中国钢铁工业的发展从多个方面进行了论述；《周传典文集》③ 共 4 部，分别为论中国钢铁工业发展战略，论中国钢铁工业科学管理，论中国钢铁工业的科技进步，论中国炼铁工业，从不同角度对新中国钢铁工业技术发展进行了论述；户田弘元的《世界钢铁工业和钢铁企业》④ 一书对当今世界钢铁工业的结构调整及其特点，钢铁工业中新产业的形成，以及在结构调整的形势下世界钢铁企业的战略等都做了深入的分析。

美国一些经济学者曾关注中国当代钢铁工业的技术引进，M. Gardner Clark 于 1973 年曾出版 *The Development of China's Steel Industry and Soviet Technical Aid*⑤ 一书，作者以研究苏联等社会主义国家的经济发展见长，从经济学和技术角度分析比较了 1957 年苏联援建中国和1958 年后中国寻求独立自主发展钢铁工业的两种模式；Wu Yuan‒li 的 *The Steel Industry in Communist China*⑥ 一书对 50 年代中国钢铁工业的状况做了研究；Janice Martha Hinton 于 1985 年完成的博士论文 *China's Steel Industry：The Policy Implications of Technology Transfer to the People's Republic of China*,⑦ 分别考察了宝钢、武钢、首钢和攀钢的技术引进，

---

① 王霞主编：《丰碑——崛起的中国钢铁工业 1949—2005》，冶金工业出版社 2006年版。

② 文强：《中国钢铁工业发展史》，学苑音像出版社 2004 年版。

③ 《周传典文集》编委会：《周传典文集》（1—4 卷），冶金工业出版社 2001 年版。

④ ［日］户田弘元：《世界钢铁工业和钢铁企业》，那宝魁等译，冶金工业出版社1994 年版。

⑤ M. Gardner Clark, *The Development of China's Steel Industry and Soviet Technical Aid*, New York：Cornell University Press, 1973.

⑥ Wu Yuan‒li, *The Steel Industry in Communist China*, New York：the Hoover Institution on War, Revolution and Peace, 1965.

⑦ J. M. Hinton, *China's Steel Industry：The Policy Implications of Technology Transfer to the People's Republic of China*, Santa Monica：Rand, 1986.

测算了四家企业技术引进的成本效益等指标，讨论和评价了中国当代钢铁行业技术引进的效果。该论文用经济学方法来讨论技术引进的问题，值得近现代技术史研究借鉴。Ronald Hsia 的 *China's Industrial Growth，1953—1957，*[①] *Economic Planning in Communist China，*[②] *Steel in China：It is Output Behavior Productivity & Growth Pattern*[③] 都从不同的角度对钢铁工业进行了分析，指出中国钢铁工业快速发展是源于农业基础扎实，这种快速发展在 1958—1962 年被打破，1962 年国民经济调整后才有所恢复；分析了鞍钢、本钢、太钢、石景山钢铁厂在国家计划经济下的生产规划、工厂机械建设等；并从钢铁的生产力和经济增长方式分析了中国钢铁工业的发展。

《1985 中国钢铁工业年鉴》[④] 是第一本中国钢铁工业年鉴，有很多新中国成立以后中央钢铁方面的重要文件、统计数据等，从国家的角度对一些钢铁发展过程的问题进行了评价。之后几年的统计年鉴也有一部分论述新中国成立到 1965 年我国钢铁工业发展情况，包括冶金部等相关领导人对"大炼钢铁"时期钢铁工业发展的分析。《1949—1979 国内外钢铁统计》对苏联、美、日、德、英、法等世界大多数国家钢铁行业的各项指标进行了统计，世界总量中包括对中国的估计，但没有对中国的单独统计，资源很多来源于联合国的统计年鉴，有一定的参考价值。

《中国冶金史料》[⑤] 从 1985 年到 1994 年共 34 期，主要以总结冶金

①　Ronald Hsia，*China's Industrial Growth，1953—1957*，The ANNALS of the American Academy of Political and Social Science，1959，321（1）：71 - 81.

②　Ronald Hsia，*Economic Planning in Communist China*，Hongkong：International Secretariat，Institute of Pacific relations，1955.

③　Ronald Hsia，*Steel in China：It is Output Behavior Productivity & Growth Pattern*，Hongkong：International Secretariat，Institute of Pacific relations，1971.

④　冶金工业部《中国钢铁工业年鉴》编辑委员会：《1985 中国钢铁工业年鉴》，冶金工业出版社 1985 年版。

⑤　中国冶金史料编辑部：《中国冶金史料》，1985—1994 年，（共 34 期）。

工业的发展史实和经验教训为主，在发刊词①中指出冶金工业所走过的路程，最宝贵的经验就是一定要坚持实事求是的思想路线。新中国发展的实践证明，违背了这一条，冶金工业发展就受到阻碍，凡是坚持了这一条，冶金工业建设就会顺利进行。史料刊登了一批重要的历史文献（重要会议及讲话等），并记录了新中国钢铁工业的光辉成就。有很多冶金专家的回忆录、人物述林栏目记述了一些为中国钢铁工业做出重大贡献的钢铁行业专家、领导。当时的《钢铁》《冶金报》《钢铁译丛》等杂志都比较详细地介绍了国内及苏联等国家的钢铁生产技术。

对苏联技术向中国转移的研究主要有张柏春编著的《苏联技术向中国转移（1946—1966）》，从技术转移这一视角探讨了 20 世纪 50—60 年代现代技术在中国的建立和发展，是理解包钢建设时期的社会背景、国家制度及当时的工业建设等很好的参考资料，其中《工业基础援建项目个案：汽车制造技术》对本书的写作有重要的参照价值。

方一兵的《汉冶萍公司与中国近代钢铁技术移植》② 一书系统回顾了汉冶萍公司（近代中国第一家煤铁联合企业）进行大规模西方钢铁技术移植的历史过程，包括对设备的引进和改造，中国首批钢铁工程师、技术工人的培养及其作用，中国首部钢轨技术标准的难产等史实进行了研究，深入探讨汉冶萍公司对中国近代钢铁技术体系的构建所产生的影响。因此对于包钢作为现代大型钢铁联合企业，从苏联进行钢铁技术引进历程的研究有一脉相承的关系，在研究思路上对本书有很大启发。

姜曦的《当代中国钢铁工业的技术嬗变——1949—1965 年冶金工业与社会的思考》③ 是根据著名冶金学家魏寿昆院士口述整理而成，这部书谈到这一时期中国钢铁工业主要技术问题方面的一些内容，通过

---

① 吕东：《从历史经验中学习》，《中国冶金史料》1985 年第 1 期，第 2 页。

② 方一兵：《汉冶萍公司与中国近代钢铁技术移植》，科学出版社 2011 年版。

③ 姜曦：《当代中国钢铁工业的技术嬗变——1949—1965 年冶金工业与社会的思考》，《北京科技大学学报》（社会科学版）2014 年第 30 卷，第 4 期，第 1—9 页。

以平炉作为全国学习苏联的技术代表，侧吹空气转炉作为强调"独立自主，自力更生"的技术代表，"大炼钢铁"作为技术曲折和突变的代表，来观察当代中国钢铁工业发展的观念模式和技术特点。

三　对包钢的研究

科学史研究离不开对原始史料的挖掘与整理，这是进行史学研究的出发点。本书的参考文献主要有三类，第一类是档案资料，包钢档案有详细的包钢建设的全部资料，本书收集到了部分文书档案及当时的决策文件、包钢设计任务书、各种报告等，《包钢志》中也节录了一部分包钢的档案资料。这类资料是本书的一手资料。

第二类是包钢档案馆、厂史办公室编写未公开出版的一些志书、史料选辑等资料，包括包钢史志办公室 1985 年开始编写的《包钢志》从第一编到第十八编都是以较客观的语言撰写了包钢（1927—1985 年）发展的基本历程。各分厂的志书或史料集锦如《白云鄂博铁矿志（1949—2006）》《包钢无缝钢管厂志（1958—2010）》《包钢轨樑厂史料简辑》《包钢炼钢厂四十年史料集锦》等，其主要资料来自档案文献，也为本书研究提供了很好的参考资料。

《包钢史料选辑1—14 辑》来源于档案资料和亲历者的回忆，这些文章比较翔实，就事论事，如曾任包钢经理的李超写的《李超谈包钢初期生产建设》；董传喜的《包钢高炉"三口一瘤"攻关琐记》等对包钢初期的生产建设及技术改造进行了系统的论述。也有一些文章在纪事的基础上加上个人评述，如曾任包钢炼钢厂厂长的金志中在其撰写的《包钢生产建设中的几个问题》中结合自己的亲身体验分析包钢建设中存在的问题，总结经验教训。张超英的《一九五九年全国支援包钢活动的缘起和有关情况综述》详细地记录了全国支援包钢的过程。包钢史料选辑第 12 辑是炼铁厂投产三十周年专辑，对包钢炼铁厂的相关技术及发展历程进行了叙述。

《包头史料荟要》是由包头市地方志编修办公室及包头市档案馆编

纂的内部刊物，共发行 14 辑，里面与包钢有关的文章有 10 多篇，如其中的《丁道衡与白云鄂博铁矿的发现》① 对丁道衡发现白云鄂博铁矿并进行初步勘探的有关情况进行了说明，附有丁道衡的科学考察报告，并做了简单的注解。《包头城市的规划和发展概况（上、下）》② 介绍了依据包钢的建设对包头城市进行规划及其发展的情况；《包钢第一座现代化高炉的建设》③ 对包钢 1 号高炉的建设情况进行了概述；《包头稀土科研发展简史》④、《前程似锦的稀土工业》⑤、《白云鄂博稀土矿物的发现者——何作霖》⑥ 及其他关于稀土的文章对于稀土和稀土工业的发展情况及稀土发现者做了较为详细的介绍等。

《昆都仑文史资料选编》⑦ 是包头市昆都仑区文史资料委员会编写的内部刊物，有关于包钢建设的多篇文章。如《包头黑色冶金设计院

---

① 马棣、黄声光：《丁道衡与白云鄂博铁矿的发现》，载包头市地方志史编修办公室，包头市档案馆《包头史料荟要》（第二辑）（内部发行），内蒙古出版局，1980 年，第 28—52 页。

② 李茂荣：《包头城市的规划和发展概况》（上、下），载包头市地方志史编修办公室，包头市档案馆《包头史料荟要》（第三辑）（内部发行），内蒙古出版局，1980 年，第 21—33 页。

③ 关唐：《包钢第一座现代化高炉的建设》，载包头市地方志史编修办公室，包头市档案馆《包头史料荟要》（第四辑）（内部发行），内蒙古出版局，1980 年，第 34—50 页。

④ 马鹏起：《包头稀土科研发展简史》，载包头市地方志史编修办公室，包头市档案馆《包头史料荟要》（第五辑）（内部发行），内蒙古出版局，1981 年，第 14—38 页。

⑤ 吴克宇、祁国基：《前程似锦的稀土工业》，载包头市地方志史编修办公室，包头市档案馆《包头史料荟要》（第五辑）（内部发行），内蒙古出版局，1981 年，第 39—48 页。

⑥ 马棣：《白云鄂博稀土矿物的发现者——何作霖》，载包头市地方志史编修办公室，包头市档案馆《包头史料荟要》（第五辑）（内部发行），内蒙古出版局，1981 年，第 49—58 页。

⑦ 政协包头市昆都仑区文史资料委员会：《昆都仑文史资料选编》（内部发行），1987 年。

诞生前后》①、《小包钢今昔》②、《包头钢铁公司科学技术的发展》③ 等多篇包钢史料文章，对了解包钢初期建设是很好的参考资料。

《包钢史话》④ 中大多数文章是亲历者对包钢建厂初期的地质勘探、设计、施工和生产、文教等方面的回忆录，描绘了当时艰苦创业建设包钢的一些场景。

《内蒙古包头钢铁基地的建设与发展》上、下册⑤是对以上这些资料中典型资料的收集出版，包括1953—1999年大事记及一些重要文献、专题资料等，没有进行其他深入的研究和探讨。

包钢于建厂三十周年编写的《包钢画册》收入图片700余帧，文字说明4万余字，是一部再现包钢历史、反映包钢早期发展历程的大型纪念性图片集；五十周年编辑的《历史镜头中的包钢》以图为主，以文衬图，用摄影的表现方式直观地记述、反映包钢发展脉络和总体情况，记述、反映不同时代政治、经济宏观环境下的包钢生产、建设、工作和生活，是包钢五十年创业发展史的缩影。

黑白故事影片《草原晨曲》，主要描写了新中国成立初期蒙古族、汉族人民建设包头钢铁基地，蒙古族的第一批钢铁工人被派到鞍钢学习，以及白云鄂博护矿、开矿等故事，对于理解当时的建设背景有重要的意义。2004年拍摄的《见证包钢》6集电视系列专题片，是包钢最完整、最系统的影视史料。

第三类属于各种公开出版资料，从包钢建立至今，各种体裁的文章以新闻报道、技术文献、志书等形式散见各期刊、报纸、书籍等。

---

① 姜志鹏、顾钧：《包头黑色冶金设计院诞生前后》，载政协包头市昆都仑区文史资料委员会《昆都仑文史资料选编（第一辑）》（内部发行），1985年，第79—83页。

② 高志勤：《小包钢今昔》，载政协包头市昆都仑区文史资料委员会《昆都仑文史资料选编（第三辑）》，（内部发行），1987年，第68—72页。

③ 于俊：《包头钢铁公司科学技术的发展》，载政协包头市昆都仑区文史资料委员会《昆都仑文史资料选编（第四辑）》（内部发行），1988年，第23—34页。

④ 包钢关协丛书编辑组：《包钢史话》，包钢关于下一代协会，1994年。

⑤ 张宇：《内蒙古包头钢铁基地的建设与发展》，内蒙古人民出版社2013年版。

多家报刊对包钢的建设进行了系列报道,形成了包钢科研等专题剪报五册(1957—1996)、包钢辉煌五十年系列丛书八本等以及《尽工业长子之责圆民族复兴之梦——纪念包钢成立 60 周年》。《苏联引进四十年》是有关技术转移的原始文献,还有《建国以来重要文献选编》《1953—1957 年中华人民共和国经济档案资料选编》《若干重大决策与事件的回顾》等。

目前,国内学者对包钢技术史系统研究得比较少,主要成果有邱成岭的硕士论文《苏联援建包头钢铁基地史略》[①],以包钢作为个案,从技术引进史的角度进行了研究,从选择厂址、初步设计、施工建设等方面综述了苏联在包头钢铁基地建设中的角色,初步展示了冶金技术向中国转移的过程,谈到了苏联专家在包钢建设过程中所做的工作、所起的作用及专家撤走后对包钢建设的影响。但是对包钢成立的背景、条件、影响因素涉及不多,对引进的炼钢、炼铁技术没有论述。聂馥玲的《关于建国前白云鄂博矿的历史研究综述》[②] 对新中国成立前白云鄂博矿勘探的历史研究进行了梳理,对了解白云鄂博矿的研究状况提供了线索。霍知节的《我国第一个稀土生产工厂的创建及早期发展(1953—1963)》[③] 等文章对包钢稀土的发展进行了详细的论述。

其他发表于各期刊的论文,虽不是与科技史相关的文章,但从中可辑出有用的相关资料。如陈春元的《包钢炼铁近 20 年科技发展综述》概述了包钢 1984—2004 年炼铁技术的进步情况,比较全面地介绍了其在炼铁原料、高炉工艺及装备等方面所取得的成果及其对包钢炼铁生产发展的影响。赵德民的《包钢稀土工业的发展》综述了从成立到 1993 年的包钢稀土发展历程。严振东等人的《依靠科技进步,提高

---

① 邱成岭:《苏联援建包头钢铁基地史略》,内蒙古大学,硕士学位论文,2004 年。

② 聂馥玲:《关于建国前白云鄂博矿的历史研究综述》,《长沙理工大学学报》(社会科学版)2016 年第 31 卷第 1 期,第 28—34 页。

③ 霍知节:《我国第一个稀土生产工厂的创建及早期发展(1953—1963)》,《自然辩证法通讯》2019 年第 3 期,第 82—88 页。

设备装备水平》介绍了选矿厂投产三十年来，为提高选矿厂翻、运、破生产能力等进行的大量设备更新、改造工作。王利中的《"一五"计划与包头工业基地的建设》①谈到在"一五"时期，苏联在包头市有6项援建项目，形成以包钢为中心的工业基地，对内蒙古工业、交通事业的发展都产生了影响，促进了包头城市化的进程。

王定武的《我国钢铁冶金设备国产化问题探讨》，吴杰的《包钢建成记》，毛应民的《王鹤寿关于大炼钢铁运动的一封信》，邓金的《105地质队揭秘》，宿世芳的《关于50年代我国从苏联进口技术和成套设备的回顾》《炼铁厂1958—1998年大事记》等，也是关于包钢早期建设的相关史料，但只是反映某一个问题，多数为记述史实，没有系统论述。

四　重点解决的问题

综上所述，与包钢相关的厂志、史料选辑等只是客观陈述包钢发展历程中的史实，述而不论；其他文章对包钢的相关研究还存在相对薄弱的环节，没有形成系统性的研究，至今没有对包钢研究的专题学术著作问世，对包钢立项的原因、建设的背景及其对技术发展的影响因素等方面缺乏系统的考察和研究，尤其是缺少把包钢置于现代钢铁工业发展的体系中，从科学技术与社会（STS）的角度进行分析。鉴于目前学术界的研究状况，笔者在前人研究的基础上，对包钢建设初期这段具有鲜明特点的历史时期进行系统研究，重点解决这样几个问题：

本书以包钢为研究对象，分析在当时钢铁技术发展的战略、政策背景及社会背景下，包钢各个阶段技术发展的特点，包钢对钢铁技术的引进、消化吸收，以及包钢如何自力更生进行技术创新。国家政治和经济的需求为包钢的建立提供了必要条件，1957年包钢开工建设，带动内蒙古地区经济的发展，改变了中国钢铁工业的布局。包钢的初

---

① 王利中：《"一五"计划与包头工业基地的建设》，《当代中国史研究》2015年第22卷第1期，第109—117页。

期建设正赶上"大跃进"时期，包钢的技术创新取得了一定的成就，但在急于求成的政治导向下受到了挫折，经历了最困难的阶段。随着通过调整改造，制定符合实际的技术决策，包钢直到1964年才首次盈利，逐渐走上恢复正常发展的道路。主要内容有：

本书首先梳理了20世纪50—60年代世界钢铁工业技术发展状况，总结苏联及世界其他国家钢铁工业技术发展的特点，以及中国钢铁冶炼技术发展的状况。以前者为背景，可以衡量出中国当时从苏联引进钢铁技术的水平，了解中国钢铁技术发展基础及发展脉络。这一时期，世界钢铁工业飞速发展，钢铁冶炼技术基本成熟，苏联主要致力于冶炼设备的大型化，使得钢产量突飞猛进。日本引进了当时最先进的氧气顶吹转炉，钢铁工业的发展速度迅速提高，为其以后的发展打下了基础。新中国成立后，中苏结盟，苏联的冶金设备、专家、技术进入了中国，中国致力于大力发展重工业的形势，直接改变了中国钢铁工业原来的面貌。改扩建后的鞍钢成为中国钢铁行业的领头兵，对从苏联引进的冶炼技术进行改造创新，逐步发展中国现代钢铁工业技术。

本书第二、三章追溯了"一带一路"上白云鄂博矿的发现过程，梳理新中国成立前后对白云鄂博矿的勘探考察史实，特别是日本对这一宝山的勘探与开采计划的相关情况。分析包钢立项与建设的相关背景，这一部分旨在说明立项与建设的两个主要原因，一是白云鄂博共生矿的发展与勘探技术的发展为包钢的建设提供了丰富但复杂的矿产资源条件，以及包钢投产前选矿实验及在高炉上的冶炼实验。二是国家在钢铁行业方面的决策对包钢建立发展的作用。一方面是中国的钢铁工业还处于起步阶段，虽然发现了白云鄂博矿，但在一片荒原上建设一座大型钢铁企业需要投入大量的资金、人力，在当时的国家计划经济体制下，没有中央决策的支持，立项绝无可能。另一方面是从包钢白云鄂博矿的实验结果来看，也不完全是白云鄂博矿难选，实际是在选矿厂、烧结厂以及矿石含氟高等技术问题没有解决的情况下做出了急于出铁的决策，导致了一系列技术难题。本书第四章回顾了国家领导人对包钢建设的关怀与决策，国家在钢铁行业方面的决策及国家领导人对包钢的关注是包钢立项与建设发展的重要因素。

本书第五章还探讨研究了苏联援建包钢初期的建设情况。包括包钢从苏联引进钢铁技术的发展情况，包钢从 1953 年开始筹备，到 1965 年期间引进的钢铁技术在当时是什么样的水平，建设过程中遇到了什么问题，如何进行技术改进创新，达到了什么样的水平等，还有对包钢的钢铁技术经济指标的分析。包钢从苏联引进冶炼设备、技术，但并不适应白云鄂博矿的特殊性，投产后就产生了"三口一瘤"、高磷铁水炼钢等技术难题。书中梳理了包钢如何针对这些难题进行一系列的技术改进创新，在搞清包钢冶炼技术的基础上，总结其技术创新的特点。通过与武钢的技术经济指标对比分析，包钢的冶炼技术不仅受到矿源特殊性的影响，更受到技术决策的重要影响。

第六章分析技术能力的本土化过程，研究包钢如何进行技术人才培养以掌握这些引进的技术，冶金教育体系是如何建立起来的等相关内容，探讨苏联工程师的作用及工作特点。包钢通过引进苏联成套设备、关键技术，在苏联专家的帮助下，通过成立各类钢铁研究所、冶金学校、技术学校、企业办学校等多种职工教育方式培养、锻炼了一大批自己的科研技术工程师和技术工人，为中国早期钢铁工业培养了大量的人才，推进了中国现代钢铁工业的发展和技术进步，逐步建立起冶金教育体系。本书还以包钢首任经理工程师进行个案分析研究，分析技术型领导专家在国家正确的决策下所起的作用，对技术发展所做的贡献，反映了正是有这样一批专业工程师的献身精神，中国现代工业才能快速发展起来。

第七章对"一五"时期苏联援建的两个大型钢铁联合企业的建设进行了比较分析。首先对包钢这一时期的实际建设成果与最初规划进行了对比，分析产生这样结果的主要原因。然后与同期武钢建设情况进行对比分析，可以看出白云鄂博矿的复杂性是包钢出现技术问题的主要原因，另外技术决策也影响了从苏联引进技术的最终实施效果。

新中国成立初期国家制定了苏联援建的 8 个钢铁项目的建设，奠定了钢铁工业发展的基础。因武钢的一期工程建设早于包钢，在"大跃进"初期，配套工程已基本完成，其二期工程与包钢的主体工程正赶上提前出铁的决策，受到只重冶炼、忽视辅助配套建设决策的影响，使得技术引进后效果并没有达到预期目标。

本书最后总结了包钢技术发展活动的特点，以及包钢对现代钢铁技术发展史的意义和作用。

五 小结

本书从科技史的角度出发，力求实事求是记录当时技术发展的影响因素，客观认识当时的社会背景下包钢钢铁技术发展的来龙去脉。

前述研究留下的空白正是本书研究选题所在，本书以 1949—1965 年中国钢铁技术发展为背景，从科技史的角度对包钢引进冶炼技术进行系统的研究。20 世纪 50 年代，中国全面学苏，建立了高度集中的计划经济体制和政治体制，确立了以苏联"156 项工程"为核心的重工业优先发展的工业化方针，本书探讨在这样的背景下，包钢引进冶炼技术的相关情况。另外，本书还收集整理了大量的一手档案资料，再现了历史镜头中的包钢，从而丰富了这一时期的史料。

本书系统地把包钢放在中国现代钢铁工业发展的大背景下，并沿着两条脉络进行阐述，一是包钢白云鄂博共生矿的特殊性导致的冶炼技术问题，二是技术外的因素主要是技术决策对技术发展的影响程度，围绕这两个主题从技术社会史的角度展开相关问题的研究探讨：对包钢立项与建设的背景进行系统梳理，总结包钢立项的原因；对包钢从苏联引进的冶炼技术，如何消化吸收与创新来分析研究；梳理国家当时建设包钢的决策以及党和国家领导人对包钢建设所起的作用。

本书分析在钢铁冶炼技术引进后，苏联工程师的作用及工作特点，技术能力本土化进程中对技术工程师和技术工人的培养，怎样建立起冶金教育体系。并以包钢技术专家型领导——包钢的第一任经理工程师杨维进行个案分析。

　　本书通过与同一时期国家建设的另一个大型钢铁联合企业武钢的比较，来论述包钢技术创新活动的特点，出现技术问题的原因，技术决策对钢铁行业技术发展的影响程度及探讨对现代钢铁技术发展史的意义和作用，为今后钢铁工业的技术发展提供借鉴。

第一章

新中国成立初期钢铁工业发展概况

20 世纪 50—60 年代，世界钢铁工业经历了一个辉煌的发展时期，各国致力于工业的发展，尤其是作为工业基础的钢铁业的发展备受重视。苏联及世界其他国家钢铁工业技术发展呈现出不同的特点。以此为背景了解中国钢铁技术发展体系的状况，可以衡量出中国当时从苏联引进钢铁技术的水平，了解中国钢铁技术发展的基础和发展脉络。在"一边倒"的政策和苏联援助中国的 156 项工程的实施下，苏联的钢铁技术向中国转移，通过中外钢铁技术发展的对比，可以看出新中国钢铁技术的发展情况。

钢铁工业是一个国家重要的基础工业，其发展程度是衡量一个国家工业化发展水平的重要标志，历来受到重视。这种在国民经济中的重要地位和作用，是由其一系列技术的特性和在经济方面的优点所决定的。因此，钢铁工业对国民经济的发展具有十分重要的意义。

第一节　世界钢铁工业生产概况

1945 年以后，世界各国进入相对稳定的时期，各国都致力于工业化建设，这一方针大大促进了世界钢铁工业的发展，这一时期，钢铁产量增长速度比较快，特别是绝对量的增长是史无前例的。各国的钢铁产量统计如表 1-1、表 1-2、表 1-3、表 1-4 所示：

表1-1 世界主要产钢国的钢产量 单位：万吨

年份	美国	苏联	联邦德国	英国	法国	日本	世界总计
1946	6042	1360	255	1290	441	56	11150
1950	8785	2730	1212	1655	865	484	18960
1953	10125	3813	1542	1800	1000	766	23430
1955	10617	4527	2134	2011	1259	941	27040
1960	9007	6529	3410	2500	1730	2214	34660
1965	11926	9100	3682	2744	1960	4116	45890

资料来源：任文侠、池元吉：《日本工业现代化概况》，生活·读书·新知三联书店1980年版，第83页。

表1-2 世界主要钢铁生产国的生铁产量绝对数 单位：万吨

年份	世界[3]	中国	苏联	英国	美国
1955	19280.0	387	3331.0	1269.5	7190.6
1956	20140.0	483	3575.4	1340.6	7046.1
1957	21210.0	594	3704.0	1451.2[2]	7340.9
1958	20090.0	1369	3960.0	1318.3[2]	5340.3
1959	22440.0	2191	4297.2[2]	1278.5[2]	5636.7
1960	25910.0	2716	4675.7[2]	1601.6[2]	6225.0
1961	25660.0	1281	5089.3[2]	1498.4[2]	6052.4
1962	26540.0	805	5526.5[2]	1391.2[2]	6135.8
1963	28120.0	741	5869.1[2]	1482.6[2]	6699.8
1964	31720.0	902	6237.7[2]	1755.1[2]	7976.1
1965	33530.0	1077	6618.4[2]	1774.0[2]	8256.8

说明：（1）包括铁合金。（2）不包括电炉铁合金。（3）包括国外对中国产量的估计数。

资料来源：冶金工业部情报研究总所技术经济室：《国内外钢铁统计》，冶金工业出版社1981年版，第134—141页。

表1-3　　　　　中国与世界主要钢铁生产国钢产量的比较绝对数　　　单位：万吨

年份	世界③	中国①	苏联	英国	美国
1955	26920.0	285	4527.1	2010.8	10617.3
1956	28290.0	447	4869.8	2099.0	10452.2
1957	29260.0	535	5117.6	2204.7	10225.3
1958	27350.0	800	5492.0	1987.9	7734.2
1959	30560.0	1387	5997.2	2051.0	8477.3
1960	34660.0	1866	6529.4	2469.5	9006.7②
1961	35120.0	870	7075.6	2244.0	8891.7②
1962	36030.0	667	7630.7	2082.0	8920.2②
1963	38680.0	762	8023.1	2288.2	9912.0②
1964	43800.0	964	8503.8	2665.1	11529.1②
1965	45900.0	1223	9102.1	2743.9	11926.0②

说明：①除注明外，一般指钢锭和铸造用钢产量之和。②不包括非钢铁企业的铸钢件。③包括国外对中国产量的估计数。本表与日本工业现代化概况所统计的世界钢铁总产量有出入，原因是统计数据的范围标准选择不一致，差距不是太大，但对同一个表而言，标准是相同的，每个国家所占的比例没有受到影响。

资料来源：冶金工业部情报研究总所技术经济室：《国内外钢铁统计》，冶金工业出版社1981年版，第57—65页。

表1-4　　　　　中国占世界钢铁工业主要产品总产量的比重

产品名称	年份	中国（万吨）	世界（万吨）	中国占世界产量的比重（%）
生铁	1949	25.2	11350	0.22
	1952	192.9	14780	1.31
	1957	594	21210	2.80
	1962	805	26540	3.03
	1965	1077	33530	3.21

续表

产品名称	年份	中国（万吨）	世界（万吨）	中国占世界产量的比重（%）
钢	1949	15.8	16000	0.10
	1952	134.8	21140	0.64
	1957	535	29260	1.83
	1962	667	36030	1.85
	1965	1223	45900	2.66

资料来源：冶金工业部情报研究总所技术经济室：《国内外钢铁统计》，冶金工业出版社 1981 年版，第 41、57—65、134—141 页。

就世界钢铁总产量来说，1950 年达到 1.89 亿吨，美国钢产量为 8785 万吨，占世界钢铁总产量的 47%，而苏联占到 14.42%；到 1965 年，美国的钢产量比例下降到 25.99%，苏联上升到 19.83%，这一时期，苏联钢铁的发展速度（在产量的年增长率上）远远超过了美国。这与美国从 20 世纪 60 年代起致力于设备的现代化，提高生产效率，没有再增加生产能力有关。美国 1960 年平炉钢的产量占到 87%，到 1965 年就下降到 71.7%，开始发展电炉和氧气转炉钢，之后到 1975 年平炉钢已下降到 19.0%，而氧气转炉钢上升到 61.6%；苏联大力发展大型冶金设备，生产总量逐年增加，但总的劳动生产效率并不高，苏联到 1964 年平炉钢占到 84.3%，到 1975 年时平炉钢仍保持 64.7%，氧气转炉钢才上升到 24.6%；日本 1965 年时平炉钢只占到 24.7%，而转炉已占到 55%，钢铁发展速度相当快，这与其采用先进的氧气转炉技术分不开。[1] 从表 1－1 中可以分析出这六大产钢国的产钢量平均占到世界总产量的 75% 以上，从表 1－2、表 1－3 中可以看出中国的生铁和钢的产量虽然在逐年增加，但在世界钢产量中占的比重很小，1949 年中国钢产量仅有 15.8 万吨，居世界第 26 位。

这些统计数据表明，各国在这一时期的工业化进程中，钢铁工业

---

① 冶金工业部《中国钢铁工业年鉴》编辑委员会：《中国钢铁工业统计年鉴1985》，冶金工业出版社 1985 年版，第 764 页。

得到高速发展。主要呈现出以下几个特点：一是出现了氧气顶吹转炉等一些冶炼的新技术，突破了原来的主导工艺并日趋成熟，促进了世界钢铁工业的技术发展。二是日本能够及时引进和采用先进的顶吹转炉技术，产量迅速增长，这是日本钢铁工业飞速发展的一个突出特点。三是美国占世界钢铁总产量的比重一直很高，从 1964 年起稳定在 1 亿吨以上。四是苏联钢铁工业致力于向大型化、高速化、连续化、自动化方向发展，钢产量以最快的速度增长，紧追美国。五是中国的生铁和钢产量开始快速发展，但总产量占世界总产量的比重仍很小。

第二节 苏联钢铁工业生产概况

苏联钢铁工业的原料、燃料资源丰富，煤、铁、锰矿储量和产量均位居世界前列，是苏联发展钢铁工业十分有利的条件。1929 年起苏联钢铁工业开始大力发展起来，从 1929 年到 1955 年，苏联钢产量的每年平均增长率为 8.9%，在同一时期，英、美、法钢的产量每年平均增长率为 2.8%、2.4% 和 1.0%。这一期间苏联共建了 70 座高炉、203 座平炉和 102 台轧钢机。1951 年是苏联"五五"计划的开始，苏联钢铁工业飞速发展，到 1956 年苏联就有 16 座有效容积在 1300 立方公尺以上的高炉。在高炉生产技术上主要采用高压炉顶和定湿鼓风操作，产量占高炉冶炼生铁产量的 70%—80% 以上。在炼钢铁生产上，推行了两次装料法提高了装料量，还采用双包出钢和双包浇注法；改用能耐急冷急热的铬镁砖来砌筑碱性炉顶，提高了高炉的热负荷与强化冶炼过程，延长了平炉的使用期限。到 1956 年，使用碱性炉顶平炉所炼出的钢占平炉钢总产量的 89%，高炉利用系数达到 0.78。[①] 1960 年苏联的钢产量达到 6500 万吨，约为美国钢产量的 72%，1965 年生铁实际产

---

① ［苏］Б. Я. 利亚宾基：《苏维埃政权 40 年苏联钢铁工业的发展》，《钢铁译丛》1957 年第 12 卷，第 1—4 页。（杨直夫译自苏联杂志《钢》1957 年第 11 期）

量为 6620 万吨,比 1958 年增加 67.1%,平均年增长量为 380 万吨,钢产量为 9100 万吨,比 1958 年增加 65.7%,年平均增长量为 516 万吨。1971 年苏联钢产量(12603 万吨)首次超过了美国(10926 万吨),实现了赶超美国的目标。

一 苏联钢铁工业的特点[①]

(1)增长速度快。苏联钢产量年平均增长速度为 5.9%,稳步上升,而美国钢产量从 1953 年的 10125 万吨增加到 1973 年的 13680 万吨,年平均增长量只有 178 万吨,年增长率仅为 1.5%。日本钢铁工业到 1953 年恢复到历史最高水平,年平均增长量约 100 万吨,到六七十年代,增长速度比同期的苏联还快。

(2)投资规模大。苏联钢铁工业的投资规模很大,在世界各主要产钢国家中是占国民经济总投资比例最高的国家。苏联一直把钢铁工业作为发展国民经济和军火生产、进行扩军备战、争霸世界的重要支柱,因此钢铁工业的投资规模大大超过其他工业项目,占到同时期苏联工业投资的 8%。

(3)设备利用率高,劳动生产率低。苏联一直以大型冶金设备制造为主,在世界主要产钢国家中,苏联的设备利用率虽然高,但钢铁工业的全员劳动生产率却低。1960 年高炉利用系数达到 1.35,1965 年达到 1.51。日本高炉利用系数 1960 年为 1.09,到 1965 年达到 1.42。苏联的冶金设备一直朝着大型化、连续化、高速化、自动化方向发展,以此作为提高钢产量的重要措施,设备利用率一般在 80%—90% 以上,美国、日本等国的设备利用率一般只有 60%—70%。但苏联钢铁工业职工人数多,劳动生产率比较低,其原因之一是苏联钢铁工业包括的范围广,把矿山职工计算在内,其他国家一般不包括矿山职工,有的炼焦职工也不算在内;二是钢铁工业还没有完全机械化、自动化,水

---

① 陈汉欣、孙盘寿等:《苏联钢铁工业地理》,冶金工业出版社 1981 年版,第 1—6 页。

平仍很低，职工人数多就成为必然。

（4）钢铁供不应求。从战后开始，苏联的钢产量一直是直线上升的，苏联的钢铁主要供国内消费，进口量也大于出口量，但仍供不应求，出现这种现象，一是由于苏联把大量的钢用于制造导弹、舰艇、坦克、大炮和其他武器，用于备战。二是苏联的汽车、机械等工业部门发展得很快，再加上修筑铁路等，钢铁市场需求不断扩大。

二　苏联的炼铁生产

苏联一直致力于发展大型高炉，苏联科学院关于建设大型高炉的机械化炼铁车间的建议得到苏维埃政权的支持，早在 1941 年，就有容积为 1300 立方公尺以上的高炉。1946 年开展了全苏高炉工作后，编制了作为标准设计的新型高炉（容积为 1386 立方公尺和 1513 立方公尺），1947 年全苏高炉会议又提出建设容积为 1719 立方公尺和 2286 立方公尺的高炉。[1] 就当时的技术水平来说，苏联的高炉装料自动化接近于资本主义国家最好的高炉上所采用的自动化，自动化包括的机械有：焦炭的收集和称量、料车卷扬机、布料器、探尺卷扬机等机械。从技术操作的能力来看，在综合装料方法上优越于美国的最新装料法，之后又设计了称量车的完全自动化系统等，苏联在设备能力利用方面稳居世界首位。1945 年时，美国生铁产量为 4900 万吨，苏联生铁产量只有 900 万吨，仅为美国的 1/5。到 1965 年，苏联生铁产量为 6620 万吨，相当于美国的 82%。苏联也是世界主要产钢国家中唯一做到生铁产量不断增长的国家。[2] 表 1—5 是苏联生铁产量表（按炼铁方法划分）：

---

① ［苏］И. А. 涅克拉索夫：《苏联的炼铁生产》，《钢铁译丛》1957 年第 12 卷，第 5—8 页。（孙文俊译自苏联杂志《钢》1957 年第 11 期）

② 陈汉欣、孙盘寿等：《苏联钢铁工业地理》，冶金工业出版社 1981 年版，第 64—68 页。

表 1-5   苏联生铁产量（按炼铁方法划分）   单位：万吨

年份	生产产量合计	焦炭生铁	矮高炉和 其他生铁	木炭生铁	电炉生铁
1955	3331.0	3322.2	—	8.8	—
1956	3575.4	3565.8	—	9.6	—
1957	3703.9	3700.6	—	3.3	—
1958	3960.0	3957.4	—	2.6	—
1959	4297.2	4294.8	—	2.4	—
1960	4675.7	4673.8	—	1.9	—
1961	5089.3	5087.9	—	1.4	—
1962	5526.5	5525.5	—	1.0	—
1963	5869.1	5868.1	—	1.0	—
1964	6237.7	6235.6	—	2.1	—

说明："—"表示零。

资料来源：冶金工业部情报研究总所技术经济室：《国内外钢铁统计》，冶金工业出版社 1981 年版，第 151 页。

在这一时期，由于高炉平均容积的增大，高炉机械化的发展以及高炉生产技术水平的提高，劳动生产率也大大提高，苏联主要以焦炭生铁为主，炼铁产量大幅度增加。

三 苏联的炼钢生产

苏联在炼钢方面的主要成就是推行大型平炉（从 75 吨到 500 吨），苏联当时的平炉生产能力比其他国家都高，采用高炉煤气和焦炉煤气的混合煤气做大平炉的燃料，成功地解决了用碱性大平炉大量冶炼极为重要的合金钢问题，而其他国家只能在容量小的炉内冶炼。1956 年国立钢铁工厂设计院设计建成投产的 500 吨平炉，是当时最大的平炉，该炉第一次炉役期为 381 炉，平均一炉的重量为 489.5 吨，而熔炼时间平均仅为 13.21 小时，热修率为 6.93%，标准燃料的平均耗量为 151

公斤/吨。[①] 到1960年，65%的苏联钢铁厂都采用了大型平炉设备。钢产量从1950年的2730万吨增长到1960年的6530万吨，这与苏联采用快速炼钢法起到的关键作用分不开（见表1-6）。

表1-6　　　　　苏联钢产量（按炼钢方法划分）及构成比

钢产量单位：万吨，构成比单位:%

年份	钢产量构成比	平炉钢构成比	转炉钢		电炉钢	其他炉钢
			托马斯及贝斯麦炉钢	氧气转炉钢		
1955	4527.1 100	3985.0	200.9	—	341.2	—
1956	4869.8 100	4291.0	203.1	—	375.7	—
1957	5104.3 100	4491.5	205.7	—	407.1	
1958	5486.3 100	4756.3	274.7	—	455.8	
1959	5995.0 100	5111.8	179.5	…	514.7	
1960	6529.2 100	5510.9	186.7	…	582.0	
1961	7075.1 100	6004.9 84.9	189.5 2.7	… 3.5	630.1 8.9	—
1962	7630.6 100	6492.4 85.1	190.9 2.5	… 3.5	681.8 8.9	—
1963	8022.6 100	6806.9 84.8	197.1 2.5	… 3.4	746.4 9.3	—

① ［苏］Г. A. 加尔布兹、м. п. 萨比耶夫等：《钢铁译丛》1957年第12卷，第17—23页。（王婷娣、杜华云合译自苏联杂志《钢》1957年第11期）

续表

年份	钢产量构成比	平炉钢构成比	转炉钢		电炉钢	其他炉钢
			托马斯及贝斯麦炉钢	氧气转炉钢		
1964	8503.4 100	7162.7 84.3	198.5 2.5	… 3.8	817.2 9.6	—
1965	9100.0 100	…	…	…	…	…

说明:"—"表示零,"…"表示不详。

资料来源:冶金工业部情报研究总所技术经济室:《国内外钢铁统计》,冶金工业出版社1981年版,第76、83页。

从表1-6中可以看到苏联主要以平炉炼钢为主,基本占到84%以上,1961年开始有小型的氧气转炉炼钢,但比重仅占到3.5%左右。苏联1965年的钢产量是1955年的2倍,用了十年的时间达到了钢产量翻倍。到20世纪60年代,在各国大力发展氧气转炉的情况下,苏联仍在发展大型平炉。这一时期,采用最新的平炉技术主要有:[①]

(1)两次装料法的采用。采用500吨大型平炉比185吨平炉能够提高32%的劳动生产率,苏联的大型平炉炼钢车间有85%的钢是采用两次装料法冶炼的,两次装料是在投资额不大的情况下将现有车间产钢量提高60%的主要方法。

(2)氧气的采用。当时的钢铁厂采用氧气来强化平炉的冶炼过程,平均可提高生产率20%,节省燃料消耗10%,减少平炉矿石40%,每吨钢锭的耗氧量为35立方公尺。

(3)辅助工段的发展。钢铁工厂的浇铸方法由下铸法改为上铸法,采用的燃料主要是焦炉煤气与高炉煤气的混合煤气,而且用这种混合

---

① [苏]Д.А.斯莫良连柯:《苏联的炼钢生产》,《钢铁译丛》1957年第12卷,第9—17页。(田树梓、杜华云译自苏联杂志《钢》1957年第11期)

煤气的平炉绝大多数使用铁水。在没有高炉的炼钢厂，平炉使用重油的较多，平炉逐步改烧天然气加重油供热，提高了平炉的生产效率，燃料消耗降低。

（4）机械化及自动化的发展。苏联致力于提高平炉炼钢的生产机械化、自动化，装料的机械化，改进修炉时破坏被蚀炉体的机械化、沉渣室钢渣的清除机械化方法等，改进重油的预热、燃料的消耗等自动化平炉系统操作。

（5）连续铸钢的发展。1957 年，苏联共有 8 台试验用的和工业生产用的连续铸钢机，并开始使用 50—130 吨盛钢桶进行连续铸钢。

第三节　新中国成立初期中国钢铁技术与社会概况

一　现代钢铁工业发展的概况

旧中国钢铁生产技术和装备十分落后，最大的高炉为 690 立方米，炼钢设备主要是平炉，除鞍钢的 100 吨和 150 吨平炉（最大）外，其他是为数不多的小平炉。最大的电炉为 5 吨，最大的转炉不超过 2 吨，技术装备简陋，技术能力薄弱。从 1896 年有产铁记录起，到新中国成立的 52 年间，只生产了 2250 万吨铁。从 1907 年有产钢记录起，到新中国成立的 41 年间，只生产了 686 万吨钢。[①] 1949 年新中国成立后，粗钢产量只有 15.8 万吨。1949 年 7 月 9 日修复后的鞍钢正式开工，开启了新中国钢铁企业发展长河的源头，随后本溪、抚顺、唐山、石景山等地进行了恢复性的生产，随着经济建设的发展，钢铁工业从战争的废墟中崛起，中国钢铁工业也开始迅速发展。第一个五年计划期间在苏联支援下，八个钢铁项目（新建武钢、包钢、北满钢厂、吉林铁

---

①　中国经济概况编写组：《中国经济概况》，新华出版社 1983 年版，第 94 页。

合金厂、吉林炭素厂、热河钒钛厂，改扩建的鞍钢和本钢）开始发展，还进行了大冶钢厂、太钢、唐钢等近 20 个企业的改扩建工程。1953—1957 年经历了钢铁工业的第一个发展黄金期。1956 年开始规划建设"三大、五中、十八小"。三大指鞍钢、武钢、包钢三个大型钢铁基地建设；五中是扩建的太钢、重钢、马钢、石景山钢铁厂、新建湘钢；十八小指新建的邯钢、济钢、临钢、新余、南钢、柳钢、广钢、三明、合钢、长特、新疆八一、杭钢、鄂钢、涟钢、安钢、兰钢、贵钢、通钢。[①] 体现了这一时期钢铁工业在全国工业发展中占有重要的地位。

中国从 1953 年的"一五"计划开始，到 1965 年对钢铁工业部门基本建设投资的比例相当高，尤其是"二五"时期，充分体现了优先发展重工业中钢铁工业的决策。"一五"时期工业部门基本建设投资共合计 250.29 亿元，钢铁工业 35.36 亿元，占工业部门投资额的 14.1%，仅次于工业部门最高投资机械工业 15.4% 的比例；"二五"时期基本建设投资额是 738.30 亿元，其中钢铁工业 135.46 亿元，占到 18.3%，居于所有工业部门首位，比机械工业还高 2.6%；1963—1965 年，工业部门投资 210.18 亿元，钢铁工业 19.47 亿元，占到 9.3%。[②]"一五"时期，生铁和钢的平均增长速度为 25.2% 和 31.7%；"二五"时期在高投入的情况下，生铁和钢的平均增长速度仅为 6.3% 和 4.5%，调整时期分别为 10.2% 和 22.4%。[③] 这与我国在这一时期钢铁工业主要产品的年平均增长速度不成比例。1949—1965 年中国钢、生铁、成品钢材的产量统计如表 1-7、图 1-1 所示：

---

① 国家统计局：《新中国 60 年》，中国统计出版社 2009 年版，第 196—201 页。

② 冶金工业部情报研究总所、计划司：《世界主要产钢国家钢铁工业统计》，载《中国冶金统计学会》，1985 年，第 259 页。

③ 冶金工业部《中国钢铁工业年鉴》编辑委员会：《中国钢铁工业统计年鉴 1985》，冶金工业出版社 1985 年版，第 703 页。

表 1 - 7   1949—1965 年中国钢、生铁、成品钢材的产量统计   单位：万吨

年份	钢	生铁	成品钢材
1949	15.8	25	13
1950	61	98	37
1951	90	145	67
1952	135	193	106
1953	177	223	147
1954	223	311	172
1955	285	387	216
1956	447	483	314
1957	535	594	415
1958	880	1369	591
1959	1387	2191	897
1960	1866	2716	1111
1961	870	1281	613
1962	667	805	455
1963	762	741	533
1964	964	902	688
1965	1223	1077	881

资料来源：中国大百科全书编辑委员会：《中国大百科全书·矿冶》，中国大百科全书出版社 1980 年版，第 851 页。

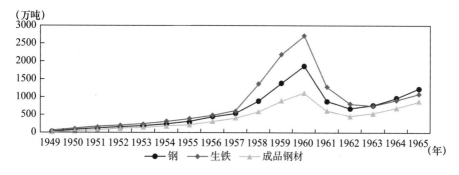

图 1 - 1 1949—1965 年中国钢、生铁、成品钢材的产量统计

从新中国成立到 1957 年"一五"计划完成时，中国的钢铁及钢材产量呈正常的发展态势，逐年上升，取得了可喜的成绩，1957 年的钢产量比 1949 年增加了 33 倍多。1958 年到 1960 年，产量急剧上升，是全民"大炼钢铁"的成果，1961—1962 年经历了钢铁行业的困难时期，之后钢铁行业走上正常发展的轨道。

到 1965 年时，中国钢铁工业主要生产设备中的高炉共有 351 座，共 46707 立方米，其中 1000 立方米以上的高炉有 7 座，共 9416 立方米；平炉共 84 座，3849 立方米；炼钢转炉 390 座，其中顶吹转炉 7 座；29 台铁矿烧结机，共 1626 立方米；轧钢机 430 套；机械化焦炉 66 座，2930 孔。[1] "一五"时期工业产值和主要产品产量大幅度增长，1957 年钢产量达到 535 万吨，比 1952 年增长 296%；生铁产量达到 594 万吨，增长了 208%。[2] 钢材的自给率提高到 86%，合金钢的品种也趋于完备。[3]

二　冶炼技术的发展

（一）炼铁技术的发展

新中国成立时，全国炼铁工业的技术装备有 300 立方米以上的高炉 16 座，最大的是鞍钢的 9 号高炉，容积是 944 立方米，当时鞍钢、本钢的 9 座 800 立方米以上的大高炉的电机设备被拆除，7 座中型炉子也不同程度地被破坏。修复后高炉的利用系数只有 0.7 左右，落后于国外 1.0 以上的水平。经过三年恢复期，1952 年全国大中型高炉增加到 9 座，利用系数提高到 1.023。"一五"期间，全国 16 座大中型高炉全部

---

①　冶金工业部情报研究总所、计划司：《世界主要产钢国家钢铁工业统计》，载《中国冶金统计学会》，1985 年，第 193 页。

②　张柏春主编：《苏联技术向中国的转移（1949—1966）》，山东教育出版社 2003 年版，第 46—47 页。

③　中国科学院编译出版委员会：《十年来的中国科学——冶金（1949—1959）》，科学出版社 1960 年版，第 3 页。

恢复生产。[1] 炼铁科学技术有了新的发展，取得了炼铁技术的一些重大成就，中国重点钢铁企业高炉炼铁的几项主要技术经济指标达到世界先进水平。（见表1-8）

表1-8　　　　　中国重点钢铁企业高炉炼铁主要技术经济指标

年份	高炉利用系数（吨/立方米日）	合格率（%）	综合焦比（公斤/吨）	入炉矿石品位（%）	熟料率（%）	工人劳动生产率（吨/人·年）
1952	1.02	49.28	976			
1957	1.32	99.44	768	50.85	71.31	
1962	0.98	97.86	756	48.42	76.95	462
1965	1.44	99.85	586	49.67	81.95	1574

资料来源：冶金工业部情报研究总所、计划司：《世界主要产钢国家钢铁工业统计》，中国冶金统计学会，1985年，第259页。

说明：表中空白代表原表中无数据记录。

这一时期，高炉冶炼技术的创新，以鞍钢的高炉生产技术最有代表性：[2]

第一，使用烧结炉和开发自熔性烧结矿。新中国成立前，日本昭和制钢所和美国炼钢铁技术人员认为鞍山的铁矿所生产的烧结矿含多量硅酸铁，不适于高炉冶炼，主张发展方团矿。新中国成立后，限于客观的资源条件和当时的技术装备，鞍钢高炉仍须用烧结矿。鞍钢成功配用了100%烧结矿在高炉上冶炼，并开发自熔性烧结矿。[3] 与当时

---

[1]　周传典：《中国炼铁三十年》，冶金工业出版社1981年版，第1—5页。

[2]　龙春满：《鞍钢科技志》，辽宁大学出版社1991年版，第125—131页。

[3]　实际上50年代另一大技术决策的问题就是西方国家和日本都在用细磨精矿制造球团矿时，我国却仍在大烧结矿。原因之一就是西方国家采用球团技术，而苏联采用烧结技术，在苏联援建钢铁企业的同时我国引进了苏联的烧结技术。但实际上，烧结精矿有很多缺点，不如球团法能焙烧出更适应高炉的炉料，到了70年代末，鞍钢、包钢续建时才采用了球团法，做出正确的选择。（引自《周传典文集》第1卷，冶金工业出版社2001年版，第319—320页。注：这是在全国炼铁学术会议上的讲话中谈到的技术政策问题。）

采用的普通酸性烧结矿技术相比进步很大，减少了石灰石的使用量，降低了高炉焦比，在世界上第一个用消石灰或生石灰为熔剂解决了细精矿烧结的问题。20世纪60年代苏联在全国范围内推广了这项技术。

第二，冶炼低硅炼钢生铁。高炉冶炼低硅炼钢生铁（含硅0.6%—0.9%）是50年代世界高炉生产的一项重要课题，当时能够生产的只有几个国家，美国炼钢生铁含硅量一般在1.5%。1951年鞍钢成功冶炼了低硅炼钢生铁，改变了日美专家在鞍钢设计的生产格局，原来的3座预备精炼炉主要用来降硅，这项技术产生后，精炼炉改为平炉，大大提高了生铁产量。日本推广低硅炼钢生铁晚于20世纪60年代，北美国家晚于20世纪70年代。

第三，高炉炉顶调剂法。炉顶调剂法是高炉通过装料制度的调整使炉料分布和煤气分布达到最好状态，炉况稳定顺行，冶炼过程的反应和效果都处于良好状况。鞍钢高炉从1951年起推行炉顶调剂法，在1953年后推行了矿石分装法、综合装料法、周期装料法等，总结出完整的鞍钢高炉炉况的上部调剂法，对高炉综合指标的改善起了很大的作用。

第四，铸造生铁冶炼技术的改进。1954年，鞍钢在冶炼铸造生铁技术上采用了与国外不同的技术，把国外长期采用的高碱性渣操作方法改为弱碱性渣或弱酸性渣操作，高炉生产消除了炉缸堆积、风渣口破损和炉况失常现象，主要技术经济指标保持在较高水平，这是当时我国首创的一项新技术。[①]

第五，冶炼低锰炼钢生铁。1953年以前，高炉生铁是按苏联生铁标准进行冶炼，炼钢生铁含锰量规定大于1.0%，1953年，鞍钢采用了冶炼低锰炼钢措施，在当时的高炉生产操作条件下，可以使炉况顺行，达到提高利用系数、降低焦比、保证质量、节省大量锰矿、降低生铁成本，同时起到保护炉底作用的冶炼结果，重工部把这项技术在全国

---

① 周传典：《中国炼铁三十年》，冶金工业出版社1981年版，第2页。

范围内推广。

第六，高压操作。高压操作是强化高炉生产的必要手段，50年代初，只有美、苏等几个国家的少数高炉采用。1956年在鞍钢料罐式的9号高炉上开始采用高压操作，这是当时我国第一座高压炉顶高炉，也是世界上第一座料罐式高压炉顶高炉。1958年，9号高炉利用系数达到1.638，之后达到2.0以上，这项技术很快在鞍钢和全国得到推广。

第七，提高热风温度，采用加湿鼓风的操作方法。高炉提高风温可强化生产、降低焦比。国内高炉风温水平从600℃提高到1000℃，到1965年全年平均风温达到1204℃，是当时世界上年平均风温最高的高炉之一（见表1−8）。在高炉采用喷吹技术前，提高风温一般是配合采用加湿鼓风措施的。50年代初，我国采用苏联的加湿鼓风办法稳定炉缸热制度，促进高炉顺行稳定，强化高炉生产。到50年代后期，鞍钢高炉普遍采用了这一操作方法。

第八，强化冶炼。1958年以前，鞍钢高炉生产沿用苏联高炉的中等冶炼强度操作方针（冶炼强度一般不超过1.0吨/立方米·日），自1958年起本钢和太钢在中型高炉上曾先后将冶炼强度自1.0左右大幅度往上提，同一时期，鞍山、本溪都开始实行以精料为基础、改进操作，提高冶炼强度和降低焦比的新操作方针，使得高炉冶炼强度提高，利用系数增大，其中9号高炉1959年冶炼强度达到1.359吨/立方米·日，利用系数为2.087吨/立方米·日，焦比641千克/吨铁，这在当时是前所未有的。

第九，上下部调剂结合的新工艺。50年代，我国学习苏联的"上部调剂"经验，后来在实践中，特别是50年代末强化高炉冶炼后，发展出具有我国特色的上下部调剂原理。日本和欧美各国在60年代以后才开始重视上部调剂的系统研究。1958年，太钢的一座高炉首先强化，超过了传统冶炼强度范围。其后本钢一铁厂采用这项工艺使利用系数大大提高，达到 2.153，是当时世界上的先进水平。[1] 1962 年鞍钢 9 号高炉又改进了以下部调剂为基础，上下部调剂相结合的高炉调剂新工艺，使鞍钢高炉的顺行情况大大改善，高炉能够长期保持稳产、高产、优质、低耗的情形。从表 1-9 中可以看出，当时鞍钢的几项炼铁生产技术指标都达到了世界的先进水平。

表 1-9　　　　　1965 年、1966 年鞍钢、日本、苏联炼铁指标

	高炉利用系数 （吨/米³·日）	燃料比 （千克/吨铁）	焦比 （千克/吨铁）	风温 （℃）	年份 （年）
鞍钢	1.698	560	527	1080	1965
	1.869	562	482	1071	1966
其中 9 号高炉	2.097	540	399	1176	1966
日本	1.42	545	507	950	1965
	1.52	537	564	970	1966
苏联	1.49		619		1965

说明：表中空白代表原表中无数据记录。

资料来源：龙春满：《鞍钢科技志》，辽宁大学出版社 1991 年版，第 130 页。

第十，高炉喷吹燃料工艺。60 年代时，世界石油价格奇低，欧美各国及日本竞相开发高炉喷吹重油技术，以节约昂贵和稀缺的冶金焦。苏联则利用国内丰富的天然气资源发展喷吹。1963 年，鞍钢炼铁厂的 3 号高炉试验喷吹重油成功。随后两年内全厂高炉都采用了这项新技术，并推广到全国。1964 年鞍钢最早进行了喷吹煤粉的试验报告，同期首钢和北京钢铁设计院、北京钢院和武汉设计院合作试验，首钢 1 号高炉成功喷吹无烟煤，很快在全国许多高炉上推广。1966 年起鞍钢全厂高炉陆续喷吹阳泉无烟煤。

---

① 王麦：《当代中国钢铁工业的科学技术》，冶金工业出版社 1987 年版，第 81—82 页。

（二）炼钢技术的发展

新中国成立之初，中国的炼钢生产技术非常落后，自 50 年代学习苏联的平炉炼钢、电炉炼钢等生产工艺，还自力更生研究了侧吹碱性转炉技术，60 年代初开始进入氧气炼钢的试验和生产。这里主要介绍这一时期两种重要炼钢技术的发展。

1. 平炉炼钢

我国的平炉炼钢技术是从 50 年代发展起来的，当时西方国家在拆平炉，建转炉，而我国却在大建平炉；鞍钢老工程师杨树棠的一篇回忆录中提到在我国第一个五年计划开始时，杨老曾建议鞍钢第三炼钢厂建转炉，由冶金部研究决定，这时比利时共产党代表团来访，向毛泽东主席建议采取欧美发展转炉的技术路线，不要用苏联的平炉，可是冶金部和苏联专家的建议还是平炉好。[1] 最后并没有采用杨老和比利时代表团的意见，鞍钢、武钢、包钢等相继建起了平炉。表1-10 是中国重点钢铁企业平炉炼钢在这一时期的主要技术经济指标。

表 1-10　　　　　中国重点钢铁企业平炉炼钢主要技术经济指标

年份	平炉利用系数	钢锭合格率	金属料消耗	钢铁料消耗	炉顶寿命	工人劳动生产率
	（吨/米·日）	（%）	（公斤/吨）	（公斤/吨）	（次）	（吨/人·年）
1952	4.78	95.43	1172	1072		
1957	7.21	99.03	1126			
1962	7.04	97.76	1161	1039	244	294
1965	8.07	98.47	1113	1014	832	635

说明：表中空白代表原统计表无统计数据。

资料来源：冶金工业部情报研究总所、计划司：《世界主要产钢国家钢铁工业统计》，中国冶金统计学会，1985 年，第 260 页。

----

[1]　《周传典文集》编委会：《周传典文集》第一卷，冶金工业出版社 2001 年版，第 318 页。

1965 年平炉炼钢的金属料消耗、钢铁料消耗是在 1984 年以前历史上最高的水平。在平炉炼钢的技术发展上，主要体现在以下几个方面：

第一，采用大型平炉增加产量，快速炼钢。20 世纪 50 年代初，中国主要引进苏联的大型平炉设备、技术，进行平炉生产。首先是鞍钢把原有的 3 座预备精炼炉改造成 180 吨的平炉，提高了钢铁的生产能力；采用快速炼钢法，实行双车装料、快补炉、快装料等减少补炉和装料时间的措施，改进平炉结构和耐火材料、扩大开放平炉装入量等方法来缩短熔炼时间；总结出"高温快速补炉法""高温、快装、分展烧透装料法"和"高温、薄渣、活跃沸腾精炼法"等先进操作经验；在苏联专家的建议下，实行"多层薄铺，分层烧透"的快速炼炉法，快速烧结炉底，创造了鞍钢"镁砂铁皮烧结炉底新工艺"，1957 年平炉改建后，烧结炉底时间仅为 30 多小时；实行了快速检修，1954 年鞍钢第一炼钢厂平炉的冷修率为 18.9%，热修率为 3.2%，因实行快速检修的各种措施，到 1956 年冷、热修率分别为 2.3% 和 8.4%。[①] 武钢在这一时期建起 250 吨和 500 吨平炉 6 座，采用了"净、高、快、后、散、合、透"的七字快速装料法，提高了高炉料的熔化率和成渣率，大大缩短了冶炼时间，500 吨平炉冶炼时间能达到 10 小时 30 分左右，250 吨平炉能达到 6 小时左右。[②]

第二，平炉炉顶采用镁铝砖提高炉龄。1955 年以前，平炉采用硅砖炉顶，平均寿命为 183 炉，1955 年鞍钢耐火材料厂试制成功耐崩裂性镁铬砖，使用镁铬砖炉顶寿命可达 334 炉。因我国缺少铬资源，1957 年鞍钢耐火材料厂在鞍钢中央试验室和中国科学院金属研究所协作下，制成镁铝砖，使用结果反倒优于镁铬砖，炉顶寿命达到 520 炉，远远超过当时镁铬砖的国际水平（西德 375 炉，日本 400 炉）。[③] 随后镁铝炉

① 龙春满：《鞍钢科技志》，辽宁大学出版社 1991 年版，第 136—139 页。
② 《武钢第一炼钢厂志》，武钢第一炼钢厂志编纂办公室，1986 年，第 51 页。
③ 龙春满：《鞍钢科技志》，辽宁大学出版社 1991 年版，第 139 页。

顶在全国平炉上推广使用，这是我国冶金工业的一个创举。

第三，采用重油炼钢技术。新中国成立初平炉炼钢燃料一般采用高炉和焦炉混合煤气，60 年代石油工业的发展为平炉使用重油提供了条件，1961 年，鞍钢开始使用重油作燃料炼钢，到 1964 年鞍钢第一炼钢厂全部平炉实现了重油代替混合煤气作燃料，冶炼时间比原来少了 1 个小时，生产率却提高了 10% 以上，热耗降低 25%—28%。① 武钢和包钢从 1965 年开始使用重油替代混合煤气进行炼钢。

2. 氧气顶吹转炉炼钢

1957 年 11 月，内蒙古日报转载新华社的一篇报道《苏联以最新科学技术帮助我国建设》，其中介绍了从苏联引进我国冶金工业方面的新产品、新技术，主要有："刚刚在苏联几个工厂采用的转炉使用氧气炼钢法代替平炉炼钢，是一种投资少、炼钢快的转炉，我国已派去小组到苏联学习，准备在将来石景山钢铁厂扩建时采用；冶炼喷气式飞机用的高级耐热钢和高级耐热合金钢，被称为目前世界上的'尖端技术'。这种技术苏联也传授给我们，我们已经炼出了这种钢；最近几年，一些国家开始使用一种连续浇铸法，把钢水直接浇成钢坯。可省去初轧厂的建设。苏联介绍给我们，我们已经派人去参观了连续浇铸的最新设备，从苏联拿回了资料，只是钢的里面或多或少有一些气体的质量问题，苏联正在试验一种真空冶炼和真空处理的办法，并把技术资料给了我国钢铁冶炼研究所。还帮助我们利用他们的最新成果同位素来检查钢里所含杂质的来源，了解高炉里面煤气流动的速度等，还有一些有色金属方面的最新技术成果。"②

1956 年刘培善翻译了"日本金属学会会志"关于氧气顶吹转炉炼

①　龙春满：《鞍钢科技志》，辽宁大学出版社 1991 年版，第 139—140 页。

②　新华社：《苏联以最新科学技术帮助我国建设》，《人民日报》1959 年 9 月 2 日，第 1 页。

钢法①的一篇文章，介绍的就是 1952 年奥地利用纯氧吹炼平炉生铁的炼钢法，对奥地利以外各国氧气顶吹转炉炼钢法进行了介绍，欧洲大陆（德国、法国、比利时等国）因生铁含磷量高，不适合作为 LD 法②的原料，所以这些国家不太关心 LD 法，更愿意改进托马斯转炉炼钢法；在美洲大陆和其他地区进行了 LD 法的试验研究，并已开始进行工业生产；在日本，各企业已开始采用 LD 法进行生产。除奥地利外，最初采用 LD 法的是加拿大暑州哈弥尔登的杜敏林铸造钢铁有限公司，该公司通过试验和实际生产的经验证明了 LD 法是一种很好的、经济的炼钢方法，且质量完全可以与平炉钢相比。③ 苏联、中国都已得知这项最新的技术，但都没有采用，一直沿用平炉设备炼钢，直到 1984 年苏联才决定向氧气转炉炼钢转移（到 1965 年停止平炉的建设）。④ 中国在当时也知道了 LD 法的优越性，一些冶金学家提出了发展氧气顶吹转炉的主张，尤其是叶渚沛先生⑤大力提倡发展氧气顶吹转炉技术，但是由于当时主要是从苏联引进大型平炉技术，或是强调自力更生，发展自己研究出的侧吹空气转炉，或是从技术角度讲我国受制于设备条件，没有氧气机，另外也没有那么大的投资条件和能力，所以 LD 法在我国发

---

① 奥地利的林兹（Linz）工厂及道纳维茨（Donawitz）工厂首先进行工业生产，故又称为 LD 法。

② LD 法是氧气顶吹转炉炼钢法的一种简称。

③ 川合保治、斋藤恒三：《氧气顶吹转炉炼钢法》，《钢铁译丛》1957 年第 2 期，第59—64 页。

④ 任文侠、池元吉、白成琦：《日本工业现代化概况》，生活·读书·新知三联书店1980 年版，第 39—40 页。

⑤ 叶渚沛先生最早把氧气顶吹转炉技术介绍到中国来，他从理论上进行了有价值的分析研究，认为这项技术必将取代平炉，但他的意见遭到冷遇，有关部门和炼钢界没有认同他的主张，他又向中央政治局正式提议，受到当时主持国家科委工作的聂荣臻元帅的重视，才进行试验研究，搞起首钢 30 吨转炉，于 1964 年投产，叶先生的建议与日本搞转炉的时间差不多，甚至还早，而日本于 1955 年建起转炉，首钢的炉子却比他们晚了近 10 年，不能不说是我国钢铁工业的一次失误。（转引自周传典文集编委会《周传典文集》第三卷，冶金工业出版社 2001 年版，第 523 页。）

展比较慢。[①] 另外当时以美国为首的西方国家对我国实行经济封锁，我国受"一边倒"政策等非技术性因素的影响，只有苏联可以提供平炉炼钢的成套设备。1956 年石钢建立了氧气顶吹转炉的试验厂，1958 年开始建立我国最早、容量最小（30 吨）的转炉厂，于 1964 年投产。20 世纪 60 年代后期，太钢从奥地利引进了全套 50 吨氧气顶吹转炉和 50 吨电弧炉的联合车间，直到 70 年代中期才正常生产。[②] 包钢 1 号和 2 号 50 吨氧气顶吹转炉也于这一时期投产，但由于设备的系统性缺陷和炼钢布局的不合理，年产钢不足 40 万吨，80 年代 3 号 50 吨氧气顶吹转炉投产后，年产钢也仅为 50 万吨，且只能生产沸腾钢。通过技术改造，90 年代后三座旧炉改造成 80 吨的顶底复吹转炉，1997 年炼钢厂"车炉氮气溅渣护炉"实验成功后，使转炉炉龄突破 10000 炉。[③] 直到 90 年代，才开始普及氧气顶吹转炉技术，21 世纪初平炉才彻底被弃用。

三　新中国钢铁技术发展的特点

中国在发展模式上选择学习苏联，建立高度集中的计划经济体制和政治体制，制订"一五"计划，开展了以"156 项工程"为中心的优先发展重工业的方针，开始了大规模的工业建设。到 1957 年，工业基本建设投资额中，重工业投资占 87%，主要工业产品新增的生产能力（以设计的年产能力计算）已达到：炼铁 330 万吨，炼钢 282 万吨，轧钢 165 万吨，已探明的煤矿储量约 544 亿吨，铁矿储量约 56 亿吨。1957 年钢的产量比 1952 年增长了 296%，生铁增长了 308%。[④]

---

①　姜曦：《当代中国钢铁工业的技术嬗变——1949—1965 年冶金工业与社会的思考》，《北京科技大学学报》（社会科学版）2014 年第 30 卷，第 4 期，第 1—9 页。

②　王麦主编：《当代中国钢铁工业的科学技术》，冶金工业出版社 1987 年版，第 96—97 页。

③　刘平、智建国：《包钢炼钢四十年的艰难历程》，远方出版社 2004 年版，第 213—218 页。

④　国家统计局公布：《中华人民共和国统计局关于发展国民经济的第一个五年（1953 年到 1957 年）计划执行结果的公报》，统计出版社 1959 年版，第 2—7 页。

1956 年的中共八大会议提出，要"使重工业生产在整个工业生产中占显著的优势，使机器制造工业和冶金工业能够保证社会主义扩大再生产的需要，使国民经济的技术改造获得必要的物质基础"，而钢铁生产成了重工业生产发展的重中之重。国家在第一个五年计划期间，采取了集中较大的财力和人力来建设钢铁工业，以求能够用较短时间建立起我国工业化基础的方针，在国家第二个五年计划中，仍然采取大力发展钢铁工业的方针。[①] 我国钢产量从 1952 年的 135 万吨提高到 1957 年的 535 万吨，年平均增长速度超过 30%，这个速度大大超过了当时资本主义国家钢铁工业初期发展的速度。

1956 年中央制定《1956—1967 年科学技术发展远景规划》，其中有关钢铁科学技术的共 70 个子项。冶金部制定了相应的发展规划和落实措施，钢铁技术受到重视并正常发展。但从 1957 年开始钢铁行业出现了违背科学规律的做法，科技工作被打乱，钢铁发展遭到重大挫折。1961 年，中央提出"调整、巩固、充实、提高"的方针。钢铁科技工作才重新走上正确轨道。1963 年，国家科学技术委员会发布的《1963—1972 年科学技术发展规划（草案）》制定了关于钢铁技术发展的多项课题，其中多数课题是当时国际上正在研究的，对于发展钢铁工业具有重要的意义，到 1965 年，我国钢铁工业达到了一个新的水平。

这一时期，中国钢铁工业的特点可以从中国钢铁工业所取得的经验来进行归纳：

（1）重视地质勘探、矿山的开发工作。国家开始重视地质勘探工作，积极寻找和开拓新矿区，做好铁矿石的储量准备工作。"一五"时期，国家还聘请了一批苏联专家到矿山作顾问，选派一批矿山领导干部和技术干部去苏联学习，这些专家和学成归国的技术干部对恢复和建设矿山做出了开创性的贡献。这一时期，中国的铁矿露天开采的比重逐年增加，包钢、武钢、首钢的铁矿和海南铁矿等一批露天铁矿相

---

① 王鹤寿：《我国钢铁工业的战略地位和发展趋势》，《中国冶金史料》1991 年第 1期，第 1—4 页。

继建成投产，1953 年露天开采量只占 54.1%，1957 年上升到 84.7%，1965 年达到 89.7%。1963 年至 1965 年，矿山在钢铁工业中的投资比例提高到 30.16%，比 1958 年至 1962 年提高了 15.66 个百分点。① 矿山开发得到了快速的发展。

（2）以老带新，改进布局。新中国成立初期钢铁工业是我国国民经济中的落后部门，远不能满足国民经济和国防建设的需要，为了改变这种状况，从苏联引进钢铁项目时，首先从改扩建鞍钢、本钢、太钢、天津钢厂等老企业着手，然后大规模建设新的钢铁厂。为了充分发挥老钢铁工业基地和原有钢铁企业的重要作用，在"一五"期间，国家有步骤、有计划地对原有企业进行了改扩建和技术改造，把这一措施作为增产钢铁的重要途径。鞍钢的"三大工程"被列入建设重点，"一五"期间鞍钢共产生铁 1090.8 万吨，钢 846.9 万吨，分别占全国总产量的 54.6%、50.8%，鞍钢已建设成为中国最大的钢铁基地。② 与此同时，根据国家优先发展重工业尤其是钢铁工业的政策，为了改善钢铁工业布局不合理的状况，国家制订了建设"三大、五中、十八小"的钢铁企业的政策，以大型钢铁企业为骨干，注意发挥中小型钢铁企业的作用，实行大中小结合的方针，依靠中央、地方一起发展钢铁企业。这些钢铁企业奠定了中国钢铁工业的发展基础，为中国生产更多的钢铁起到了重大作用。

（3）积极引进苏联先进技术，开展技术革新。这一时期，引进苏联钢铁设备、技术是发展中国钢铁工业的一条主要途径。包钢从苏联引进的 1513 立方米的高炉是当时最大的高炉，采用的也是苏联当时最先进的技术，并聘请苏联专家来促进我国钢铁工业技术水平的提高。新中国在发展钢铁工业的起步过程中，充分利用了苏联的先进技术和

---

① 邓力群、马洪、武衡：《当代中国钢铁工业》，当代中国出版社 1996 年版，第 256—262 页。

② 邓力群、马洪、武衡：《当代中国钢铁工业》，当代中国出版社 1996 年版，第 55 页。

设备，取得了显著的成效。

（4）重视科学研究，大力培养钢铁技术人才。新中国钢铁工业能以较大幅度增长，与注重科学研究、大力培养冶金技术人才是分不开的。在计划经济体制下，冶金科研机构和冶金高等教育全面学习苏联模式和经验，在苏联的帮助下成立了各类钢铁类科研机构，相继建立了东北工学院、北京钢铁学院和以钢铁研究院为前身的钢铁工业试验所等科研院所、高校和设计单位，一些大的钢铁企业也建立了自己的科研机构，为发展钢铁企业培养技术人才，形成了初具规模、比较完整的钢铁行业科研体系。采用老厂带新厂的方法，鞍钢为包钢、武钢等许多钢铁厂代培了技术干部和工人，推动了钢铁工业的科学研究发展和冶金教育人才体系的建立。

第四节　小结

1949—1965 年是世界钢铁产量迅猛发展的时期，1950 年世界钢产量只有 1.89 亿吨，到 1965 年便已达到 4.59 亿吨。苏联在这一时期钢产量的增长速度最快，也是唯一在这段时间里保持产量持续增长的国家，但因致力于冶金设备的大型化，劳动生产率并不高。美国、日本致力于发展冶炼新技术，提高劳动生产率，提高了技术水平。日本的钢铁产量增长速度快，主要是因为采用了当时的新技术氧气顶吹转炉代替了传统的平炉工艺，并为其以后钢铁工业的发展打下了基础。

新中国成立后，中国一直非常重视钢铁工业的发展，认为钢铁工业是一个国家建设的基础工业。20 世纪 50 年代鞍钢、包钢、武钢依靠成套设备的进口发展关键技术，培养、锻炼了一大批科研技术干部和管理人才，从而推动了我国冶金工业的发展和技术进步。

20 世纪 50 年代初，国家确立了优先发展重工业的工业化策略，该策略是国民经济、社会发展的需求，也受到苏联重工业优先工业化发展理论的影响，在"一边倒"政策的影响下，中苏合作全面展开，苏联帮助中国制订了以重工业为核心的第一个五年计划，把重工业发展尤其是钢铁工业的发展纳入计划经济体制的发展轨道上来。在国家重视钢铁工业发展的背景下，新中国钢铁工业发展起来了，在引进苏联冶炼技术的基础上，以鞍钢为代表的中国的炼铁、炼钢技术得到改进和创新，取得了重大成就。

第 二 章

"一带一路"上白云鄂博矿的发现

白云鄂博矿，是世界上罕见的铁、稀土、铌和其他稀有金属及放射性元素共生的大型综合性矿床。1927 年西北科学考察团成员地质学者丁道衡发现该矿的主矿体，之后又多次勘探考察。但新中国成立前贫困落后的内蒙古地区几乎没有现代工业，更是寸铁不产，无力开发白云鄂博矿的资源。新中国成立后国家决定把一个大型钢铁联合厂建在一半风沙一半草原的包头，作为国家一五计划重点建设的钢铁项目，同时也是"156 项工程"中苏联援建的两个大型联合钢铁厂之一。选址在包头的重要原因之一就是在该地发现了储量巨大的白云鄂博铁矿，这为在包头附近建设一座钢铁稀土联合企业提供了雄厚的原料资源。

第一节 "富饶的神山"白云鄂博

白云鄂博丰富的矿产资源是建设包头钢铁、稀土联合企业的基本依据。白云鄂博[①]铁矿位于包头市达尔罕茂明安联合旗白云鄂博矿区境内，其地理坐标为 E109°47′—110°04′，N41°39′—41°53′。矿区占地面积为 328.64 平方公里，矿床东西长 18 公里，南北宽 3 公里，占地面积约 48 平方公里。北距蒙古国 106 公里，东南距呼和浩特市 212 公里，

---

① 白云鄂博又名白云博格都，蒙语意为"富饶的神山"。

南距包头市 149 公里，东距百灵庙（达尔罕茂明安联合旗政府所在地）45 公里。白云鄂博地区是典型的大陆性高原气候，具有寒冷、干燥、多风、蒸发量高、温差变化大、日照时间长等特点，四周皆为达茂旗草原牧场。[①] 1927 年丁道衡发现了白云鄂博铁矿并发表了《绥远白云鄂博铁矿报告》，1946 年黄春江发现东矿、西矿后，发表了《绥远百灵庙白云鄂博附近铁矿》的调查报告。丁道衡和黄春江的重大发现和两次报告，为新中国成立后中央做出全面勘察白云鄂博矿床的重大决策提供了依据。[②] 1953 年 241 地质勘探队又发现了白云鄂博铁矿的东介勒格勒矿体。

白云鄂博铁矿是含有铁、稀土、铌、氟、锰、钾、钠、磷、钍等元素共生的复合矿石，矿物组成复杂。根据当时的地质部勘探报告，白云鄂博铁矿主矿体的埋藏量为二亿八千三百万吨（其中含铁量 45% 以上的富矿占 1/5），平均含铁量占 37.2%；东矿体为一亿六千六百万吨（其中含铁量 45% 以上的富矿占 37%），平均含铁量占 38.4%；两矿体储量共为四亿五千多万吨，另根据探矿反映，还有发现巨大矿床的希望。设计组根据白云鄂博铁矿的储量做出的初步意见是主矿体及东矿体均可完全机械化露天开采。[③] 1957 年 2 月 27 日，白云鄂博铁矿

---

① 在重工业部钢铁局设计的赵书润同志在《两进白云鄂博》一文中这样描述道："从白云到包头途经固阳时，天气突变，瞬时狂风尘土遮天蔽日而来，继而黑云翻滚，砂子般的小雪球铺天盖地倾泻。……白云鄂博地处祖国北部边疆的草原上，这里没有村落，附近只有几个蒙古包，交通十分闭塞。这里地势较高，寒冷期长，一年刮 7 个月大风，冬季气温往往降到零下 45 摄氏度。遇到降雪天气，能见度极低，辨不清方向，这里缺乏文化生活和福利设施，没有商店，没有菜吃。没有电影院，也没有澡塘，却是天然猎场，假日里工人常出去打黄羊改善生活，有时天气突变迷失方向，有的同志因而冻死牺牲了……"这段描述最能深刻反映当时白云鄂博的环境有多么恶劣，工人们的工作场景有多么艰难。

② 姬志勇、杨占峰：《白云鄂博铁矿志（1957—2006）》，包钢白云鄂博铁矿（内部发行），2007 年，第 1、3、205 页。

③ 《关于包头钢铁公司设计任务书的报告》，包钢档案馆档案，案卷号：1-17-1473，第 44—52 页。

成立，全国各地的建设者聚集到白云鄂博，开始了开发建设。白云鄂博铁矿资源可满足 300 万吨以上钢铁厂基本设计的矿量要求。根据中苏协议规定（102412 号合同），包钢建设规模分两期进行，第一期生产规模为年产钢 120 万—150 万吨，但因铁矿资源丰富，在设计布局的有利条件下，对包钢 300 万吨建设规模的初步设计一次完成，技术设计、施工图建设程序，则仍分为两期进行，在设计中保留继续扩建的场所。

第二节　白云鄂博矿的发现与勘探

白云鄂博铁矿的发现是 20 世纪技术史上的重大事件，也是"一带一路"建设史上的重大发现，有必要简要回顾中国瑞典西北科学考察团对白云鄂博矿的发现过程。

1927 年 4 月，北京大学研究所考古学会、清华大学研究院、中央观象台、中国天文学会、国立博物馆、故宫博物院、中央地质调查所等 12 个学术团体联合组成中国学术团体协会。中瑞西北科学考察团是在中国学术团体协会的支持下，由中国的一些科学家与斯文·赫定（SvenAnders Hedin，1865—1952）等西方探险家、科学家联合组建的。由于斯文·赫定是瑞典人，该团称为"中瑞西北科学考察团"（简称"科考团"），中方团长由北京大学西洋哲学史教授徐炳昶（字旭生）担任；团员为：袁复礼（字希渊），研究地质、考古及画图；黄文弼（字仲良），研究考古学；丁道衡（亦字仲良），研究地质及古生物；詹蕃勋（字省耕），研究地图学；龚元忠（字狮醒），为考察团摄影员。考察团中有 4 名气象学学生：崔鹤峰（字皋九）、马叶谦（字益占）、李宪之（字达三）和刘衍淮（字春舫）。外方团长由探险家、地理学家斯文·赫定担任；瑞典籍团员有 4 人：兰理训（Larson）（又作拉尔生，兰理训为本人自取汉名）为队长，负责指挥旅行中的事务；郝默尔（Hummel），考察团医生，兼做人类测量工作；那林（Norin），研究地质兼作绘图；贝格满（Bergmen），研究考古学。丹麦籍团员 1 人：哈士纶（Haslund），为副队长。德国籍团员 11 人：郝德（Haude）博士，担任考察团气象部主任；米纶威（Mulenweg），考察团会计；李伯冷（Lieberenz），考察团摄影兼放映员；钱默满（Zimmerman）；海德（Heyder）；韩普尔（Hempel）；马学尔（Marschall）；华志（Walz）；狄德满（Dettman）；马森伯（Massenbach）；冯考尔（Von kaull）。此外，还有瑞典人生瑞恒（Soderbom），此人兼通汉语和蒙语，随团料理事务兼做翻译工作。考察团还雇用了一些勤杂人员、厨师、向导和采集员等。① 科考团赴绥远、宁夏、甘肃、青海、新疆等地进行大规模的科学考察，在内蒙古进行了地理、气象、地质、考古、社会等调查，历时半年。科考团在内蒙古有三项重大发现，第一是白云鄂博铁矿的发现，第二是在巴音善岱庙附近发现了恐龙化石，第三是在额济纳河流域发现了居延汉简。② 丁道衡参加西北科学考察团，负责地质及古生物的考察研究工作。根据西游日记的记载，西北科学考察团在内蒙古考察的基本路线为：1927 年 5 月 9 日从北京启程，乘平绥线（今京包线）火车路过绥远（今呼和浩特市）后抵达包头。他们在包头经过了一番准备工作后，组成驼队，从包头（今东河区）出发西行，经达进坪梁、二道沙河、大仙庙、毛鬼神窑子、公忽洞，由前口子宿营，进入大青山，沿着自古以来由边塞通往外蒙古的传统商道北上。5 月 20 日考察团向百灵庙进发，过昆都仑召，经固阳到茂明安旗（今达茂旗），在百灵庙附近的艾不盖河宿营，在营地周围地区及东面喀尔喀右旗的百灵庙地区进行了地质考察、地图测绘及考古调查和采集。为了工作的方便，西北科学考察团分作三队行进。北队由那林任队长，队员有：贝格满、马森伯、海德、丁道衡，以及翻译生瑞恒、采集员靳士贵和 4 名

① 《包钢志·第四编勘探志（1927—1990）》，包头钢铁稀土公司档案馆，1993 年，第 4—5 页。

② 罗见今、董杰：《中瑞西北科学考察团在内蒙古的活动及科学贡献》，《广西民族大学学报》（自然科学版）2014 年第 3 期，第 7—11 页。

佚役（其中有两名蒙古人）、1 名厨师。他们乘用 27 峰骆驼，携带 3 顶帐篷和 6 个星期的粮食开始了科考工作。南队由袁复礼任队长，队员有：詹蕃勋、龚元忠，以及采集员庄永成、白万玉和 4 名佚役（其中有两名蒙古人），乘用 15 峰骆驼，并携带帐篷及 4 个星期的粮食。其余人员皆随大队居中。由丁道衡等 11 人组成北分队向西行进，路经白云鄂博。丁道衡自述发现经过时，用简洁明了的语句描述道："三日晨，著者（丁道衡自称）负袋趋往，甫至山麓，即见有铁矿矿砂沿沟处散布甚多，愈近，矿砂愈富，仰视山巅，巍然屹立，露出处，黑斑烂然，知为矿床所在。至山腰，则矿石层累迭出，愈上，矿质愈纯。登高俯瞰，则南半壁皆为矿区。"这些宝藏在蒙古族人垒起的"敖包"上，丁道衡背着仪器、工具，尽量避免使测量三脚架碰到山头的敖包，结果比较顺利地完成了沿途的调查工作。根据丁道衡的初步发现，西北科学考察团总队派专攻地质学的中方团员詹蕃勋到白云鄂博绘制了一份二万分之一的地形图，丁道衡又根据此图对白云鄂博地区的地形、地质构造以及矿区生成、铁矿储量、矿石成分、地表水源等项进行了初步调查。他认定了这是一个储量丰富、远景广阔、极有开采价值的大型铁矿。7 月中旬，丁道衡结束了对白云鄂博的地质工作，随西北科学考察团北队前往额济纳河会合，继续前往天山的行程。西北科学考察团的科学考察历时六年，至 1933 年 5 月才结束，比原定计划延长了四年。

　　包钢建立主要是基于白云鄂博矿的发现，发现者丁道衡提出在包头可建一座大型钢铁联合企业，经过一系列研究，发现白云鄂博矿是世界少有的含有稀土元素的铁矿，储量很大。抗日战争时期，日本试图掠夺这座宝山，对矿山进行过严密的调查，1959 年包钢拍摄的《草原晨曲》真实地反映了这一时期日本侵略者掠夺矿山，蒙古族人民护矿的历史。[①] 从发现到开发白云鄂博矿经历了一段漫长的时期，有许多

---

① 马棣：《白云鄂博矿区的发现》，载《包钢史料选辑：1—10 辑合订本》，包头钢铁公司厂史办公室，1982 年第 2 辑，第 29—34 页。

专家参与了白云鄂博矿的勘探和研究。

一　新中国成立前白云鄂博矿的勘探发现与资源调查

新中国成立前对白云鄂博矿的勘探如表 2-1 所示：

表 2-1　　　　　　　　新中国成立前对白云鄂博矿的勘探

时间	姓名	职务	所做工作
1927 年	丁道衡	中瑞西北科学考察团团员、中国地质工作者	发现白云鄂博铁矿主矿，希望能从矿山修铁路到包头，在包头附近建设钢铁企业
1927 年	詹蕃勋①	中瑞西北科学考察团团员、水利工程师	绘制了一份白云鄂博二万分之一的地形图
1933 年	丁道衡		在地质汇报上发表了《绥远白云鄂博铁矿报告》
1934 年	何作霖	前中央研究院地质研究所研究员	发现稀土矿
1934 年	严济慈	中科院技术部学部主任	发现两种稀土元素矿物中的镧、铈、钕等元素
1935 年	何作霖		在中国地质学会会志上发表《绥远白云鄂博稀土类矿物的初步研究》报告（英文）
1939 年	石进清彦、岩崎航介	日本商工省地质调查所技师、日本东京帝国大学	对白云鄂博矿区进行了调查
1940 年	坂本峻雄	日本（未注明职务）	对矿区进行了调查，编写了《白云鄂博附近萤厂矿床调查报告》
1940—1941 年	菌部龙一	日本商工省地质调查所技师	对白云鄂博矿区进行了调查，著有《乌兰察布白云博格都铁矿调查报告》

① 詹蕃勋毕业于北洋大学并留教，研究地图学，参加西北科学考察团时为华北水利工程师，负责做沿途地学测量。

续表

时间	姓名	职务	所做工作
1944 年	黄春江等人	台湾籍地质工作者,日伪华北开发公司资源调查局白云鄂博调查队	发现东矿和西矿
1945 年	富田达	北京大学理学院日本人	对黄春江调查队所赠送的白云鄂博岩矿标本进行室内研究,证实"白云矿"和"鄂博矿"为铈矿物
1946 年	黄春江（台湾籍）	华北开发株式会社火成矿床室地质技术职员	在地质论评上发表《绥远百灵庙白云鄂博附近铁矿》
1947 年	高平、王嘉荫、杨杰、宋鸿年	前中央地质调查所北平分所	采集矿石标本,进行化验。认为白云鄂博是当时最有远景的钢铁资源基地。① 所长高平在《地质论评》第 13 卷第 3、4 合期上发表了《蒙古草原地质》的报告

资料来源:（1）马棣:《白云鄂博矿区的发现》,包头钢铁公司厂史办公室《包钢史料选辑:1—10 辑合订本》,1982 年第 2 辑第 29—34 页。（2）《包钢志·第四编勘探志（1927—1990）》,包头钢铁稀土公司档案馆,1993 年。（3）《包头钢铁公司编年纪事（1927—1984）［征求意见稿］》,包钢厂史办公室,1984 年。

丁道衡（1899—1955）,贵州平远（今织金县）人,字仲良,地质学家、古生物学家、高等教育工作者。1926 年毕业于北京大学地质系,1927 年随西北科学考察团赴内蒙古等地进行科学考察,1935 年赴德留学,1938 年归国。1939 年至 1940 年,他参加了川康考察团的工作。1940 年至 1942 年任武汉大学矿冶系教授,后担任贵州大学工学院院长兼地质系主任。新中国成立后他从事了高等院校及地方人民政府的很多重要工作,1952 年任重庆大学地质系主任,1954 年被选为第一届全国人民代表大会代表,著有《新疆矿产志略》《蒙疆探险生涯》《云南

---

① 严坤元:《白云鄂博矿区一九五〇年到一九五九年地质普查勘探工作的回顾》,《包钢史料选辑:1—10 辑合订本》,包头钢铁公司厂史办公室,1982 年第 4 辑,第 15—32 页。

蒙自金平一带地质矿产》《绥远白云鄂博铁矿报告》等文。[①] 1927 年 7 月 3 日首次发现白云鄂博主矿，并根据詹蕃勋绘制的地形图对白云鄂博主矿体进行深入考察，采集了一些岩矿标本，1933 年在地质汇报上发表了《绥远白云鄂博铁矿报告》："矿质虽未分析，就其外形而论，成分必高，矿量甚大，全矿皆为铁矿所成，前为据本人推测成分必在八九十分以上。……主脉矿产量估计约为三千二百万吨，若并北部小矿脉及矿砂算入（小矿脉估计约为一百五十万吨，各山沟矿砂估计约为二十万吨）三项约可得矿石三千四百万吨。……"丁道衡在报告结论处指出："矿床因断层关系，大部露出于外，便于露天开采；且矿床甚厚，矿区集中，尤适于近代矿业之发展。唯距出煤之区如大青山煤田等处距离稍过远，运输方面不能不精密计划。然此非大困难之事，唯资本稍须增加耳。苟能由该地修一铁道连接包头等处，即可与平绥路衔接，则煤铁可积于一地，非特铁矿可开，大青山之煤田，亦可利用，实一举而两得其利。且包头为内地与西北各省交通之枢纽，四通八达，东行沿平绥铁路经察哈尔山西直到北平，南下顺黄河河套可达陕西河南等省，西行经宁夏、甘肃而到新疆，北上遂入外蒙而达俄境。运输甚便，出路甚多，苟能于包头附近建设一钢铁企业，则对于西北交通应有深切之关系，其重要又不仅在经济方面而已。"报告中从发现经过、位置、交通、地形及构造、地层、矿产多个方面论述了白云鄂博矿，估计铁矿储量 3400 万吨，萤石矿储量 3 万吨。报告提出以包头为交通枢纽，可在包头建设钢铁企业，在白包之间建设铁路，矿床适合近代矿业的发展，其重要性不仅仅在经济方面。[②] 徐炳昶[③]称："丁仲良在茂明安旗内白云鄂博山所发现之巨大铁矿，或将成为中国北部之汉

① 张宇：《内蒙古包头钢铁基地的建设与发展》，内蒙古人民出版社 2013 年版，第147 页。

② 丁道衡：《绥远白云鄂博铁矿报告》，《地质汇报》1933 年第 23 期，第 53—58 页。

③ 徐炳昶（1888—1976），字旭生，曾任北京大学哲学系教授，1927—1935 年曾率领中外科学考察队到中国西北考察，任中方团长。

冶萍。"[1] 丁道衡的报告首次将白云鄂博矿的发现公布于世，在中国社会引起了广泛重视。1929 年 1 月 23 日，《大公报》第二版发布了这一消息。[2] 一时间，世界为之震惊，引起国内外地质矿业界的关注。1987 年，白云鄂博铁矿举行"发现白云鄂博主矿体 60 周年庆典"，为发现者丁道衡在铁矿区街心塑像，供人景仰。2005 年国际新矿物命名委员会同意将在白云鄂博发现的稀土元素命名为丁道衡矿 Ce，以示对这位先驱的缅怀。丁道衡的伟大之处不只在于其对白云鄂博矿的发现，更重要的是他提出的修建包头到白云鄂博的铁路，在包头建厂，促进西北地区发达起来的设想最终都得以实现。

何作霖[3]（1900—1967），1926 年毕业于北京大学地质系，1934 年丁道衡委托何作霖接手白云鄂博岩矿标本的室内研究工作，何先生请北平研究院物理所所长严济慈帮助进行光谱分析，严先生把矿物样品交给了助手钟盛标先生进行光谱测定，经测定后，光谱图上显示出一条条的稀土特征谱线，从而用光谱仪真正证实了稀土元素的存在，并发现两种稀土元素矿物中的镧、铈、钕等元素。1935 年，何作霖的研究报告《绥远白云鄂博稀土类矿物的初步研究》（英文）一文发表在《中国地质学会会志》第十四卷第二期。报告称在白云鄂博发现了两种稀土矿物，命名为白云矿（Beiyinte）和鄂博矿（Oborte），即为后来确定的氟碳铈矿和独居石。何作霖的报告首次向世界宣告在萤石型矿中发现了两种稀土矿物。他还参加了鞍山、武汉、包头等大型钢铁企业的技术研究工作，从事镁质及铬镁耐火材料、平炉炉底砖、炉渣等方面的研究。

---

[1]　徐炳昶：《西游日记》，甘肃人民出版社 2002 年版，第 21 页。

[2]　张九辰、徐凤先、李新伟：《中国西北科学考查团专论》，中国科学技术出版社 2009 年版，第 12—13 页。

[3]　《包钢志·第十六编人物志（1927—1990）》，包头钢铁稀土公司档案馆，1993 年，第 8—13 页。

二 新中国成立初期对白云鄂博矿的勘查

新中国成立之初，国家开始对白云鄂博矿进行勘查，主要的勘查活动如表2-2所示，这些勘查活动为包钢建设提供了丰富的地质矿产资料。

表2-2 白云鄂博矿产资源勘查表[①]

时间	所做工作
1950—1954 年	原地质部 241 地质队的地质队员在白云鄂博地区进行普查时完成了 1/1 万、1/2.5 万填图。提交了《内蒙古白云鄂博铁矿地质勘探报告》，成为新中国成立后第一份大型地质勘探报告。该队于 1956 年底又相继提交了《内蒙古白云鄂博西矿地质勘探报告》。至此，白云鄂博矿区共探明铁矿石储量 8.26 亿吨
1957 年	中苏科学院合作地质队，对主矿、东矿、西矿和东部接触带的铁、氟、稀土和稀有矿床进行研究，发现了铌矿物。并编写了白云鄂博区域稀有金属矿床研究总结报告（1959 年）
1959—1961 年	包头钢铁公司地质勘探公司第二勘探队获得 C1 + C2 级铁矿储量 13239282 吨，稀土 C1 + C2 级储量 285072398 吨，并提交了一份描述白云鄂博东介勒格勒铁矿稀土矿床的普查报告
1962 年 12 月	冶金部包头钢铁公司地质勘探队提交《白云铁矿底盘白云岩稀土矿普查报告储量核实修改说明书》，由包钢矿山办 1979 年 8 月审批备案，审批书第 352 号，批为普查报告（初查），批准 C2 级资源量矿石量 44633.30 万吨，金属氧化物量 15865305 吨
1963 年 12 月	地质部组建 105 地质队，对主矿、东矿开展稀土、稀有元素矿产的评价工作

[①] 张瑾：《内蒙古包头市白云鄂博稀土矿规划研究》，河北地质大学，硕士学位论文，2017 年，第 16 页。

续表

时间	所做工作
1963—1966 年	内蒙古地质局实验室、地质科学研究院矿床所、中国科学院地质研究所等单位也参加了白云鄂博矿床物质成分的研究，提交了《白云鄂博主、东矿铁矿物质成分及铌、稀土元素赋存状态研究实验报告》
1964—1971 年	内蒙古第一区调队在白云鄂博一带开展了 1/20 万区调调查，并提交了相关的成果
1966 年	内蒙古 105 地质队在白云鄂博地区对铁矿和稀土及稀有元素展开了详细调查，并提交了综合研究报告

1950 年中央人民政府地质工作计划指导委员会派遣以严坤元为队长的白云鄂博地质调查队 50 人，在解放军一个骑兵连、一个步兵排的护卫下，进抵白云鄂博开始对主矿普查。同年 7 月，1 号钻机在主矿体开钻，年末调查队提交了《白云鄂博地质调查队 1950 年工作总结》和《绥远白云博格都区铁矿调查报告》。调查队返京后对矿物进行研究，首次从萤石矿中提取出氧化铈 115 克，认为"白云鄂博是一座世界上罕见的稀土产地，它将成为世界上著名的稀土金属富源"。1952 年年底，重工业部钢铁工业管理局派地矿科科长赵书润和苏联专家等人到白云鄂博了解资源情况。1953 年调查队改名为中央人民政府地质部华北地质局 241 勘探队，人员增至 1400 余名。矿区的勘探设计由苏联负责，钻机、仪器等设备从苏联进口，在勘探过程中，苏联专家常驻队的有计划专家、经济师、地质专家、钻探专家等十余名。队长严坤元回忆说，供水勘测和辅助原料石英岩的勘探是在苏联专家指导下完成的，241 部队能够按期完成主矿、东矿的勘探工作，提交可供开采设计的报告，和苏联专家的具体指导和帮助是分不开的。

勘探队主要技术人员有严坤元、刘兴忠、魏春海、辛奎德、胡维兴等人，历时 5 年，241 勘探队探明了主矿、东矿。队长严坤元[①] (1909—1998) 为江苏省武进县人，1934 年毕业于南京中央大学地质系，1950 年北京地质所指派他主持白云鄂博铁矿普查工作，建立了"政务院财经委员会北京地质调查所包头工作站"，带领 241 地质调查队 20 名首批队员开展对主矿的调查。年底提交了《绥远白云鄂博调查报告》，1952 年严坤元任技术副队长、总工程师，1954 年提交了《内蒙古白云鄂博主、东矿地质勘探报告》。在全国地质大会上，严坤元就这份报告做了主题发言，进行了关于报告编制和储量计算等方面的论述，后来相当长一段时间内，这份报告对全国的地质勘探工作都起着积极的指导作用。1955 年严坤元调任安徽省地质局总工程师，1978 年受到全国科学大会表彰，被誉为"揭开白云鄂博宝山秘密的技术带头人"。

为了查明矿石含磷高的原因，1953 年从日本归国不久的郭承基受何作霖的委托利用矿物化学和地球化学方法对白云鄂博矿床中大量存在的白云矿和鄂博矿进行了研究，发现白云矿为铈族稀土氟碳酸盐（即氟碳铈矿），鄂博矿则为铈族稀土磷酸盐即（独居石），矿石中含磷灰石之故，为如何去除铁矿中的磷提供了依据。[②]

1953 年年初，中央人民政府政务院根据 241 队报告，决定利用白云鄂博矿资源，在绥远省西部建设一个大型钢铁联合企业，作为我国第一个五年重点建设项目之一。5 月 15 日，中苏两国政府在莫斯科签订协定，苏联将援助我国建设和改造包括 1953 年前曾签订的 50 项在内的 141 项重点工程。商定将在包头兴建钢铁企业的初步设计交由苏联黑色冶金工业部国立冶金工厂设计院列宁格勒分院等单位承担，12 月 29

---

① 姬志勇、杨占峰：《白云鄂博铁矿志（1957—2006）》，包钢白云鄂博铁矿（内部发行），2007 年，第 714—716 页。

② 王凯怡、胡辅佑：《纪念白云鄂博矿床发现 88 周年——记中国科学院几代研究者在认知白云鄂博矿床过程中的足迹》，《矿物岩石地球化学通报》2016 年第 35 卷第 1 期，第 199—202 页。

日签订 102412 号合同。

从 1950 年至 1955 年，白云鄂博 241 地质队勘探工作总体上分为三个阶段：第一，1950 年到 1952 年为普查阶段，主要是对主矿的矿床进行地质观察，对槽探的揭露、采样、素描，钻孔岩矿心的素描、采样以及矿区外围地层剖面的测制和围岩蚀变进行观察研究。1952 年主要进行矿床资料综合研究。第二，1953 年到 1954 年为主矿、东矿勘探阶段。在苏联专家柯罗特基的指导下，进行了满足初步勘探网度的钻孔，同期西矿开始普查。第三，1955 年为西矿勘探阶段。西矿勘探结束后，241 队对白云鄂博铁矿的资源勘探工作即告结束。历时 6 年，在对白云鄂博的勘探中共完成钻孔 145 个，总进尺 47020 米，挖槽 140 条，总长16390 米，探矿坑道 653 米，采样 19500 余个，分析数据以十几万计，在我国地质事业史上，创造了空前纪录。1980 年冶金部授予 241 队"功勋地质队"称号。

1954 年，包钢 541 地质勘探队成立，该队在 1955 年进行了对白云鄂博铁矿工业区的稀土普查；1957 年对西矿十号矿体进行补充勘探；1958 年对西矿九号矿体进行升级勘探，对白云鄂博南部高磁区补充勘探；1959 年对主矿、东矿下盘白云岩进行地质调查；1960 年，对东介勒格勒进行地质普查；1961 年到 1963 年对主矿、东矿开采范围内铌元素进行查定的地质评价等工作，[①] 并提交了相应的地质报告，为厂区建设及全面评价白云鄂博铁—稀土—铌综合矿床提供了重要地质依据。

1955 年 10 月，中国和苏联在北京签订了《中苏两国政府科学技术合作协议》，协议中的第 4204 项规定，共同进行白云鄂博铁矿的研究。1957 年 7 月，中国科学院技术科学部主任严济慈率中国科技代表团赴莫斯科，与苏联国家科学技术委员会负责人讨论了对白云鄂博铁、稀土矿的研究计划，签订了合作协议。1958 年 6 月，组建了中苏科学院合作地质队，对白云鄂博矿进行了综合性研究，主要任务是调查研究

----

① 姬志勇、杨占峰：《白云鄂博铁矿志（1957—2006）》，包钢白云鄂博铁矿（内部发行），2007 年，第 178—180 页。

白云鄂博矿地质、矿床物质组成以及矿区地质、构造、岩石、矿物、地球化学等问题，如表2-3所示。

表2-3　　　　　　　　　　中苏合作队成员及成果统计表

参加的中方地质人员	成果
中国科学院地质研究所地质人员：何作霖（队长）、司幼东（1959年何作霖教授生病后开始担任队长）、于津生、洪文兴、李绍柄、范嗣昆、张培善、肖仲洋、欧阳自远；白云鄂博铁矿地质人员：姜中元、赵长有、吕维学；北京地质学院助教张本仁和高教部地质工作者张言等	用中文和俄文提了《内蒙古自治区白云鄂博铁—氟—稀土和稀有元素矿床1958—1959年中苏科学院合作地质队研究总结报告》，报告中提到了取得的12项主要成果和今后开发的7点建议
苏联科学院矿床地质研究所地质人员：格·亚·索科洛夫（队长）、昂托耶夫；地球化学、分析化学研究所地质人员：屠格林诺夫、亚力山大罗夫；苏联稀有元素矿物学、地球化学和结晶化学研究所地质人员：谢苗诺夫、苏斯洛夫	
两国磨片人员有：白云鄂博铁矿顾启坤、苏联科学院矿床研究所捷明期耶娃	为铁矿初步设计搜集资料

资料来源：（1）赵长有：《中苏合作地质队对白云鄂博矿区的研究》，《包钢史料选辑：1—10辑合订本》，包头钢铁公司厂史办公室，1983年第5期，第10—13页。（2）张培善：《有关中苏合作队在白云鄂博工作的回忆》，《包钢史料选辑：1—10辑合订本》，包头钢铁公司厂史办公室，1986年第9辑，第58—59页。（3）赵书润：《两进白云鄂博》，《包钢史料选辑：1—10辑合订本》，包头钢铁公司厂史办公室，1982年第1辑，第25—27页。

　　中苏合作队在白云鄂博矿床地质研究活动中，中方队员张培善与苏方队员谢苗诺夫在白云鄂博矿床发现了黄河矿、钡铁钛石，洪文兴、于津生、李绍柄三人发现了包头矿。这三种矿物都属于在世界上首次发现的新矿物。[①]

　　1963年，国家科委为了保护资源，合理综合利用白云鄂博矿石，

---

　　① 姬志勇、杨占峰：《白云鄂博铁矿志（1957—2006）》，包钢白云鄂博铁矿（内部发行），2007年，第17—18页。

在北京召开了包头矿资源综合利用和稀土应用工作会议，对白云鄂博矿区进一步综合利用的研究和评价进行了规划和分工，因国家对复杂的白云鄂博矿急需探明成分，地质部从全国各地抽调了一批技术骨干和相关人员共600余人，组建了105地质队（后为内蒙古自治区第五地质矿产勘查开发院）及105物质成分赋存状态研究会，任湘①担任副队长兼总工程师。经过三年会战，完成了白云鄂博稀有元素的勘探工作，提交了一份高质量的《内蒙古白云鄂博铁矿稀土稀有元素综合评价报告》②，报告认为，在白云鄂博主、东矿体中，已发现有71种元素、114种矿物，其中具有或可能具有综合利用价值的元素有铁、铌、稀土、钍、钛、磷及铀等26种。

第三节　新中国成立前日本对白云鄂博矿的勘察与开发计划

1937年后，日本兴亚院、满铁株式会社（鞍山）昭和制钢所、东京帝国大学、京城帝国大学和华北开发株式会社等部门先后组队赴白云鄂博进行地质调查以及路线勘探。日本兴亚院工程师石井清彦等人组成调查组，1939年8月24日从东京出发，8月30日抵达北京，途经张家口、呼和浩特（厚和）、百灵庙、包头、固阳等地，1939年12月19日返回东京，最终由石井清彦完成了《蒙疆地区矿产资源调查报告》。在报告中除了记载丁道衡1927年发现的白云鄂博主矿之外，还记载发现了附属矿，并认为："是和龙烟铁矿同性质的矿床，有必要再精确勘察一下龙烟和本矿床之间及本矿床东部一带，相信今后还能发

---

① 任湘同志是任弼时的侄儿，1948年去苏联留学，是唯一的地质专业学生。1950年2月，毛泽东主席和周恩来总理在中国驻苏联大使馆接见了李鹏、邹家华、任湘等21名中国留学生，毛主席为任湘题词："开发矿业"，周总理的题词是："艰苦奋斗，努力学习"。

② 齐林梅、邓金：《105地质队揭秘》，《西部资源》2011年第1期，第34—35页。

现新矿体。……和龙烟主体矿床相比毫不逊色"。① 随后在 1939 年至
1944 年的 6 年间多次组队赴白云鄂博进行地质调查以及线路勘查，先
后由森田行雄和本间不二男制订了《白云鄂博铁矿床开发计划方案》
和《乌兰察布盟白云博格都铁矿床紧急开发并调查方针》，企图掠夺这
一宝贵资源。日本成立了蒙疆②资源调查队③对白云矿调查后，菌部龙
一编写了《乌兰察布盟白云博格都铁矿床调查报告》，报告中详细记载
了满铁中央试验对所含萤石铁矿的成分分析，结语中称本矿主要矿体
露出地平面以上矿量大约有 6000 万吨……是可以露天开采的大矿床，
然而在内地交通运输极不方便，急速开发是很困难的。菌部龙一的调
查结果发布后引起鞍山日本昭和制钢所的极大兴趣，1942 年派出以采
矿次长冈本为首的调查队对蒙疆资源进行调查。1943 年又派出开发计
划和线路布设两个班，④ 由安藤重治负责此次活动。安藤重治编写了

---

① 日本兴亚院总务部：《支那重要国防矿产资源调查报告》，日本东京大学东洋文化
研究所，1941 年；聂馥玲：《1937—1945 年日本对蒙疆地区矿产资源的调查》，《咸阳师范
学院学报》2016 年第 31 卷第 6 期，第 23 页。

② 蒙疆联合自治政府，是日本侵略者于 1939 年至 1945 年在今内蒙古中部操纵成立
的一个傀儡政权，首都张家口，下辖巴彦塔拉、察哈尔、锡林郭勒、乌兰察布、伊克昭五
个盟，察南、晋北两政厅，和厚和豪特（归绥恢复了蒙古旧称，指现在的呼和浩特）、包
头 2 个特别市；1939 年增设张家口特别市，部分文献则称同时将厚和、包头降为盟辖市。
1943 年 1 月 1 日察南政厅改为宣化省，晋北政厅改为大同省。

③ 蒙疆资源调查队成员共 39 人，第一班 11 人到达百灵庙，具体成员的分工是：技
师菌部龙一负责地质矿床调查并管理全班事务，技术员加加美时宽负责地形测量和辅助气
象观测，华北开发株式会社职员宗寂照负责经济调查，木山茂负责后勤服务，和田宪夫负
责经济调查、气象观测及辅助地质调查，渡边升治负责翻译和宣传，伪蒙疆自治政府产业
部矿山课雇员田边义雄负责地质调查、翻译、辅助宣传和"苦力"监督，大胁勋负责地形
测量和辅助翻译，植木金作和松枝光次负责卡车驾驶，泷口孜负责卡车修理。

④ 采矿调查班由采矿部矿务课副参事安藤重治、职员安藤觉和资源课职员金可政一
组成，线路调查班由铃木久助负责。

《蒙疆乌兰察布盟白云博格都铁矿百灵庙铁山开发计划报告书》①，做好充分开发的计划准备，报告中对当时世界著名的铁矿山与白云鄂博铁矿山（矿石）品位进行了比较（见表2-4）：

表2-4　　世界著名的铁矿山与白云鄂博铁矿山（矿石）品位的比较

	矿种	国别	Fe（%）	SiO₂（%）	CaO（%）	P（%）	S（%）	AiO₃（%）	Mn（%）
磁铁矿	白云鄂博	蒙疆	58.49	3.35	5.40				
	大冶	中	60.31	5.20	2.40	0.05	0.60	0.90	0.17
	ダーベルヤ	瑞典	63.73	6.40	0.75	0.02		1.35	0.25
	釜石	日	62.00	5.20	2.40	0.05	0.60	0.90	0.17
赤铁矿	柔佛州	马来	65.00	1.65		0.25			0.10
	长橄岩	英	66.00	5.65	0.07	痕迹	痕迹		0.19
	クリボエロツク	俄	58.95	7.95	0.20	0.03	0.003	4.66	1.20
菱铁矿	クリープブンド 支利夫兰	英	28.92	10.20	0.60	0.50	0.11	7.00	0.70
褐铁矿	Minette	德，法	35.00	7.35	7.50	1.55			
赤铁矿	白云鄂博	蒙疆	35.80	1.55	17.20				

资料来源：《包钢志·第四编勘探志（1927—1990）》，包头钢铁稀土公司档案馆，1993年，第139页。

报告中指出白云鄂博矿石的特征是硅酸分的含量很少，含石灰分，这是炼铁少见的优质矿石。与当时世界上很有声望的德、法及卢森堡

———————————

① 报告书分为：绪言、位置及交通、势圈内事情、地形及地质矿床、品位、矿量、采掘计划、输送计划、发电计划、配水计划、警备计划、职制及工人计划、附带设备、资财、开发工程、事业费预算、营业费预想和结言18个部分。

的褐铁矿（minette）矿石相比，石灰分还要高很多，更确定其矿石的价值之大。报告中确定地平以上的矿量约为6100万吨，地平以下预计矿量5600万吨，合计11700万吨。这是一份详尽的开发计划书，对当时采用的主要机器设备、原料、开发进度、运输、费用等都做了细致的规划，附有《白云鄂博铁山运矿线实地调查报告书》，说明了包头经固阳到白云鄂博或固阳经黑教堂至白云鄂博的施工计划。报告书的结语部分足以证明日本觊觎这座宝山，试图掠夺我国资源的实情，原文写道：

> 白云鄂博矿山，虽然地处偏远地区，孤立在蒙古高原，但（矿石）品位优良，容易开采，这一点其它矿是追随莫及的。铁矿石的产量虽不及海南岛石碌铁山，但在开采容易这一点上，石碌矿却不能相比。……这样的矿山尚未开发，是因为该矿山的优越性还未被世人知晓的缘故。所以，为迫使尽快解决钢铁问题，使日满当局（充分）认识（开发白云鄂博的重要性），以确定大东亚共荣圈，应立即指令其开发。
>
> 我社也为了铁矿石自给，采取对策，渗入蒙疆钢铁业开发是理所当然的。……该矿山在蒙疆炼铁业有重大任务，我社积极出马是有意识地渗入蒙疆炼铁业。……并要建起包头到白云鄂博的铁路，安奉线（丹东至沈阳铁路），铁路工程。……我社考虑，根据远大计划，排除万难，承担起（此矿）开采经营的责任。所幸，蒙疆政府全面支持我社渗入开采，这是决不可丢掉的好时机。希望切勿我社百年大计。……相信这样大的事业，国家（指日本）会有积极解决的决策，为确立国家国防，盼早日开发。[①]

1944年黄春江等人对白云鄂博调查结束后，日本"华北开发株式

---

① 注：引文中括号里的内容为包钢档案编者注。

会社调查局"也掌握了白云鄂博的矿产资源情况，矿山班森田行雄制订了《绥远白云鄂博矿床开发计划方案》，40年代后期，中央地质调查所北平分所宋鸿年将其译成中文。方案分为序言、概况、开发计划、开发经费预算、矿石之矿山原价预算和结论六部分。序言中指出关于矿床地质及矿石矿物都是根据黄春江的报告，运输路线是据华北交通路线调查队的结果，本方案论述的部分是以采矿、选矿问题为主。按照黄春江的地质图为基准，自地平1525米计起铁分50%的矿量为3.7万吨，露天开采计划标准，1500米处为基地，铁分50%以上的矿量为2.3千万吨，按这个基准制订了详细的开发计划。[1]

日本对白云鄂博矿考察后发表了几篇文章，如表2－5所示。[2]

表2－5　　　地质文献目录刊登几篇日本对白云矿的考察报告目录

蒙疆乌兰察布盟バイン・ボクド（白云鄂格都）铁矿床调查报告（薗部龙一）	北支那开发株式会社调查局极秘件，1941
绥远白云鄂博铁矿纪要（安藤重治、安藤觉、金国政一著，颜轸节译）	矿测近讯第82期，11—13页，1948
蒙疆乌兰察布盟白云博格都铁矿床报告（北支开发调查局）	载绥远省人民政府商业厅经济参考资料第4期，矿业之都，1949
蒙疆乌兰察布盟白云博格都铁矿调查概要（北支开发调查局）	载绥远省人民政府商业厅经济参考资料第4期，矿业之都，1949

资料来源：赵志新、王之耀：《中国地质文献目录第1编1940—1955国内及日本书刊部分》，地质出版社1958年版，第389—390页。

---

[1] 《包钢志·第四编勘探志（1927—1990）》，包头钢铁稀土公司档案馆，1993年，第119—170页。

[2] 笔者未查阅到原文，只查到包钢志勘探志里对报告和开发书的记录。

黄春江毕业于日本东北帝国大学地质系，1944年6—8月，随日本伪华北开发公司组成的地质调查队①来白云鄂博进行地质勘探，发现了东矿和西矿，1946年发表了《绥远百灵庙白云鄂博附近铁矿》②，报告分为：绪言、位置及交通、地形及地质、矿床、矿质、矿量和结论七部分，黄春江在报告的结论中写道：

> 白云鄂博附近铁矿属于接触交代矿床，其规模为华北此种矿床之最大者。铁分在40%以上之矿石，估计为6000余万吨，其中60%以上之优良矿，约达1700万吨。铁矿石不但品质优良，且含有少量氟石，于制铁上可收事半功倍之效，且氟石中常包裹有元素矿物，矿该矿脉又可为铈、镧（镧）之矿石，特堪注意。本矿床露出良好，且矿区集中，特适于近代露天开采。又鄂博及东方两矿体，如欲确认其深部延长，必须加以钻探。西方矿体群，深部或有富矿潜在之可能，亦须施用磁力探矿，而随探矿之进展，矿量或可更为增大。

该报告指出主矿储量为5.4亿吨，东矿储量约为0.5亿吨，西矿未计，认为可建设矿山到包头的铁道，利用黄河水，大青山煤田，可以在包头附近建设规模较大的钢铁工业，开采矿床。为了给开发矿山提供资料，黄春江等人还进行了当地的社会调查，写成《乌兰察布盟概

---

① 调查队成员共7人，黄春江担任队长；地质系助手有王锟、今井进；测量系为福吉长雄；另有"学生勤劳报国队"的广冈悦郎、原隆光和石仓幸男。参见《包钢志·第四编勘探志（1927—1990）》，包头钢铁稀土公司档案馆，1993年，第97页。

② 黄春江：《绥远百灵庙白云鄂博附近铁矿》，《地质评论》，1946年，第411—412页。

况》① 报告，于 1950 年由王宪文译成汉文。

第四节 小结

白云鄂博铁矿地处中国北部边疆，自 1927 年中瑞西北科学考察团的丁道衡发现这座矿山以来，在国内外的影响日渐显现，新中国成立前还引来日本对铁矿资源的觊觎，其对白云鄂博铁矿进行了多次勘探调查。铁矿的发现，为草原带来了经济繁荣，奠定了内蒙古自治区钢铁工业的基础，是包钢钢铁基地的"摇篮"，新中国成立后国家派出多支勘探队伍进行了深入考察。国务院根据早期这些地质专家的考察报告分析，决定在绥远省西部建立钢铁联合基地，最后根据中苏合作地质队的多次考察，结合中国实际需求，决定在包头建立大型钢铁联合企业，以钢铁厂生产为主。后来中国科学院从炉渣中提取稀土进行研究，在此基础上建立了包钢稀土厂，为边疆地区的经济发展和社会稳定做出了重要贡献。

---

① 《乌兰察布盟概况》共分十三部分，即：概说、地势及气候、盟行政机构、地方行政、治安及警备、牧业、农业、林业、商工业、人口及增减状况、教育及宗教、卫生和国民性及其他（附鄂博之意义）。参见《包钢志·第四编勘探志（1927—1990）》，包头钢铁稀土公司档案馆，1993 年，第 108—119 页。

第三章

包钢成立的背景

"一个是粮食，一个是钢铁，有了这两样，什么都好办。"毛泽东不止一次表达过这个观点。百废待兴的新中国为迅速建设社会主义，确立了以钢铁等为代表的重工业优先发展的战略。包钢就是新中国成立后，在发展国民经济第一个五年计划期间，党中央、毛泽东主席批准建设的第三个规模宏大的新型钢铁联合企业，包钢在整个国民经济建设中，具有十分重要的地位。一方面，国家根据白云鄂博矿的勘探结果做出了在包头建设钢铁厂的初期建设决策，又根据矿的初步探测制订了包钢建设规模的初步规划，进行筹备立项建设包钢；另一方面，国家没有根据包钢选矿和高炉试验结果按部就班进行包钢建设，受各方面因素影响，变更了最初的建设方针，使得包钢建设遭到重挫。直到调整时期，才确定了"以铁为主，综合利用"的建设方针。

包钢被誉为内蒙古大草原上的一颗"璀璨明珠"，是新中国成立后在少数民族地区建设的第一座特大型钢铁联合企业。包钢位于内蒙古包头市昆都仑区昆都仑河西岸，北依乌拉山，南临黄河，所在地区属大陆性气候，冬季长而寒冷，夏季短而干燥。温差大、风沙大是本地区的气候特点。40 年代末期包头的景象是保留着清朝同治年间修筑的土城墙，市区面积不过 5 平方公里，街道狭窄，房屋低矮陈旧，到处是乱石堆，臭水坑。全市只有 7 座小工厂，63 棵行道树，17 盏昏暗的路灯。气候干燥，风沙弥漫，晴天满街土，下雨满街泥。[①] 从一条街到一座城，现在的包钢工业区在昆都仑河以西，河东是居民住宅区，也是包头市经济、政治、科学技术、文化教育的中心，包钢东面与青山区接壤，南、北、西与包头市郊区为邻。白云鄂博矿的发现与勘探为包钢的成立奠定了基础，但是矿物的复杂性也成了包钢建设面临的重大难题。通过对包钢投产前的试验研究发现，并非是因为包头矿的复杂性造成难以冶炼的技术问题，更多的是受技术决策影响而产生的技术问题。国家十分重视白云鄂博矿产资源的开发利用是包钢立项的重要原因。

包头地区有丰富的资源，按地质部已勘探完毕的白云鄂博主矿山和东矿山的矿石总储量 70% 计算，有五亿九千余万吨矿石的储量，西矿山也有二亿八千万吨左右，共计约有十亿吨储量。按每年采用矿石二千万吨计算，也可以供给六百万吨的钢铁厂使用 50 年。此外，包头市东部 30 公里处石拐沟到萨拉齐的煤矿，勘探出十一亿多吨可用于冶金的炼焦煤，包头向西 400 多公里的平罗等一带冶金用炼焦煤储量也很大，包头北部营盘湾一带还有可以做燃料的煤矿，在包头地区还有做冶金熔剂的石灰石、白云石，以及可做耐火材料用的矽石、硬质耐火黏土等非金属矿山。经沉淀泥沙的试验证明黄河水可做生产用水，够大规模的钢铁联合企业使用。包头地区地势平坦，在交通方面，包头当时是京包路的终点站，待包兰、包白铁路修通后，交通便利，是与西北地区衔接的腹地，很适合建设为新工业基地。[②] 综合各方面条件，中央决定在经济技术条件比较优厚的包头建设一座钢铁联合企业。

---

① 商恺：《塞外钢城——包头》，《新闻与写作杂志》1997 年第 11 期，第 18—20 页。
② 《包头钢铁联合企业初期的建设工作》，包头档案馆档案，案卷号：1 - 17 - 0069，第 1—43 页。

第一节　包钢立项

1949 年 12 月 16—25 日，政务院重工业部召开了第一次全国钢铁会议，会议决定把包头列为"关内新建钢铁中心"的目标之一，对包头的地质资源进行勘探。同年年底中央人民政府财经委员会选定该矿为迅速开展地质勘探的重点矿山，1950 年派出白云鄂博铁矿调查队（即 241 地质勘探队）进行了 6 年的详细勘探，241 勘探队 1954年提交的《中华人民共和国地质部二四一勘探队内蒙古白云鄂博铁矿主、东矿地质勘探报告》及 1956 年提交的《中华人民共和国地质部华北地质局二四一勘探队内蒙古白云鄂博西矿地质勘探报告》，为包钢和白云鄂博铁矿设计提供了科学依据。

1951 年编制的国民经济第一个五年计划中指出："在沿海地区，改扩建以鞍钢为中心的东北工业基地的建设；在内地，重点是以武钢为中心的华中工业基地和以包钢为中心的华北工业基地的建设。"[①] 这是党和国家的现代化工业布局、加强少数民族地区经济建设的重要举措，包钢成为三足鼎立之一的国家重点钢铁工业基地，在新中国的国民经济建设中占据了显赫的地位。1952 年 3 月 19 日，中央人民政府财经委员会党组就全国钢铁工业的发展方针速度与地区分布问题向毛泽东主席和中央报告，提出："根据现在了解的全国资源情况，有条件建设成年产 100 万吨以上的钢铁厂有鞍山、本溪、石景山、大冶……绥远的白云鄂博（即包头附近）最近发现了很有希望的铁矿，但地质勘测方刚开始，要到第二个五年计划才能谈到建设。"[②] 1952 年 5 月 6 日中

---

① 《包钢志·第五编建设志（1927—1990）》，包头钢铁稀土公司档案馆，1993 年，第 24 页。

② 《中央财委党组关于全国钢铁工业的发展方针速度与地区分布问题向中央的报告》，《中国冶金史料》1987 年第 4 期，第 3—4 页。

共中央财辰 NO130 文件指示:"中央完全同意你们关于钢铁工业的发展方针速度与地区分布问题的报告及建议,……对于包头附近的铁矿,仍应继续进行勘察工作,如需要苏联专家指导亦应及时聘请。"①

1953 年 5 月 15 日,中苏两国签署了《关于苏维埃社会主义共和国联盟政府援助中华人民共和国中央人民政府发展中国国民经济的协定》。苏联援助中国新建大冶(即武钢)和包头两座钢铁联合厂,在第1 号附件中说明了包头钢铁联合厂援建内容及执行期限:

> 包头钢铁联合厂,包括全部冶炼过程,并设有保证单厂需要的炼焦化学厂和其他辅助车间及部门以及矿山基地。第一期年生产能力:钢 120 万—150 万吨(最后的生产能力,在初步设计中确定之),根据勘探的铁矿地质埋藏量及其他矿物提出设计基础资料(由中国方面提出),完成时间 1954 年第一季;商讨选择厂址,在编制设计任务书及搜集设计基础资料方面给予技术援助,完成时间 1954 年第一季;初步设计完成时间 1955 年;第一期的技术设计完成时间 1955—1957 年;按双方商定的范围及进度提交第一期的施工图完成时间 1956—1958 年;第一期的设备供应完成时间 1957—1959 年。②
>
> 包钢根据苏联年产 125 万吨钢材钢铁厂定额(职工人数是设计局估计)做出了第一次数据规划,规定包头钢铁厂,年产钢材120 万—140 万吨;厂区:400—500 公顷;职工总数 26000 人;原材料:铁矿石 500 万—550 万吨;炼焦煤:280 万—300 万吨;石英石:50 万—60 万吨;白云石:12 万—13 万吨;动力用煤:40万—50 万吨。运输量:1000 万—1200 万吨;用电:10 万千瓦。二期年产钢 310 万吨,1959 年在苏联完成初步设计,1961—1964 年

---

① 《中央关于钢铁工业发展方针等问题的批示》,《中国冶金史料》1987 年第 4 期,第 5页。

② 《1953 年 5 月 15 日协定第 1 号附件:苏联帮助中国建设和改建的企业清单》,包头档案馆档案,案卷号:1 – 54 – 1554,第 50 页。

交付设备。①

1953 年 4 月 23 日，中央人民政府重工业部钢铁工业管理局成立了包头筹备组（1954 年 5 月 1 日改名为包头钢铁公司），华北局成立了包头工业基地建设委员会，开始筹备包钢的建设。

第二节　包头钢铁公司成立

1953 年 4 月 23 日，中央人民政府重工业部钢铁工业管理局在北京成立包头筹备组（全称为中央人民政府重工业部钢铁工业管理局包头筹备组），该局副局长杨维负责筹备工作，具体事务由石景山钢铁厂设计处承办。② 杨维派人到包头成立办事处，包头工作组总的领导是杨维和陈守中，下设平面设计、采矿、焦化、建筑、钢铁、行政（保卫）六个小组，组长分别是黄汉炎、李一夫、张彤、刘耀宗、宋汉清、张建国。工作组的主要任务是集结人员，选择厂址，为包钢设计收集提供有关资料。后经重工业部钢铁工业管理局批准，包头筹备组改名为"中央人民政府重工业部钢铁工业管理局五四钢铁公司筹备处"，包头办事处改名为"五四钢铁公司筹备处包头办事处"。

1953 年 11 月华北局成立包头市建设委员会，委员会由刘澜涛任主任，刘秀峰、乌兰夫、苏谦益任副主任，由潘纪文（华北财委委员）、王唐文（华北财委秘书长）、杨维等 20 人组成。③ 年底在北京西四北沟沿大茶叶胡同 19 号和平安里购买了院落作为筹备组的办公地点，筹备

① 《国家计委关于苏联在五年中为我国设计的 141 个主要企业项目分区一览表和设计数据》，包头档案馆档案，案卷号：1 - 54 - 1783，第 14—19 页。

② 张宗奇：《参加包钢筹建工作的回忆》，《包钢史料选辑：1—10 辑合订本》，包头钢铁公司厂史办公室，1982 年第 1 辑，第 17—24 页。

③ 《华北局决定成立包头市建设委员会》，包钢档案馆档案，案卷号：1 - 17 - 0002，第 35 页。

组改成筹备处，下设人事处（处长边移山）、设计处（处长朱言）、生产准备处（处长李光）、财务处（处长曹天越）、供应处（处长陆季珊）和包头办事处。包头办事处的临时办公地点在和平路 115 号和财神庙街 72 号。直到 1954 年 10 月才迁入新建的包钢临时办公大楼。随后成立大冶包头新厂设计准备工作综合组，负责的主要任务是掌握了解大冶和包头设计准备工作的完成情况，研究存在的问题；准备工作有不完善或尚缺的工作，组织和布置有关单位分工协作，制订工作计划；检查进度，以期督促计划的完成等。①

1957 年杨维在《建设月刊》上发表文章《包钢建设的筹备工作》②，文中记录了包钢筹备组从 1953 年下半年开始三年多来对包钢建设所做的筹备工作：选址、地质勘探和科学工作试验、收集和整理设计资料、委托和审查设计、收集设备资料进行设备订购工作、生产准备工作等。这一时期，包钢主抓干部、技术工人的培养和生产技术准备两个环节。

1953 年 12 月 19 日，重工业部向国家计划委员会呈送了《关于包头钢铁公司工作情况报告》，报告题目及内容中首次出现"包头钢铁公司"的称谓。③ 1954 年 3 月杨维向重工业部钢铁工业管理局报送了《关于改"五四钢铁公司筹备处"为"包头钢铁公司"的请示》，获得批准。5 月 1 日，五四钢铁公司筹备处正式改名为包头钢铁公司。当天包钢的部分工作人员还参加了"五一"庆祝游行，在天安门城楼下接受党和国家领导人的检阅。④ 1956 年 6 月 20 日，包钢由"重工业部包头

① 《关于成立大冶包头厂设计准备工作综合组的决定》，包钢档案馆档案，案卷号：1 - 17 - 0002，第 37 页。

② 杨维：《包钢建设的筹备工作》，《建设月刊》1957 年第 9 期，第 31—33 页。

③ 郤晋诗：《在包头办事处的日子里》，《包钢史料选辑：1—10 辑合订本》，包头钢铁公司厂史办公室，1982 年第 1 辑，第 12—16 页。

④ 张意如：《包钢筹建初期的回忆片断》，《包钢史话》，包钢关心下一代协会，1984 年，第 45 页。

钢铁公司"改称为"冶金工业部包头钢铁公司"。[①] 陈守中被任命为中共包钢委员会书记，杨维被正式任命为包钢总经理（实际上他从1953年开始就担任这一职务）。

第三节　国家建设包钢的决策

一　包钢初步设计任务书的确定

1954年5月25日，中央人民政府国家计划委员会第5401041号文件批准了包钢设计计划任务书，规定包钢分两期建设，第一期规模为年产钢120万—150万吨。但由于铁矿资源丰富及考虑到设计布局上的有利条件并符合中苏协议的精神，设计组建议包钢建设规模的初步设计一次完成，技术设计、施工图及建设程序仍按两期进行。考虑到矿山资源可能继续有发现，故在设计中尚保留下继续扩建的场所。产品根据地区需要及与鞍钢、武钢的分工，只生产大型钢材、大型无缝钢管和鞍钢不能生产的钢轨附件等，1962年完成第一期计划，批准在宋家壕建厂。公司第一期拟建1386立方公尺的高炉3座，或1033立方公尺的高炉4座，220—440吨的平炉8座或9座，初轧机1座，钢轨钢梁轧钢机1座，大型无缝钢管轧机1座，以及钢轨附件轧机。[②] 1955年12月，苏联黑色冶金部交付我国包头钢铁公司初步设计。重工业部党组对包钢的初步设计审核后做出了包钢一次建成的决定，建设规模由15个主要生产厂矿组成：

年产钢316.5万吨、生铁313万吨、铁矿石1100万吨、铁精

① 《包头钢铁公司编年纪事（1927—1984）》，包钢厂史办公室，1984年，第9—22页。

② 《重工业部关于包头钢铁公司设计任务书的报告》，载张宇主编《内蒙古包头钢铁基地的建设与发展》，内蒙古人民出版社2013年版，第184—189页。

矿 545 万吨、烧结矿 585.5 万吨、焦炭 294 万吨、钢坯 276.3 万吨、轨梁管坯等 130 万吨、大型钢材 90 万吨、无缝钢管 40 万吨、钢轨固结件 30 万吨、车轮 20 万吨、氧气瓶 30 万个、粘土砖 12 万吨、硅砖 2.5 万吨、铸铁件 10 万吨、铸钢件 3 万吨、锻造件 4500 吨、金属结构件 8000 吨。其中炼铁车间改为当时最大容积的 1513 立方公尺的高炉 4 座,炼钢车间改为 500 吨平炉 6 座,250 吨平炉 3 座。全部投入生产后,职工总数 22477 人。①

任务书上报后经毛泽东主席、刘少奇委员长、邓小平副总理、彭真副总理审阅,周恩来总理于 1956 年 4 月 4 日亲自签发中发卯字 33 号文批准包钢初步设计,并同意:

（一）包钢按年产钢 300 万吨规模一次建成。（二）并增加下列车间:年产 30 万个的氧气瓶制造车间;年产 20 万吨左右的车轮轧制车间;年产 7 万吨至 8 万吨的钢球车间。（三）需要增加的合成氨厂、焦油精制厂、稀土金属和氟化物的回收工厂,可另作为独立的项目提请苏联设计。②

1956 年 5 月 28 日,经国家建设委员会以批准书第 5604186 号文下达重工业部,将包钢初步设计原概算 216540.3 万元核定为 206514.8 万元,③ 确立了包钢的最初设计规划。

---

① 《重工业部党组对包头钢铁公司初步设计审核报告》,包钢档案馆档案,案卷号:1-17-1473,第 1—9 页。

② 《中共中央批准包头钢铁公司初步设计任务书》,载张宇主编《内蒙古包头钢铁基地的建设与发展》,内蒙古人民出版社 2013 年版,第 218 页。

③ 《包钢志·第五编建设志（1927—1990）》,包头钢铁稀土公司档案馆,1993 年,第 28 页。

二　建设方针变更

1956 年 9 月，周恩来总理在中国共产党第八次全国代表大会上所作的《关于发展国民经济的第二个五年计划的建议的报告》中指出："为了合理地配置我国的生产力，促进各地区的经济发展，并且使我国的工业布局适合于资源和国防的条件，必须在内地有计划地建设新的工业基地"。"这是我们必须坚持的不可动摇的方针。加强内地工业的新建设，也将促进少数民族地区经济和文化的发展。第二个五年计划期间，必须继续进行华中和内蒙古地区以钢铁工业为中心的工业基地的建设"。这份报告肯定包钢建设在国家国民经济中的地位，受到中央的重视，包钢此时也完成了基本筹备工作，于 1957 年进入开工建设阶段。

1957 年 2 月 8 日，中央发出的《关于一九五七年开展增产节约运动的指示》指出，建设的速度和规模不但取决于国家的财力，更重要的是取决于建设物资的供应能力。对于我国工业建设应采用怎样的技术设备，新华社做了相关报道，记述如下：

> 问：我国工业建设应该采取怎样的技术设备？答：这个问题，涉及国家的技术政策，关系着国家的人力财力物力怎样使用，因此它对贯彻执行勤俭建国的方针、对于增产节约，就有极大的意义。在这个问题上，有不少人过分热心于采用世界上最先进的、第一流的、自动化的设备，他们认为从长远来看，这样办是需要而且是经济的。但他们强调了未来，忽略了现实。……而我国当前的情况是资金有限、人力有余、机械工业的技术水平低，不能制造这样的先进设备……所以单纯追求自动化，并不能加速工业化。根据我国前四年建设的经验和我国的条件，主张多采用国产设备，充分发挥我国机械工业的生产能力，技术水平可以逐步提

高。这种主张是现实的，也是积极的。①

把节约政策应用到钢铁领域，首先要从设计着手，要求在设计中正确贯彻国家的技术政策，包钢当时指出：

> 设计必须首先从满足生产需要出发，在规模、产品种类和质量、成本方面必须达到国家计划的要求；其次要根据我国情况最大限度地节约建设投资。两方面结合考虑，这是做任何设计都应具有的实事求是的全面态度。既要考虑满足近期生产的需要，也要考虑以后发展的可能，是设计中应当注意的又一个原则。不考虑生产单纯追求所谓"节约"，实际上是浪费，因为这样做降低了生产能力；盲目贪大求新，一切都要采用新技术，忽视国家建设初期经济条件还很困难，技术水平还相当低的情况，显然是错误的。

总的来说，1957 年前国家在钢铁行业方面的决策是正确的，对于包钢也按部就班完成了筹备，进入了建设阶段。② 但是对节约政策的执行并没有像上面所说的那样合理节约，之后在急于求成的背景下，盲目节约，再加上做出的一系列技术决策影响了钢铁行业的正常发展。包钢没有根据当时包钢的选矿实验和高炉实验结果做出决策，在急于出铁的背景下，变更了最初的建设方针，做出"富矿入炉"的决定。

---

① 新华社：《我国工业建设应该采取怎样的技术设备》，《包钢报》1957 年第 4 卷第 6 期，第 1 页。

② 《包头钢铁公司第一个五年计划总结》，包头档案馆档案，案卷号：1 - 17 - 130，第 2—11 页。

三　包钢做出"以铁为主，综合利用"方针的决策

对包头共生矿资源如何合理利用，是一个重大的技术政策问题，对于国民经济建设和国防建设意义都很大，包钢为什么做出"以铁为主，综合利用"的决策，是根据当时的国情并经过一系列研究确定下来的。

1953年9月3日重工业部向国家计划委员会和毛泽东主席呈送的《关于包头钢铁厂资源概况及选择厂址情况的报告》[1]中就提出稀土金属问题，对于如何提炼稀土金属，报告建议先进行高炉冶炼试验并送苏联选矿研究院进行选矿研究。1955年5月10日重工业部向国家计委、国家建委和国务院上报了《请及早研究确定对稀土金属之利用计划》。[2]文件指出根据地质部的勘探结果，在主东两矿体及围岩中均含有稀土元素，其品位高者可达20%以上，一般为2%—6%，平均为5%—6%。肖米克教授也一再提出应重视此项矿物的开发及利用。请计委研究确定国家对稀土矿物的利用和开采计划。随后国家计委回复称关于白云鄂博矿区稀土金属矿的利用问题，已建议由中国科学院研究，对铁矿所需设计资料部署了处理办法。[3]基本是矿山的设计按地质部提出的资料进行，不应拖延，同时进行稀土矿的勘探和研究，以便施工前作出最后决定。1956年《中共中央批准包头钢铁公司初步设计任务书》[4]中批准，包钢年产316.5万吨钢、1100万吨矿石的钢铁联合企业建厂设计。对于矿物中含有大量稀土金属与萤石

---

① 《关于包头钢铁厂资源概况及选择厂址情况的报告》，《包钢志·第一编概述第十八编附录（1927—1990）》，包头钢铁稀土公司档案馆，1996年，第24—32页。

② 《请及早研究确定对稀土金属之利用计划》，《包钢志·第一编概述第十八编附录（1927—1990）》，包头钢铁稀土公司档案馆，1996年，第57—58页。

③ 《关于稀土金属矿的利用问题》，《包钢志·第一编概述第十八编附录（1927—1990）》，包头钢铁稀土公司档案馆，1996年，第58—59页。

④ 《关于批准包钢初步设计的请示》，《包钢志·第一编概述第十八编附录（1927—1990）》，包头钢铁稀土公司档案馆，1996年，第69—70页。

（氟化物）的现象，重工业部已委托苏联进行回收稀土金属的试验，准备在国内对氟化物进行试验。1957 年 6 月，中国科学院院长郭沫若致信苏联科学院副院长巴尔金协商"共同进行白云鄂博铁矿的研究"，后由中国科学院技术科学部主任严济慈致信茨辽夫教授和巴尔金副院长商讨推动此问题的执行。中国科学院成立了"白云鄂博铁矿研究工作委员会"，严济慈任主任，1958 年 6 月开始抵达白云鄂博矿开展研究工作。[①] 1959 年中国科学院出台了《1960 年中苏两国共同进行和苏联帮助中国进行重大科学技术研究项目的计划建议书》[②]，确定要解决包头矿综合利用问题及研究包头矿中稀土的分离和利用。1960 年冶金工业部、中国科学院、中共包头市委在《关于包头稀土提取及在合金钢应用的科学研究工作会议的报告》[③] 中向聂荣臻副总理并国家科委进行汇报，在稀土研究上取得了一定的成绩，要求1961 年建成稀土试验工厂。

1963 年年初国家科委印发了《关于包头稀土资源综合利用工作进展情况简报》，介绍了 1950—1962 年，地质部、科学院、中苏合作队及包钢都对白云鄂博矿进行了一系列研究，认为该矿是规模相当可观的"铁—氟—稀土—稀有综合矿床"，为了综合利用这些资源，还需进行综合勘探和研究工作。1963 年 4 月 15 日，国家科委、国家经委、冶金部联合召开了包头矿综合利用和稀土应用工作会议（简称全国第一次4·15会议）[④]，会议认为包头矿是世界上罕见的铁、稀土、

① 姬志勇、杨占峰：《白云鄂博铁矿志（1957—2006）》，包钢白云鄂博铁矿（内部发行），2007 年，第 698 页。

② 《1960 年中苏两国共同进行和苏联帮助中国进行的重大科学技术研究项目的计划建议》，《包钢志·第一编概述第十八编附录（1927—1990）》，包头钢铁稀土公司档案馆，1996 年，第 98 页。

③ 《关于包头稀土提取及在合金钢应用的科学研究工作会议的报告》，载张宇主编《内蒙古包头钢铁基地的建设与发展》，内蒙古人民出版社 2013 年版，第 257—260 页。

④ 《1963 年包头矿综合利用和稀土应用工作会议》，载张宇主编《内蒙古包头钢铁基地的建设与发展》，内蒙古人民出版社 2013 年版，第 263—266 页。

铌和其他稀有金属及放射性元素等共生的大型综合矿床，必须综合利用。与会人员就包钢的建设方针提出了三种不同意见：第一种意见是综合利用应以铁为主，保护好已发现的稀土、铌富集带，充分考虑回收利用，包钢仍按原设计建设，理由是包钢已初具规模，担负着为国家建设提供钢铁的重任，而稀土、稀有资源尚未查清，技术也不过关，对尾矿、炉渣今后要研究保护措施；第二种意见认为应以稀土、稀有金属为主，综合利用该矿资源，理由是白云鄂博是世界第一大稀土矿，铁矿可供几十年使用，而稀土可供几百年使用；第三种意见也是绝大部分代表的共识，要强调综合利用，不要提出以什么为主。包钢可暂时维持现状，不宜再扩大建设，积极加强稀土研究，并设法为包钢开辟第二个铁矿基地，如三合明、温都尔庙等迅速查明和准备建矿。直到邓小平视察白云鄂博矿后，指示包钢还是要按原计划进行建设，要综合利用好白云鄂博宝贵资源，随后国家科委、国家经委、冶金部在1965年4月15日（第二次4·15会议）召开的包头矿综合利用和稀土应用工作会议上，确定了白云鄂博矿山"以铁为主，综合利用"的开发方针。

从上述会议、文件、报告等可以看出，包钢当时做出"以铁为主，综合利用"的技术决策是正确的。从当时的社会背景来看，国民经济发展急需钢铁，而且钢铁的冶炼技术基本成熟，再加上有苏联支援，建设这座钢铁联合企业是切实可行的决策，而对含有稀土和稀有金属共生矿进行冶炼在世界上也是前所未有的。另外，国家及包钢一直重视稀土的研究，随着研究成果的进展，逐步推行稀土事业的发展，建立起稀土工厂。1958—1965年全国共举办过四次大型的稀土会议，[①] 1958年、1959年中科院有关研究所主持召开包头矿研究工作会议，并有苏联专家参加，1963年、1965年分别召开两次"4·15会议"，最后得出的意见是：

①《全国大型稀土会议简况》，包头钢铁公司厂史办公室《包钢史料选辑：1—10辑合订本》1984年第7辑，第17—22页。

开始建设包钢时，不仅就已知道白云鄂博是一个含有大量稀土金属的铁矿，而且注意了对稀土金属的综合利用，对白云鄂博继续开采，不会破坏这一宝贵的资源，把包钢既建设成为重要的钢铁基地，又可促进稀土和稀有金属的利用。①

因此包钢领导层做出包钢仍按原设计进行，加速建设稀土金属冶炼厂和稀土金属研究所，对白云鄂博矿进行技术研究的决定。

第四节　小结

包钢是新中国在少数民族地区兴建的第一个大型钢铁联合企业，中央做出建设包头钢铁基地的正确战略决策，原因之一就是早在 1927 年我国地质学家就发现了白云鄂博铁矿，经过多次勘探研究，还发现这是一座世界罕见的含有稀土金属的共生矿。国家对开发白云鄂博资源，建设包头钢铁工业基地非常重视，在 1949 年召开的全国第一次钢铁会议上就把包头列为"关内新建钢铁中心"之一，并决定对白云鄂博矿进行全面地质调查。

包头工业基地的建设是决定国家工业化建设的重要因素之一，1953 年，中央把包钢列为"一五"重点建设项目，成为我国三大钢铁基地之一，改变了中国钢铁工业的布局。包钢的诞生与发展，带动包头从一个皮毛集散地的草原荒漠逐步发展为以冶金、机械为主的重工业城市，对于改变我国冶金工业布局，促进内蒙古、华北地区及国民经济的发展起到了重大作用，也显示出国家做出建设包头钢铁基地这一战略决策的重大意义。

---

① 《冶金部关于包钢建设方针的意见》，包头钢铁公司厂史办公室《包钢史料选辑：1—10 辑合订本》1984 年第 7 辑，第 52—54 页。

国家在苏联的支援下拟定了包钢初步设计任务书，但后来国家没有根据包钢选矿实验和高炉冶炼实验的结果做出合理的决策，做出了以节约为主的变更方针，改变了包钢建设的最初建设规划。调整时期，包钢做出"以铁为主，综合利用"的方针政策一直指引着包钢后续的发展。

第 四 章

包钢建设与发展的决策

　　包钢，这个与中华人民共和国同时成长起来的钢铁巨人，是在党和国家领导人及各族人民支持下共同建设起来的。包头地处祖国的北疆，以白云鄂博矿为原料基地建设包头钢铁企业，是党和国家现代化工业布局、加强少数民族地区经济建设的重要举措。包钢是国家经济发展战略的重点企业，其建设和发展始终与国家的政治、经济形势息息相关，一直受到党和国家领导人的关怀。包钢的筹建是由毛泽东、刘少奇、周恩来、朱德、陈云、邓小平、彭真等领导人亲自擘画的，周恩来、朱德、林伯渠、谢觉哉、董必武、邓小平、彭真、乌兰夫等党和国家的领导人亲自莅临包钢指导工作。本章选取了四位领导人来包纪事，以记载党和国家领导人对包钢建设发展的关怀与决策。

第一节　建设包钢的重要决策

　　包钢从决定筹建到全国支援，从大规模建设到提前出铁、出钢材，都离不开周恩来总理的重视和所做出的重要决策。在全国第一次钢铁会议上，包钢被列为新开拓的重点钢铁企业之一，以及和苏联签订的"156 项工程"，确定了包钢建设项目，这些都是周恩来总理亲自主持制定或参与的。1956 年 3 月 12 日，国家计委、建委领导联名向国务院总理周恩来并中共中央呈报《关于批准包钢初步设计的请示》。经毛泽东、刘少奇、邓小平等中央领导人亲自审阅后，由周恩来总理亲自签发，以中共中央（中发〔卯字〕33 号）文件批准了包头钢铁公司初步设计。在八届六中全会上，周恩来总理详细了解包钢建设的困难，研究拟定解决包钢问题的办法。在周恩来总理的亲自关怀下，出现全国支援包钢的场面，使得 1959 年 9 月 26 日包钢顺利提前出铁，10 月 15 日，周恩来总理亲临包头，为庆祝包钢 1 号高炉出铁剪彩。在整个钢铁行业中，包钢是周恩来总理唯一出席剪彩典礼大会的公司。周恩来总理在干部大会上发表了讲话[①]，他对包钢在一片荒凉的草原上建起一座高炉、建起一个工业基地所取得的成绩，为内蒙古自治区工业化的发展奠定的基础，也为中国钢铁业做出的贡献予以充分肯定，号召大家学习包钢这样的精神，并说从包钢看全国，第二个五年计划是可以实现的，可见他对包钢的成绩和精神的肯定。会后周恩来总理视察了焦化厂，当总理问有什么困难时，焦化厂厂长李志诚提出多要些马头煤，以保证焦炭的高质量。在周恩来总理与煤炭部的协调下，很快为包钢配给了马头煤。[②] 出铁的多少和质量的关键取决于焦炭的情况，而没有煤就无法炼焦，这在包钢提前出铁、缺煤的情况下，无疑是解决了包钢建设中的重大生产配煤问题。

第二节　包钢规划的几点指示

1955 年朱德副主席考察包钢，与相关负责人谈话后对包钢的规划提出意见。对于当时未建厂房，先盖起西式办公楼、职工宿舍和其

---

① 《周恩来总理在庆祝包钢 1 号高炉提前出铁干部大会上的讲话》，转引自张宇主编《内蒙古包头钢铁基地的建设与发展》，内蒙古人民出版社 2013 年版，第 249—256 页。

② 云地：《周总理视察焦化厂》，包头钢铁公司厂史办公室《包钢史料选辑：1—10 辑合订本》1982 年第 3 辑，第 38—39 页。

他设施的情况，朱德提出要降低建筑标准，在现有的基础上一步一步来。朱德指出目前国家还很穷，资金不够，建设中能省则省，要就地取材建设包钢。对包头的城市规划，朱德传达了中共中央降低非生产性建筑标准、开展全面节约运动的指示，提出新包头的规划规模过大（原拟订过城市人口150万人、100万人、70万人的方案），需要投资过多，不够切合实际，要求利用包头旧城重新进行规划，力求做到省和好，并说完全学习苏联做不到，包头建设规划成现代化城市不切实际。他指示目前应采取先按厂区分区建设的方针，旧包头仍可作为新工业区建设的支援点；这样不但可以节省一笔很大的市政投资，而且便于集中力量按期或提前把包钢建设起来，早日生产钢铁，对国家建设更有利。① 包钢负责人及包头城市规划负责人听取了朱副主席的意见，对包头城市重新进行了规划。

按照朱副主席在原则上的重要指示，国家建委孔祥祯副主任、城市建设总局局长万里派人组成工作组，包括中央重工业部、公安部、卫生部、水利部、国家建委、城市建设总局、内蒙古党委及内蒙古城市建设局、包钢、包头市政府和市委等单位派出负责干部，还有鞍钢和包钢的十五位苏联专家，经过实地勘察，研究分析资料，共同开会讨论，提出了对包头城市规划的新方案。决定把包钢住宅区放在河东，优点主要有：一是风向较好，污染系数较小，可为劳动人民创造健康的生活条件；二是因为河东便于工业及城市的发展，便于城市管理与共同享用公用事业服务与公共福利设施，而且当前的投资与长期的管理费花费较少；三是便于包钢与二机部厂区居民的联系，便于逐步解决职工家属就业问题；四是距旧市较近，利用旧包头支援新市区的建设较便利。根据历次经济比较与苏联经验，城市远期人口发展规模暂定为60万人，在若干年之后发展成为一个城市，比永久地分散在河东、河西建立两城市投资更经济；五是可以避免因将住宅建在河

---

① 金冲及：《朱德传（修订本）》，中共中央文献研究室，2000年，第827—828页。内容根据朱德到包钢考察与包头、包钢、内蒙古党委负责人等谈话记录整理而成。

西而引起的必须修改包钢厂区总平面布置、铁路专用线的走向和枢纽站、包钢编组站位置等设计方案，而影响包钢的建设进度。① 新方案的优点符合朱德同志的指示精神。住宅区放在河东也是基于风向原因，苏联专家要求在包头地区建立气象站，以便观察风向。② 所以当时的初步设计以飞机场气象统计资料为参考。1955 年 11 月 19 日，党中央正式批准了包头城市规划方案，文件充分反映了党中央对包头工业基地建设和对包头市各族人民的关怀、重视。

在工业建设方面，朱德副主席指出白云鄂博矿资源丰富，石拐地区有煤田，包头钢铁公司发展大有前景，但包头地区无工业基础，建筑材料、机器设备、技术力量等，都需要外地援助，铁路只有京包线一条，困难一定不少，因此各主管和有关部门对整个包头的建设应作周密的计划，加强各方面的协作和配合，大力支援，以保证建设的顺利进行……朱德副主席指出重视和加紧内蒙古地区的建设，对发展我国国民经济和将来进一步加强对蒙古国的联系和援助都有积极的意义。③

1958 年 7 月 19 日，中共中央副主席朱德在国务院副总理乌兰夫等人的陪同下视察包钢。在白云鄂博矿山对包钢总经理杨维说："这里不仅是包钢的粮仓，也是世界上罕见的稀土之乡，我们应当很好地利用这些资源，为祖国的经济建设服务，要大力培养少数民族职工，争取早日开发稀土矿。"④ 这充分显示出朱德副主席对包钢建设的关怀以及对稀土开发的重视，和对少数民族职工的培养寄予的厚望。7 月 20 日

---

① 《关于在包头工作情况的报告》，包钢档案馆档案，案卷号：1－17－022，第26—35 页。

② 《1956 年 3 月 13 日与城市规划局及专家讨论记录》，包钢档案馆档案，案卷号：1－17－0061，第9—19 页。

③ 《朱德同志视察包头等地的报告》，包钢档案馆档案，案卷号：1－17－022，第1—20 页。

④ 林东鲁：《深切的关怀永久的记忆——党的三代领导人对包钢建设与发展的关怀》，载包钢辉煌五十年丛书编辑委员会主编《见证包钢——包钢辉煌五十年丛书》，远方出版社 2004 年版，第3—12 页。

朱德副主席在视察白云鄂博铁矿时，接见了中苏白云鄂博地质合作队主要负责人，对苏联地质科研工作者参加白云鄂博矿床的研究工作表示欢迎，并希望这一合作项目取得成就。

第三节 以包钢为中心的工业基地的建设决策

1953 年 11 月，中共中央华北局成立了包头工业基地建设委员会，国务院副总理、华北局副书记、蒙绥分局书记乌兰夫作为委员，担负起以包钢为中心的包头工业基地建设的领导重任。乌兰夫推举苏谦益就任包头市委书记，使其成为具体执行包头工业基地建设任务的总牵头人，还选派了刘耀宗、乌力吉那仁等支援包钢建设，这些人都成为包钢重要的领导。乌兰夫这种决断和举措对培养建设人才、特别是培养少数民族干部具有决定性的意义。

在包钢的筹备和初建阶段，乌兰夫主要做了这样几个重大决策：[1]

（1）在开发白云鄂博矿山时，遇到当地牧民和喇嘛的阻拦，乌兰夫提出国家开矿和牧民祭"敖包"不矛盾，草原上有的是风水宝地，"敖包"另选宝地搬迁进行祭祀，说服了当地牧民和喇嘛，解决了白云鄂博正常开矿的问题。（2）把原属于乌盟地区的包钢主要矿区白云鄂博、石拐矿区和固阳县划归到包头地区，这是根据自治区和国家经济建设大局的需要做出的决定，方便了包钢以后的生产管理。（3）1958 年，在包钢做出提前出铁的重要决定后，生产原料及设备等缺口太多，乌兰夫多次亲自写信或出面协调，上报中央关于包钢的建设情况和存在的问题。

乌兰夫在八届六中全会上发言，重点讲了包钢建设及其未来的生产问题，向中央提出七项建议：请求中央把包钢建设列为专题进行研

---

[1] 王树盛：《乌兰夫传》，中共中央文献出版社 2007 年版，第 289—310 页。

究；请求全国各省市支援包钢；请求一机部保证提供包钢急需的设备；要求铁道部在 1959 年第一季度建成包钢枢纽站——宋家壕编组站；要求水电部在 1959 年 4 月前协助包钢配齐第一热电站尚缺的设备，保证一个机组投入生产；要求煤炭部调给部分设备，帮助包头把洗煤厂尽快建成；请求国家经委、交通部在 1959 年第一季度调给包钢卡车 150 辆，以解决包钢运输的困难。

报告中阐明了加速包钢建设的重大战略意义，希望冶金部和全国各地大力支援包钢建设，使包钢在我国钢铁工业中起到应有的作用。这份发言对全党和全中国起到了宣传作用，引起毛泽东主席的关注，当即指示要想办法为包钢解决问题。周恩来总理亲自召见了包钢总经理杨维，详细询问了包钢的困难。在党中央的关怀下，最后形成全国支援包钢的局面，为包钢加快建设速度，提前出铁奠定了基础。乌兰夫就包钢建设项目中国内定货不能及时交付的问题，致函中共山西省委书记陶鲁笳、河北省委书记林铁、辽宁省委书记黄火青、黑龙江省委书记欧阳钦、湖南省委书记周小舟、安徽省委书记曾希圣，吁请各省"能够按照中央平衡分配的时间按期或提前交付包钢的定货"。为争取中央各部门及全国各地支援包钢起到了促进作用。乌兰夫曾写给当时的冶金部部长王鹤寿及中共中央华北局书记陶鲁笳两封报告，要求对包钢建设中存在的钢材、水泥和重大设备及技术力量严重不足等问题给予帮助解决。

党中央的号召，很快在全国得到响应和落实，保证了包钢 1 号高炉的建设进度。1 号高炉提前建成，是党中央关怀和全国大力支援的结果，其中更是倾注了乌兰夫的心血。乌兰夫始终关注着包钢每一项重点工程的进程，他曾多次到包钢施工现场视察、指导工作。1958 年 4 月 26 日，包钢焦化厂动工兴建时，乌兰夫为工程剪彩并亲手浇灌第一车混凝土。1959 年 9 月下旬，乌兰夫率内蒙古自治区党政领导苏谦益、杨植霖、奎璧、王铎、权星垣、孔飞等集体到包钢视察工作。9 月 26 日，包钢 1 号高炉首次出铁，结束了内蒙古寸铁不产的历史。

1959 年 10 月 15 日，包钢 1 号高炉出铁剪彩典礼大会在高炉前广场隆重举行。乌兰夫陪同周恩来、叶剑英等党和国家领导人以及中共中央、国务院有关部委、群众团体和一些省市负责人参加大会，周恩来总理为 1 号高炉出铁剪彩。乌兰夫在会上发表了热情洋溢的讲话，他代表内蒙古自治区党委和政府以及全自治区各族人民，对全国各地的大力支援和苏联专家的无私援助，表示衷心的感谢。他说："包钢是我国目前建设的三大钢铁联合企业之一，包钢 1 号高炉又是我国目前最大的自动化大型高炉之一。像这样大型的现代化的钢铁联合企业，能够在原来工业基础薄弱的内蒙古自治区高速度地建设起来，这是旧中国几千年历史上人们梦想不到的，然而在中国共产党和我国各族人民敬爱的领袖毛主席领导下的新中国，胜利实现了以包钢为中心的包头工业基地建设的大发展。这一伟大成就，对彻底改变内蒙古自治区的历史面貌，正在发挥和将要发挥它越来越大的作用。因而这是值得全国和内蒙古自治区各族人民热烈庆祝的一件大喜事。"①

1960 年 5 月 1 日，乌兰夫亲临包钢炼钢厂为 1 号平炉出钢剪彩，并视察了炼钢厂。随后，包钢在体育场举行万人庆祝大会，乌兰夫在大会上发表了重要讲话。他说："包头工业基地已具有一定的规模，在发展自治区经济建设中，包头要发挥其基地的作用。要大量培养建设人才，不断增加技术设备，满足生产建设发展需要。在培养职工方面，要特别注意培养壮大蒙古族与其他少数民族的工人阶级队伍，加强民族团结。……"② 包钢人亲切地称乌兰夫是包钢的先行者，他不仅对在内蒙古草原建设包钢这样一座大型现代化的钢铁联合企业十分关心和重视，他还亲自过问和解决包钢筹建过程中的许多问题，抽调县以上干部充实和加强包钢的领导力量，在包钢建设中大力培养少数民族干

① 苏谦益：《乌老为包头钢铁基地建设尽心尽力》，载张宇主编《内蒙古包头钢铁基地的建设与发展》，内蒙古人民出版社 2013 年版，第 951—955 页。

② 史玉华、李汀：《包钢，倾注着乌老的深情厚爱》，载张宇主编《内蒙古包头钢铁基地的建设与发展》，内蒙古人民出版社 2013 年版，第 976—981 页。

部、技术人员和工人，为包钢的建设贡献出自己的力量。

第四节 "以铁为主，综合利用" 方针的提出

1964 年 4 月 9 日，中共中央总书记邓小平、中央书记处书记彭真、国务院副总理乌兰夫率国务院各有关部门负责人一行 52 人，到包钢视察。邓小平首先了解包钢的生产情况，听取包钢负责人李超的报告，当听到白云鄂博铁矿的稀土资源占全国已探明储量的 90% 以上时，立即指出："白云鄂博蕴藏着大量稀有金属，有个综合利用的问题。……要双管齐下，设立一个专门搞稀土的机构，有步骤地开发。"当知道已有一个稀土研究机构时，邓小平高兴地说："那就好，我们绝不可浪费资源。"[1] 邓小平指出：包钢的当务之急是抓铁，这个前提必须明确。视察焦化厂时，邓小平了解到炼焦是从外地用煤，就对乌兰夫说自治区政府要重视解决煤源、铁路问题，最好利用包头附近的优质媒。邓小平一行乘车来到黄河岸边，视察黄河水源，解决包钢用水问题。随后邓小平、彭真、乌兰夫等一行乘专列前往白云鄂博矿区视察。邓小平登上白云鄂博铁矿主矿，伫立在主矿峰巅，环顾四周。在主矿的采矿场上，邓小平边走、边看、边听介绍，他随手拾起矿石对随行人员说："我们要搞钢铁，也要搞稀土，要综合开发，利用宝贵的矿产资源。"回到市区后邓小平确定了包钢的生产发展方针："以铁为主，综合利用。"[2] 这个方针 1965 年通过会议正式确定下来。邓小平、彭真听

---

① 林东鲁：《深切的关怀永久的记忆——党的三代领导人对包钢建设与发展的关怀》，载包钢辉煌五十年丛书编辑委员会主编《见证包钢——包钢辉煌五十年丛书》，远方出版社 2004 年版，第 3—12 页。

② 《一锤定音》，载李和文主编《邓小平的故事（之五）》，中共党史出版社 2004 年版，第 199—202 页。

取了副矿长宝音特古斯的汇报，很受感动，指出国家进行大规模的社会主义建设离不开少数民族人民的支持。祖国的边疆是少数民族居住区，往往也是资源富集的地区，一定要做好民族工作。这些话肯定了蒙古族人民对包钢建设的重要贡献，也反映出包钢是在国家领导人的关怀支持下，由各族人民团结努力共同建设起来的。

第五节　小结

作为新中国成立后党和国家在少数民族地区建设的唯一特大型钢铁联合企业，对于包钢立项、运筹决策、平地建设、全国支援、提前出铁等，党中央、华北局和内蒙古自治区各位领导都给予了最大的政策支持，为包钢建设创造了有利条件。周恩来、朱德、邓小平、乌兰夫等国家领导人都亲临包钢视察，做出重要指示。根据一系列试验研究结果和当时的国情，1964年包钢做出"以铁为主，综合利用"的建设方针指导包钢发展。包钢的建设离不开党中央、内蒙古自治区和包头市党政的正确领导，离不开全国各族各界特别是内蒙古人民的大力支援和关怀，以及包钢党委领导下全体职工的共同努力。

第 五 章

苏联援建包钢及冶炼技术的引进与创新

1953 年包钢筹备组成立，在苏联的帮助下，完成了厂区选址，包头城市建设规划工作。筹备组还完成了提供设计资料、集结建设队伍、审查初步设计、建立相关机构、培训干部和技术工人，以及开工建设、催调设计图与设备等一系列工作，使包钢如期进入大规模的建设阶段。

第一个五年计划期间，国家计划在 1965 年建成 300 万吨的包头大型钢铁基地，包括采矿、选矿、炼铁、炼钢、轧钢、烧结、炼焦化工、耐火材料、机修、水源地等十几个大生产及辅助设施的联合企业，每年可以生产铁 313 万吨，钢锭 316 万吨，冶金焦 264 万吨，43—65 公斤钢轨及 30—60 + 大型钢梁及钢材 130 万吨，及无缝钢管 40 万吨等。[①] 在初步设计中规划了包钢采用苏联最新的技术装备来建立世界上少有的大型钢铁联合企业，在矿山上采用世界发展趋势的完全机械化露天开采法，使用 3 立方米与 5 立方米的电铲；在焦炭化学工厂使用微生物设施脱酚法；炼铁厂使用 1513 立方米有效容积的大高炉；高炉缸及炉底用炭砖做衬，炉料采用自熔烧结矿，不需要锰矿石炼铁；轧钢机全部机械化与自动化，并有连锁装置；平炉使用 500 吨大平炉，采用氧气炼钢，汽化冷却；中央化验室有原子检验室，超

---

① 《包头钢铁公司建设情况基本介绍》，包钢档案馆档案，案卷号：1－17－0247，第 95—109 页。

音速的探伤检验室，光谱定量定质检验室，都是在钢铁厂中过去没有的化验室……①这些都反映了苏联当时钢铁生产的技术。

但实际上，在这一时期只建起了冶炼系统及部分配套辅助设施。从苏联引进的冶炼技术是否适应包钢白云鄂博共生矿的特殊性？包钢是怎样结合引进的技术与自身特点进行技术创新，解决生产冶炼过程中的技术难题的？分析包钢炼铁厂的技术经济指标在当时是落后还是先进，取得哪些技术成就？这些问题均没有得到系统研究。以往学者的研究基本体现的一个共性就是包头矿难冶炼的技术问题，并没有考虑太多技术外的影响因素。通过文献研究发现技术发展不仅受到包头共生矿本身复杂性的影响，更受到技术决策的影响，本章通过对包钢与武钢的技术经济指标进行比较，分析其技术进步的情况。

第一节　苏联援建包钢的初期建设工作

一　厂区选址

包钢整个厂址选择用了一年多的时间，1954 年 4 月末，包钢筹备处杨维指示由石景山钢铁厂（现首钢）设计处副处长弓彤轩带领赵书润等 11 人进行首次厂址选择，对内蒙古西部地区进行大面积粗勘。之后杨维亲自出马，同钢铁工业管理局局长刘斌、副局长袁宝华等 5 人在包头市附近进行第二次选择厂址工作。1954 年 7 月，他又与苏联列宁格勒设计院包钢设计组总工程师安德列耶夫和其他 5 人，组成第三次厂址选择小组，确定乱水泉（今万水泉）、宋家壕、乌梁素海为预选厂址。杨维会同国家计委、中共中央华北局蒙绥分局、中共包头建委、重工业部及苏联专家、苏联包头设计组组长别良契克夫、总工程师安德列也夫等 25 人再次对三处待选址进行考察，经过对几处

---

① 《苏联黑色冶金院与包钢共同审查初步设计的报告》，包钢档案馆档案，案卷号：1 – 17 – 0093，第 275—287 页。

厂址各种经济技术条件的分析与研究对比，初步确定为宋家壕厂址，其后，别良契克夫正式提交了《包头钢铁公司厂址建议书》，[①] 6 月 5 日，经中央财经委员会批复重工业部，最后选定宋家壕为包钢厂址。无论是当时还是现在，历经三次考察确定下来包钢宋家壕厂区是我国大型企业厂址中建厂条件最优越的厂址之一。

包头钢铁厂在选址的同时进行了建厂周围的资源情况调查。[②]

（一）铁矿石数量及质量

（1）白云鄂博铁矿区：东西延长 1175 公尺，水平宽 400 公尺，可见高度 124 公尺，主矿体矿量约 3 亿多吨；东方矿体东西延长 500 公尺，水平宽 400 公尺，可见高度 20 公尺，矿量约 2 亿多吨；西方矿体有东西延长 5000 公尺的零星小露头，矿量约 2 亿多吨。

（2）其他铁矿区：在白云鄂博之南方及北方各有铁矿露头一处，另外在固阳的公义明、军怀梁、耳的泥沟、康兔沟均有铁矿，据地质部普查说在狼山（白云鄂博之西）有铁矿露头十几处。除白云鄂博主矿体和东方矿体正在进行勘探，其他都未进行工作。到年底能得出可作设计根据的矿石在 4 亿吨以上。铁质为磁铁矿与赤铁矿，磁铁矿为钢灰色致密块状或料状的集合体，磁性甚强，有萤石伴生者带紫黑色；赤铁矿一般（呈）钢灰色致密块状。

地质部根据主矿体及东方矿体露头试样分析，分为五级：

A 级：含铁 60%—68% 以上的高品位铁矿石，主要是磁、赤铁矿石。

B 级：含铁 50%—60% 的铁矿、含少量萤石，占数量上绝大部分。

C 级：含铁 40%—50% 的富萤石铁矿石，稀土金属类（是化学元

---

① 《包头钢铁公司厂址选择建议书》，包头钢铁（集团）公司档案馆文书档案，案卷号：1－17－0016，第1—8 页。

② 《关于包头钢铁厂资源概况及选择厂址情况的报告》，包钢档案馆档案，案卷号：1－17－0002，第51—60 页。

素分类的名称）成分较高。

R 级：含铁 40% 以下的低品位矿石，含萤石更多。

Ⅱ级：含萤石 50% 以上的铁矿，其中稀土金属类 7%—13%。

据以上材料推断，白云鄂博铁矿矿质是较特殊的，其中含有多种稀土金属元素，将来在开采冶炼方面必须慎重，多方面考虑，才能合理充分利用。

铁质是较特殊的，其中含有多种稀土金属元素，杂质含硫很低，含磷较高，石英成分低而氧化钙及氟化钙很多。

（二）煤的基地数量与质量

（1）大青山煤田，可做炼焦用煤，主要在其西部，如萨县（即萨拉齐）为结焦肥煤（能炼焦但挥发成分较高）及炼焦煤，但矿量不详，石拐为煤气煤，石拐的矿量据地质部估计约有 4000 万吨。

（2）大同煤田，据钢铁试验所试验分析结果不能结焦，拟研究用作配煤。

（3）卓子山煤田，地质部正进行测量工作，暂不作为设计依据。

（三）耐火材料、熔剂的供应基地及其数量与质量

（1）耐火黏土：分布在包头、石拐沟、公积板及萨县的杨圪塄、童盛茂一带，数量及质量均待进一步勘探确定。

（2）石英：在白云鄂博铁矿之北及包头附近鸡毛窑子、八平沟分布石英很多，但数量及质量尚不清楚，有待调查。

（3）白云石：在固阳分布有 8 个山头，据分析矿量甚佳但数量尚不详。

（4）大理石：在归绥市哈拉庆沟及包头石拐沟很多，但确实数量不明。

（5）石灰石：清水河之石墙桥、平顶山、贾家湾、前大井、大阴坡、老牛湾等地，分布大量石灰石，数量没探明。大同亦分布很多石灰石，矿的质量尚未详细分析，交通方便，可作为熔剂石灰石的供给地。

在这样的资源条件下，地质部继续进行勘探工作，并开始采集样

品进行矿石、炼焦试验等，包钢同时进行了多处选址调查，1956 年杨维在建设月刊上发表了文章《包钢是怎样选择厂址的》①，详细地讲述了从如何考虑选择厂址的决定性技术经济条件出发开始选择厂址工作，对按照原料、水源靠近厂址、交通便利、靠近城市、电源供给、便于与其他企业协作，以及公司继续发展不受限制等多种因素选出的三种方案进行详细比较，最终确定厂址的全过程。

首先确定了钢铁公司厂址必须具有的技术经济条件：（1）钢铁公司的厂址，要在原料基地的地区内，而建设规模的大小，则要根据主要原料，矿石与焦煤矿藏量的大小，质量可利用的程度来确定。(2）钢铁公司的选址要决定于水源由何处供给，矿石及焦煤均可由产地运出几十公里或几百公里以外去运，工业用水则因需要量大（约五十万立方公尺以上），不可能搬运到几十公里以外去。（3）交通运输要方便，缩短原料、燃料、材料与产品的运输路程。（4）要靠近城市，便于利用城市公共卫生、电气等设施，职工宿舍可与城市共同使用上下水道、瓦斯管道等设施，同时要使职工上下班方便，住宅区域要适合日益增长的物质和文化的要求，还须不使厂内有害气体吹到居民区内影响居民健康。（5）要靠近地区电网，便于把厂内专用电与地区电网连接起来，彼此互相支援，厂内备用电可给地区电网经常利用，同时又保证钢铁公司有足够必需的电量。（6）厂址要地势平坦，平填土方不能太大，从厂外向厂内运土方不能超过三万方，要适合液体钢铁的铁路坡度不超过千分之五的规定；土壤每个平方公分要能负荷在 2.4 公斤以上，各种土层平衡公布，能负担钢铁的巨大建筑物（如高炉与初轧机），建设起来后不发生剧烈的下沉以及不平均下沉，以减少基础工程；要地下水位低，最好距地表在六公尺以下，便于进行地下工程，降低建设成本。（7）要使生产与生活用水供给容易，工厂的废水污水也易于排出，使上下水管道建设容易，并不使生产与生

---

① 杨维：《包钢是怎样选择厂址的》，《建设月刊》1956 年第 5 期，第 11—15 页。

活用过的废水积存厂址内破坏土壤原有的性能，以及影响厂内的卫生。（8）厂址位置便于与其他企业协作，共用工业用水源地，钢铁公司剩余的瓦斯能供给其他企业及城市使用。（9）要使公司继续发展不受任何限制。虽然还有其他因素，但这几条是必须满足的。杨维谈到对选择厂址的体会，特别强调是"我们"对选择厂址工作的几点体会，以此强调是集体劳动的成果。他指出党和领导的支持，是工作顺利进行的有力保证；并且必须取得各有关部门的配合协作，才能完成计划；学习苏联的先进经验，向苏联专家学习，特别强调"把他们先进的技术经济思想贯彻在选择厂址中，对我们的帮助很大"；必须有政治水平较高并有基本业务知识的干部，带着若干技术干部才能进行工作。按照以上这些主要的经济技术条件最后选定了三处厂址，又经过各项指标对比，最后确定了宋家壕厂址。宋家壕厂址具有的优越条件：

第一，钢铁厂大建筑物基础深，技术复杂，要求严格（如高炉矿槽深 15 公尺左右，平炉储热室深 9 公尺左右，大型轧钢机地下部分深 10 公尺左右），该厂址地下水位较低（平均 6 公尺以下），可减少基础工程的防水设施，有利于降低建筑成本。同时，该厂址工程地质条件较优于其他厂址。

第二，钢铁厂循环用水每昼夜需 52 万立方公尺左右，水的供给主要依靠黄河水源。而包头地区黄河河床经常变动，只有昆都仑河口以西的昭君坟渡口一段河床比较稳定，已有几十年未曾改道，适宜作为水源地。宋家壕厂址距昭君坟渡口仅 15 公里，并靠近昆都仑河，供水及排污水均较便利。

第三，从白云鄂博到包头的铁路线取道宋家壕厂址西边通过，是该线距离最短的线路。因此，在矿石运输上，宋家壕厂址也是较近的。

第四，宋家壕厂址宽广（18 平方公里），往北往西都有发展余地，不像其他厂址受到城市或地形的限制。

二 包钢选矿工艺实验

白云鄂博矿石的选矿工艺流程一直是在边试验研究、边设计、边施工、边生产、边进行流程改革中度过的。在 1965 年选矿厂投产前，大致进行了这样几项重要的试验研究。1953 年到 1956 年，由国家计划委员会批准中国科学院金属所（所址在沈阳）承担为包头矿选矿合理流程的初步研究，共提交了 5 份试验研究报告，提供了白云鄂博铁矿选矿初步设计及方案的技术资料，在选矿学术领域内首次阐明了白云鄂博矿石的选矿方法和流程。1955 年到 1957 年，苏联有色冶金部国立有用矿物机械处理设计院承担了制定白云鄂博矿石选矿工艺流程和对选矿厂进行设计的任务，该设计院在中国科学院金属研究所的研究成果基础上，提出了对白云鄂博富氧化矿、中贫氧化矿、原生磁铁矿三种选矿工艺流程，共 8 个系列的设计方案。其中一、二、三系列为处理富氧化矿和原生赤铁矿的反浮选流程，其中第一系列从 1958 年开始建厂，直到 1966 年 8 月才建成，第二系列到 1966 年 5 月才建成，其他系列未建。苏联的这三种流程根据原矿含氟高的特点，矿石在选矿后得到的铁精矿，铁为 62.04%，含氟小于 1%，这是合理的，但没有对稀土、铌和萤石等有用矿物进行综合回收。

1956 年 2 月到 1960 年 2 月，包钢委托鞍钢在其烧结总厂第一焙烧车间及第一选矿车间，进行了六次矿厂焙烧及选矿工业试验。基本结论是采用竖炉焙烧磁选工艺处理白云鄂博中贫氧化矿选铁有较强的适应性，但含氟较高，在焙烧过程中有害气体氟的挥发率高（工业试验中约为 7%—12%），对现场操作环境及工人健康会构成严重危害。

从 1958 年开始到 1965 年，国家开始重视矿石中稀土矿物等的综合利用，开始了回收铁、稀土矿物、萤石的选矿试验研究。开展了"中贫氧化矿焙烧磁选—浮选流程综合回收铁稀土的选矿试验"，制定了选铁的两种方案和回收稀土和萤石的两种方案。1964 年，快要建成的选矿一系列是用来处理含铁 47% 的富氧化矿浮选流程。而此时的矿山只剩下部分富矿粉可供选矿，不得已只能进行富矿粉全浮选流程试验研究，而试验结果表明，原设计流程处理富矿粉，在许多方面与矿石性质发展变异，生产技术指标比设计水平低得多，需进一步研究。1966年5月二系列按原设计建成投产时，因富矿粉数量有限，只得使用中贫氧化矿，致使选矿指标很低，不得不改造原设计流程，改造流程的另一个重要原因是原设计中没有考虑回收稀土，之后包钢进入为修改原设计技术提供依据的研究阶段。①

这似乎可以说明一个人们常规理解的现象——白云鄂博矿难选，是一个技术问题。但从实验结果来看，当时得到铁精矿品位较高是合理的，但由于急于出铁的决策，从1959年开始采富弃贫、堆贫打乱了原设计的采矿计划，选矿厂、烧结厂未建的情况下急于投产，带来了一系列的技术问题。

三　白云鄂博矿在中小高炉上的冶炼实验

关于白云鄂博共生矿在投产的冶炼实验有文章进行了记述，叶绪恕的文章《白云鄂博矿高炉冶炼三十年》② 对中小型高炉历次冶炼白云矿发现的特点或解决的问题的九次试验详细列了一个表；董传喜在《白云鄂博铁矿石初期冶炼试验》③ 对九次试验也进行了论述，关键的几次如第六次在石景山钢铁厂17.5立方米高炉的实验结果证实了碳砖炉缸对碱度降到1.2氟炉渣抗蚀作用，冶炼白云矿可以使高炉顺行。第七次是在413立方米高炉上进行冶炼试验，共进行了83天，提出了《413立方米高炉冶炼包头矿结瘤的报告》，得出与小高炉相反的结论，出现了风渣口破损多，风口灌渣，铁罐凝死，高炉遇水爆炸等问题。

---

① 《包钢志·第九编科学技术志（1927—1990）》，包头钢铁稀土公司档案馆，1993年，第127—133页。

② 叶绪恕：《白云鄂博矿高炉冶炼三十年》，《包钢科技》1984年第4期，第19—27页。

③ 董传喜：《白云鄂博铁矿石初期冶炼试验》，包头钢铁公司厂史办公室《包钢史料选辑1—10辑合订本》1983年第4辑，第33—35页。

最后一次试验是包钢炼铁厂自己的冶炼人员在石景山钢铁厂413立方米上再次进行试验，进一步确定了合理的操作制度，认为大高炉碱度要高些可避免风口灌渣，铁水凝罐。高碱度时可脱磷等相反的结论，为包钢高炉开炉的配料计算提供了依据。基本得出含氟的白云矿可以在高炉内进行冶炼，但有一些问题。在这样的试验基础下，白云鄂博矿投入大型高炉中进行生产。

四　初步设计审查

1955年底苏联黑色冶金设计院提交了初步设计任务书，包钢设计总承包单位苏联黑色冶金工业部国立冶金工厂设计院列宁格勒分院举行了包钢初步设计技术讨论会。设计院院长柯希列夫在会上报告说，在包钢初步设计进行的过程中，他们遇到一系列困难：（1）矿石成分复杂，[①] 性质特殊是世界上未见的，对含氟的矿石，既无经验，又缺少文献资料参考，因此曾向总订货人提出必须做工业试验；（2）由黄河昭君坟取水，水质浑浊，不易澄清，而厂区至水源地相距15公里远，且厂区较水源地高65米，增加了输水的困难；（3）包头地区气候干燥风沙很大；（4）矿山缺少水源，因此不得不将选矿厂设置在厂区。[②] 重工业部党组对包钢初步设计进行了审查，苏联派来了一个以柯希列夫和安德列耶夫为首的12人解释设计小组，帮助解决设计审查中存在的问题，以使包钢初步设计更能符合我国的具体情况。[③] 初步设计根据白云鄂博铁矿的丰富储量（仅主矿与东矿体已查清的储量就有5.89亿吨，而在其周围尚有许多矿体没有勘探），及包头钢铁公司地处我国腹地的特点，在总平面布置中，充分考虑了钢厂发展的可能性，预留了发展用地。设计中还充分考虑到资源的综合利用，在选矿过程中将铁

---

① 笔者注：含有稀土和萤石。

② 《关于在苏联列宁格勒黑色冶金设计院参加包钢初步设计技术讨论会的汇报》，包头钢铁（集团）公司档案馆文书档案，案卷号：1-17-0039，第224—231页。

③ 高平：《蒙古草地地质》，《地质论评》，1947年第13卷，第Z1期，第176—185页。

矿石之稀土元素氧化物、萤石等贵重的有益矿物，最大限度地排入尾矿中，以便将来从尾矿中提取利用。设计中并已预留出由尾矿中提取稀土元素工厂的厂址。同时设计中对采矿过程所剥离的含有稀土元素的矿石也指定了特定的堆置场，以便于将来使用。

初步设计采用了苏联最新的科学技术成就和最近代化的设备，一年前苏联所编制的武汉钢铁公司初步设计中也采用了许多新技术和新式设备。新技术中值得提出的有：中央试验室中放射性方法检验室；高炉车间全部使用自熔烧结矿；高炉炉顶的操作压力可达1.5大气压；平炉车间采用了氧气炼钢及汽化冷却方法；全厂的运输工作中有65公里运输繁重的联络线采用电气化，全厂人工装卸货物量仅占全部货物运量的0.22%；焦化厂采用了生物化学处理含酚污水的先进技术成就。新式设备值得提出的有：容积1513立方公尺的大型高炉和矿山剥废石用的6立方公尺电铲等近代化设备。①

审查初步设计后提出几个重大问题，最后得到了中央的批准。一是一次建成300万吨规模的问题，因为包钢最初规模是年产钢300万吨，分两期建设，苏联只担任第一期（150万吨/年）的设计和供应第一期的设备。但因包钢资源丰富，又位于我国腹地，初步设计实际是按300万吨/年规模设计的。许多重要设备如初轧、矿山、运输、水、电、辅助车间厂房也都是一次建成。第一期投资约占总投资的2/3以上，如果两期合并建设，不仅建设时间缩短很多（预计1963年建成），投资也有极大节省。包钢向中央建议正式向苏方提出修改原协议，请苏方在编制包钢下阶段设计及供应设备时，均按一次建成300万吨钢规模考虑。二是稀土金属及氟化物的资源利用问题，包钢已向苏方正式提出委托，请苏方进行自尾矿及高炉炉渣中提取稀土金属及氟化物的试验，希望中央向苏方提出委托他们承担回收稀土金属与氟化钙的工

① 《重工业部党组对包头钢铁公司初步设计审核报告（重发丑字159号）》，载张宇主编《内蒙古包头钢铁基地的建设与发展》，内蒙古人民出版社2013年版，第184—189页。

厂设计。三是利用焦炉及氧气厂副产氮气制造合成氨问题，需要建设一个年产 10 万吨合成氨的氮肥厂。四是炼焦副产品精制问题，建设设计一个精制酚、萘、蒽、吡啶的厂，集中处理包钢、太原、石景山、石家庄及武钢等焦化厂的上述产品，使国家资源得到更有效的利用。五是增加氧气瓶制作车间的问题。六是增加车轮轧制车间的问题。七是与包头特厚合金钢板厂的协作问题。中共中央批准了包钢的初步设计及提出的这些问题。

五　带领职工进入大规模建设

包钢在 3 年多时间内顺利完成了包钢的筹备工作，到 1955 年 10 月基本全面完成了这些工作。苏联在 1955 年底交出了初步设计，从审查初查设计开始到建厂准备这一阶段，确定了设计、设备的国内外分交进度、比例等原则；研究和编制了整个建厂规划；进行了工业与科学试验及技术资料收集工作（初步设计所需资料 114 项，技术设计所需资料 173 项），进行了水、电、交通道路、公共设施、城市规划等工作，同时建成生产附属企业基地 56844 平方米、一定数量的民用住宅建设任务（职工住宅 673313 平方米，文化福利设施 73686 平方米）等；确定施工、生产队伍来源，培养干部工人（有 824 人在业中和脱产文化班毕了业，有 3050 位职工受到业务、政治、文化的培养，有 6958 名职工进行了补习代培和自培），相应地健全组织，调配施工力量。[①] 1957 年 7 月 25 日，是包钢历史上具有里程碑意义的一天，包钢建厂开工典礼在昆都仑河西岸机械总厂铆焊车间举行。杨维在基地上挖开了第一锹土，[②] 包钢从此进入大规模施工阶段，正式开始了生产厂矿的建筑安装工程。国家在第一个五年计划期间共给包钢投资了

---

① 《关于包钢建设情况的汇报提纲》，包头钢铁稀土公司档案馆，案卷号：1 - 17 - 0241，第 15—39 页。

② 《包钢志大事记（1953—1990）》，包头钢铁稀土公司档案馆，1993 年，第 28—29 页。

124738 千元，实际完成了 126911 千元，占计划数的 101.81%。包钢开工建设以矿山和机修总厂为重点，目的是首先形成原料基地和自制设备材料的加工基地，增强在建设中自力更生制造非标准设备的能力。白云鄂博矿到 1959 年初开始机械化开采、破碎，为 1 号高炉备料；机修总厂只用了一年时间就全部建成年产铸铁件 10 万吨，铸钢件 3 万吨的综合能力，同时黄河水源地、焦化等，水、电、气线路等工程全部开展，掀起包钢建设高潮。①

六 包钢 1 号高炉提前出铁

包钢 1 号高炉原计划在 1960 年同选矿烧结厂同时建成，后来在苏联专家的帮助下，经过工业试验，证明在选矿烧结厂建成前，富矿可以直接入炉。包钢职工干劲冲天，最终提前 1 年建成这座 1513 立方米的大高炉，向新中国成立十周年献礼。②

1959 年 8 月，包钢 1 号高炉建设接近尾声，从黑龙江富拉尔基运来的高炉料钟拉杆却在运输过程中撞弯，无法安装。专家建议必须拉回原厂重新加工，可是如果回厂重新加工，国庆 10 周年包钢出铁计划将被打乱。杨维提议就地修理，苏联专家认为无此可能，便不再管。杨维积极与冶金部联系，部里派来了西安冶金机械厂的回纪胜同志和一位工程师，在短时间内修复了拉杆。9 月 25 日，包钢 1 号高炉点火，杨维随即宣布："一切准备就绪，高炉开始点火！"③ 1959 年 9 月 26 日，④ 包钢 1 号大高炉胜利出铁。10 月 15 日，周恩来总理亲临包钢为 1 号高炉出铁剪彩。出铁典礼结束后杨维向周恩来总理汇报了包钢建设现状和远景发展规划。《内蒙古日报》社论指出："1 号高炉出铁，标

---

① 李超：《平地起家建包钢》，载张宇主编《内蒙古包头钢铁基地的建设与发展》，内蒙古人民出版社 2013 年版，第 960—969 页。

② 《1 号巨型高炉建成包钢提前一年出铁》，《人民日报》1959 年 9 月 27 日，第 1 页。

③ 《包钢 1 号高炉开始装料点火》，《内蒙古日报》1959 年 9 月 26 日，第 1 页。

④ 李刚（杨维的爱人）回忆说是 9 月 1 日高炉出铁，实为 9 月 26 日。

志着以包钢为中心的包头工业基地建设进入一个新的阶段，即建设和生产并进的阶段。是内蒙古自治区工业发展史上的一个里程碑。"① 这一功勋与杨维担任总经理期间，包钢筹备组所有领导及职工的艰辛努力是分不开的，这也是杨维最幸福的时刻。

第二节　高炉建设与炼铁技术

包钢炼铁厂的设计是包钢整个初步设计中的一部分，1957 年 3 月，由苏联黑色冶金工业部国立冶金工厂设计院列宁格勒分院负责高炉主体及主要技术参数，由其委托苏联黑色冶金动力托拉斯中央设计局、冶金及化学工业企业电力安装总局国立重工业电气设计院、苏联列宁格勒工业建筑设计院、苏联化学工业部国立煤气净化设备设计院等单位负责的高炉计器、电气、土建和煤气净化等设计完成，一期工程最初设计炼铁车间为 100—1300 立方米高炉 4 座，年产生铁 150 万吨。1957 年 8 月，中国冶金部黑色冶金设计院会同包钢、包头冶金建设总公司对苏联设计做了部分修改。炼铁车间（即炼铁厂）共建 1513 立方米高炉 4 座，年产生铁 313 万吨。高炉系统所需金属结构就近万吨，技术复杂的设备达 7200多吨，铺设电缆约 100 公里，各类工业管道 60 余里，修筑铁路 62 公里，浇注混凝土 60000 立方米，挖填土方 1700000 多立方米，砌砖 15000 立方米。整个工程分两期进行。第一期工程建设 2 座高炉，年生产能力 150万吨，1962 年完成。1958 年 4 月 8 日，1 号高炉动工兴建，1959 年 9 月26 日 1 号高炉出铁；1959 年 11 月 12 日，2 号高炉破土动工，1960 年 9月 13 日建成出铁，至此炼铁厂的建设初具规模。②

---

① 《伟大在胜利，艰巨的任务》，《内蒙古日报》1959 年 10 月 16 日，第 1 页。

② 关唐：《包钢 1 号高炉的建设》，包头钢铁公司厂史办公室《包钢史料选辑 1—10辑合订本》1982 年第 3 辑，第 10—17 页。

一 投产前的高炉冶炼

政治原因导致的包钢1号高炉提前出铁给高炉冶炼技术带来了难题，首先是设备、材料等没有配套跟上造成基本建设进度与设备材料供应矛盾。包钢的建设能否按计划完成并如期投入生产，关键在于材料和设备能否按质、按量、按时地供应。包钢向上级反映后，在当时的条件下满足所有所缺设备材料已没有可能，包钢又提出了只为1号高炉提前出铁提供所缺设备材料，其他的缓建、停建。这一方案在各方领导部门的协调下，得到全国的支援，使得提前出铁，国庆献礼成功。另外，包钢的高炉试验在投产前共进行了7次，但在实验结果没有特别明确的情况下依然选择了投产。

（一）投产前设备材料、技术力量缺乏的问题

档案中记录了1959年5月1号高炉投产前面临的困难：[①]

1. 设备问题：1号高炉出铁以前共需重型设备12477吨，在国内外已经拿到的有5619吨，已经订到并可能拿到的5903吨，没订到的还有956吨，其中有渣罐车2台、坦克吊4台、推土机2台等，非指标设备中还有一米六大闸伐4个没订到货，通用设备缺蒸汽机车4台，电机车5台，汽车200台，水泵14台，通风机114台，高压开关25—200MM 30个。电机问题更大，因为国内各承造厂所交的设备大部缺电机不能成套。共缺变压器60台/7091KVA，已经订货必须提前交货的有68台/27715KVA。共缺交流电机437台/6362KW，已经订到货要求必须提前交货的313台/3536KW直流电机，未订货的共5台/344KW，已经订货要求提前交货的8台/253KW。

---

① 《关于1号高炉出铁急需设备物资技术力量问题向苏谦益同志报告》，包钢档案馆档案，案卷号：1-1-0245，第72—75页。

2. 材料问题：钢材数量已够，主要是规格对不上，需要中央帮助解决。

3. 运输问题：目前有些承造厂已经交出急需的设备，如大连、鞍山没有车皮，不能按时运入现场，木材国家已经调发给但也没有车皮不能运入现场地，往往因此影响建设。

4. 施工机械两年没有补充了，但工程增加两倍，因而急需补充部分如吊装机械及风动工具等。

中共包头市委向内蒙古党委并周恩来和邓小平同志报告了以上问题，还提出了另外几个问题：[①]

1. 包钢的生产技术力量不适应需要，请冶金部早日调配。

2. 包头矿厂的生产试验，仍应由鞍钢或石景山进行，以解决氟的处理问题。

3. 包钢的煤炭基地应及早确定并进行建设，除加紧建设包头石拐子煤矿外，对卓子山、乌达两矿下更大的力量。

4. 包头第一热电站（供包钢用）急需投入生产。

这些问题包钢挖掘内部力量尽力自己去解决，但在当时国有制计划经济的体制下，包钢没有太多的自主权，有些问题只能通过上级党委及中央研究协调解决。再加上当时的基本建设完成情况与担负生产指标任务相矛盾，1959 年在 1 号高炉、1 号平炉未建成的情况下，包钢担负的生产指标是：生铁 40 万吨，钢 25 万吨，钢材 10 万吨。炼钢需要 500 吨平炉连续生产八个月时间才能完成。在材料设备都不能到位的

---

① 《关于检查包钢基建情况向内蒙党委乌兰夫同志并中央的报告》，包钢档案馆档案，案卷号：1 - 1 - 0245，第 76—79 页。

情况下，平炉不可能建起来，这些生产任务就由中、小钢铁厂完成。[①]
这也是导致做出建立中小包钢决策的重要原因，最终导致分散了人力、物力，对包钢1号高炉的建设也造成了很大的影响。随后在华北局与全国的支援下，仅勉强解决1号高炉投产的设备材料问题，包钢虽顺利提前出铁，却也为以后遗留下来的问题埋下了伏笔。

（二）苏联专家指导完成1513立方米高炉的砌筑

白云鄂博矿含氟炉渣对耐火材料有强烈的侵蚀作用，在中小高炉的冶炼试验中都已被证实，试验中只有碳砖对含氟炉渣有较好的抗侵蚀性。因此包钢高炉的炉底、炉缸、炉腹、炉腰及炉身下部都有碳砖砌筑，以抗氟渣的侵蚀。

包钢1号高炉是当时最大的高炉之一，在鞍钢所建成的几座大型高炉内，全部使用的耐火砖土砖作为炉体内衬。武钢的1号高炉内仅在炉底与炉缸使用了一部分碳砖。在苏联专家列文及希洛瓦特柯的指导下，完成了设计施工，这种结构在国内是初次，砌筑碳砖也是一项新技术，1960年冶金部把这项碳砖砌筑的资料整理作为内部资料出版，名为《1513 米³ 高炉的砌筑经验》[②]，书内叙述了碳砖的预安装，施工方法及砌筑过程。

这座高炉本体结构设计时，采用了大量的高级耐火材料——碳砖作为炉体内衬，上下共用碳砖50层，重达100吨之多。高炉的本体结构如图5-1所示。

这座高炉的砌筑参考了苏联1386立方米高炉标准施工组织设计，在苏联专家亲自指导下施工。在施工前还学习了武钢筑炉公司的先进施工经验。在碳砖运输及吊装方面采用了大量施工机械，制作了整套设备，仅使用单轨吊车就达13台。砌砖则以1953年苏联高炉碳砖砌筑

---

① 《关于急需材料设备向内蒙党委及乌兰夫主席的报告（为武昌会议准备材料）》，包钢档案馆档案，案卷号：1-1-0245，第69—70页。

② 包头钢铁公司：《1513 米³ 高炉的砌筑经验》（内部资料），冶金工业出版社1960年版。

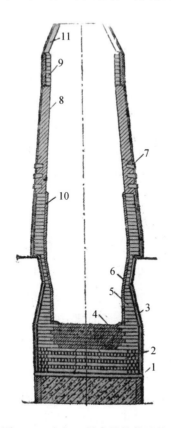

图 5 - 1 包钢 1 号高炉炉体结构

1—通风管；2—满铺炭砖炉底；3—冷却壁；4—炉底高铝砖部分；5—碳砖；6—保护层；7—冷却箱；8—炉身高铝砖部分；9—炉嘴铜砖；10—保护层；11—炉顶衬板。

规程作为依据，由于专家的帮助及包钢技术人员的努力，砌筑质量达到并超过了设计要求。如碳砖灰缝要求 2.5 毫米，达到 1.5—2 毫米。通过包钢 1 号高炉的施工，初步掌握了碳砖砌筑高炉的技术，为今后高炉的兴建打下了基础。

（三）1 号高炉安装过程中的快速施工

1958 年 6 月 14 日，包钢在 1 号高炉建设工地上举行了混凝土工程开工典礼，仅用 22 个小时全部完成了基础浇灌工程量。当时《冶金部》报道称这个速度"创造了浇灌混凝土的世界纪录"。1 号高炉施工进入炉体外壳安装阶段，整个安装工程任务仅仅用了 28 天。热风炉高 43 米，重 150 吨，焊缝长达 1000 米，仅用 7 天零 16 个小时就安装完毕。这在当时均创造了全国新纪录。1 号高炉的砌筑仅用了 28 天，比计划时间早 17 天。[①]《人民日报》报道称包钢 1 号高炉是我国当时最大的自动化大型高炉，采用了碳砖炉底、炉底强烈通风冷却、高压炉顶等最新技术，装料、出铁和调剂鼓风等都采用电气自动化操作，开闭口铁口和运输设施等也全部是机械化的，称得上是世界第一流的大高炉。[②]

二　投产后的高炉冶炼问题

1959 年 9 月 26 日，1 号高炉投产，包钢进入大高炉生产冶炼阶段，但是很快发现，以前在中小高炉上进行的白云鄂博矿冶炼试验，并没有弄清矿石的全部冶炼特性，没有掌握冶炼这种含氟、稀土、多金属共生矿的操作技术，加之，包钢缓建选矿厂和烧结厂，致使 1959 年至 1965 年采用富块矿直接入炉冶炼方式，矿石在采掘后未经混匀，成分波动大，造成炉况难以维持稳定，最为突出的问题是风口、渣口、出铁口大量破损，炉缸堆积严重，炉内频繁结瘤，出现了中国冶金史乃至世界冶金史上罕见的技术难关，国内外均无冶炼此类铁矿厂的经验可供借鉴，也没有解决这项技术难关的有效措施。

1 号高炉投产时，全部配用白云鄂博富块矿（含铁 49.10%—54.90%），炉渣含氟超过 14%，风口、铁口、渣口寿命短，炉内结瘤，称为"三口一瘤"关，是建厂初期制约高炉生产的最大技术难关。经过一年后，基本解决了铁口和渣口的问题，风口问题直到 1978 年才彻底解决，高炉结瘤的问题直到 80 年代才找到防瘤的措施，得以解决。[③]在建厂初期炼铁厂主要技术创新如表 5–1 所示：

---

① 《包头市志》卷二，远方出版社 2007 年版，第 569—570 页。

② 《1 号巨型高炉建成包钢提前一年出铁》，《人民日报》1959 年 9 月 27 日，第 1 页。

③ 柴国安：《高炉冶炼技术进步三十年》，《包钢史料选辑 12》，包头钢铁公司厂史办公室，1989 年第 12 辑，第 51—57 页。

表5－1　　　　　　　炼铁厂对炼铁技术进步所做贡献一览表

序号	项目	主要效果	完成年份	备注
1	冶炼高氟、高碱金属矿石	实现安全、稳定和较高生产水平	1959—1989	国内外首创
2	碳素料铁口泥套及砂口	提高寿命，保障生产	1960	首创、已推广
3	锻造内芯焊接渣口	保证高炉正常放渣	1960	获冶金部四等奖
4	铜板帽风口①	延长风口寿命一倍	1960	
5	倒流休风放散管	提高热风炉寿命	1963	国内外首创全国推广
6	无水炮泥	保证铁口正常放渣	1964	国内首先试验成功，已推广

　　资料来源：《炼铁厂对炼铁技术进步所做贡献一览表》，《包钢史料选辑12》，包头钢铁公司厂史办公室，1989年第12辑，第89页。

三　炼铁技术的改造创新

（一）锻造内芯焊接渣口技术

　　包钢生产初期采用鞍钢等厂广泛使用的全铸铜渣口。这种渣口根本不适应含氟矿石冶炼，寿命只有几天甚至几小时，高炉不能正常放渣，1960年上半年，1号高炉烧坏渣口193个，平均每月32.1个，超出正常水平几倍，还造成因渣口爆炸导致的炉缸冻结事故。包钢成立渣口攻关组，先研制了紫铜板渣口，虽然可提高寿命，但由于有焊缝，易开裂，不适应高炉生产，后加以改进，研制成功锻造内芯焊接渣口。这提高了渣口使用寿命，平均每月烧坏3—5个，爆炸事故大大减少，解决了渣口问题。②

---

　　① 风口问题在最初的铜板帽风口的基础上又进行了改革，1972年改为螺旋铜管风口，寿命提高3倍，1988年改为贯流式风口，成功地控制了风口的大量破损。引自《白云鄂博铁矿高炉冶炼三十年》，《包钢史料选辑12》，包头钢铁公司厂史办公室，1989年第12辑，第34—38页。

　　② 这项技术在1979年又进行了改进，渣口又改由高压水冷却，高炉得以正常放渣，爆炸事故基本杜绝，1982年锻造内芯焊接渣口技术通过冶金部鉴定，1984年被授予冶金科技四等奖。

(二) 铁口使用碳质泥料技术

1号高炉生产初期，铁口泥套寿命极短，新泥套只能出铁2—3次。泥矿不良导致事故频发，主要原因是泥料不适应、不能抵御氟渣的侵蚀。1960年底，2号高炉首先试用碳素料（砌筑碳砖用的粗缝糊）作泥套，寿命达到出铁100次以上，从根本上解决铁口泥套问题，后不断改进，泥套寿命达到500次。另外早期沿袭使用的水质炮泥也不适应白云鄂博矿冶炼，1964年，炼铁厂与中央试验室共同研制成无水炮泥解决了过去潮泥、放火箭、跑大流等情况，完全解决了铁口问题，还推广到武钢、鞍钢等。

(三) 风口技术难关的攻关过程

风口问题是包钢高炉最独特、最困难、为时最长、危害最大的一个技术难关。风口大量损坏严重，成为当时国内冶金界难题之一。1号高炉开炉时使用的是传统铸铜空腔风口，导热性差，水流速慢，连连发生烧穿、爆炸事故。1959年10月损坏风口29个，逐月增加，最多能烧坏风口达334个。这些问题在当时国内外都不曾有过，此时期包钢风口寿命不及当时国内正常水平的1/10。1960年包钢成立了"共产主义协作队"研制新风口，共研制了12种新型风口，以铜板帽风口效果最佳，可提高风口寿命一倍。后研制成长钢板帽风口（帽长150毫米），寿命又提高了一倍。这些技术因科研机构撤销，技术人员下放被中断。[①]

(四) 倒流休风放散管

1号高炉生产初期，沿用热风炉倒流，炉缸煤气中的含铁、氟、

---

① 风口攻关技术在1970—1973年，包钢再次组织攻关，研制出独创的高压水螺旋风口。共使用了六年多，直到1976年底才停止使用。1997年开始高压螺旋风口定型进行了改进，消除了原有高压水螺旋风口上的冷却空区。包钢依靠自己的技术力量，解决了困扰高炉生产18年之久的风口损坏问题。1978—1982年，风口寿命进一步延长，居当时国内先进水平。1982年通过冶金部鉴定，1984年授予科技四等奖，后改为二等科技奖。但风口还存在一些缺陷，主要铜管壁薄（7毫米），不耐磨，不适于喷煤。1986—1988年，为适应喷煤需要，研制成功了贯流风口，基本代替了使用10年的高压水螺风口。

钾、钠粉尘，极严重地侵蚀热风炉上部砖衬，导致格孔堵塞，寿命剧降，只三年时间，热风炉便严重损坏，被迫于 1963 年大修更换全部的格子砖。1963 年 4 月，在 2 号高炉采用专用倒流休风放散管倒流，延长了热风炉寿命，从根本上解决了这个问题。受到冶金部的奖励，这项国内首创的新技术，苏联在四年之后才开始应用。[①]

（五）包头钢铁设计研究院炼铁研究室的技术成果

包钢 1 号高炉的建设完全是从苏联引进设备与技术，在学习苏联经验的同时，包钢也在学习中进行技术攻关，包钢设计研究院的炼铁室负责高炉的设计。从 1959 年到 1965 年，炼铁室[②]完成了包钢炼铁厂 1 号、2 号 1513 立方米高炉施工管理和辅助系统施工图设计，包钢 300 万吨规模节约方案，补充初步设计，一期工程填平补齐方案等。还承担了内蒙古、宁夏、山西、甘肃地方钢铁工业布局、规划和设计。如设计呼和浩特钢铁厂初步设计和 1 号 255 立方米高炉施工图；乌兰浩特钢铁厂初步设计和 55 立方米高炉施工图；千里山钢铁厂 2×55 立方米高炉施工图；中包钢 6×28 立方米高炉、11×55 立方米高炉规划，高炉原料场及填平补充施工图设计。在这些高炉采用的先进技术包括：高炉本体采用自立式框架结构；炉底采用密封板、水冷综合炉底、球墨铸铁冷却设备；三圆弧拟合型悬链线拱顶热风炉；热风炉采用半交叉并联送风，空气煤气比例调节，空气煤气预热，高效七孔格子砖，热风主管三岔口组合砖等。

四 炼铁技术经济分析

表 5-2 所列为包钢炼铁厂的主要经济技术指标，图 5-2 和图 5-3 为炼铁厂 1959—1966 年合格铁产量及盈亏情况。

---

① 《三十载炉火炼春秋》，《包钢史料选辑 12》，包头钢铁公司厂史办公室，1989 年第 12 辑，第 39—42 页。

② 《冶金工业部包头钢铁设计研究院院志（1957—1987）》，包头钢铁稀土公司档案馆，1993 年，第 41—62 页。

表5-2　　1959—1966年炼铁厂主要经济技术指标

单位：万吨

年份	全铁（吨）	合格铁（吨）	高炉利用系数（吨/立方米·日）	合格率（%）	综合焦比（公斤/吨）	综合强度（吨/立方米·日）	风温（℃）	熟料率（%）	入炉矿石品位（%）	渣铁比（公斤/吨）	灰铁比（公斤/吨）	风口破损（个）	渣口破损（个）	休风率（%）	煤比（公斤/吨）	成本（元/吨）	利润（万元）	全员实物劳动生产率（吨/人·年）
1959	92515.4	86474.7	0.639	93.5	983	0.677	710	—	49.65	944	53	168	33	8.88	—	183.57	−374	92.2
1960	550666.0	482256.3	0.722	87.58	1041	0.914	752	—	50.90	882	46.6	1754	378	12.94	—	131.02	−51	334.0
1961	369454.3	319593.9	0.337	86.66	1092	0.686	699	—	50.1	1023	40	1244	183	46.76	—	131.72	−64	228.6
1962	332985.8	316119.4	0.611	95.01	976	0.633	736	—	48.76	1011	22	875	137	7.04	—	160.95	−693	239.9
1963	359325.2	354905.9	0.646	98.79	872	0.592	806	—	50.1	820	12	882	145	5.09	—	134.35	−154	392.6
1964	478066.4	477694.3	0.863	99.92	707	0.629	1042	—	49.54	761	12	630	58	2.89	—	102.48	+1315	501.3
1965	510669.6	510336.6	0.925	99.93	675	0.657	1028	—	49.16	755	14.5	1034	81	5.0	—	104.85	+1289	676.8
1966	915756.7	913526.3	1.013	99.80	716	0.763	1086	14	49.77	751	24.3	1981	144	5.21	—	105.87	+2205	1191.0

资料来源：《包钢志·第六编 生产志（1959—1990）》，包头钢铁稀土公司档案馆，1993年，第285页。

从表5–2中可以看出从投产到1963年末，是炼铁厂起步和艰难的徘徊时期，年平均生铁产量在30万—40万吨，当时对冶炼特殊铁矿处于摸索阶段，冶炼技术不过关，炼铁厂共生产生铁170.5万吨，亏损总额为1.336万元。1964—1966年被称为炼铁厂的"黄金时代"，在炼铁原料上使用了经过混匀中和的小粒度富块矿，成分较为稳定，1966年达到合格生铁产量91.5万吨，全员劳动生产率等指标创历史最好水平。虽然风口破损还很严重，但铁口难维护，渣口易放炮的问题基本解决，生产指标大大提高，三年累计生产合格生铁约190.16万吨，利用系数从0.4—0.6吨/立方米·日首次达到了1.013吨/立方米·日。

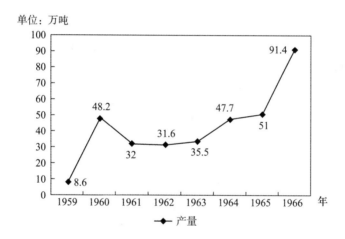

图5–2　炼铁厂1959—1966年合格铁产量折线图

资料来源：笔者根据表5–2制作。

表5—2可以反映出包钢炼铁厂综合焦比从投产开始到1961年达到最高，后来逐年下降，这也是影响炼铁厂生产技术指标的重要因素，包钢通过一系列技术改造的方法实现了降低焦比的目标，提高生铁的合格率。炼铁厂在最困难的时期，包钢的生产形势是一座焦炉、一座高炉和一座平炉进行生产，因为只有一座焦炉，还要支援外地，炼铁厂处于"以焦定产"，生铁产量受到限制，企业三年亏损达489万元。

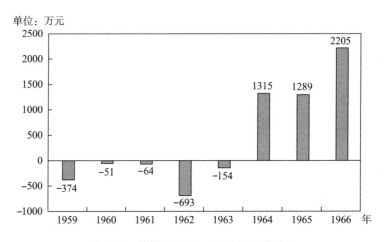

图 5 – 3 炼铁厂 1959—1966 年盈亏图示

资料来源：笔者根据表 5 – 2 制作。

郭维治从 1962 年开始担任炼铁厂厂长后，经包钢党委决定了炼铁厂"两个七百，一个一千"[1] 的指标作为技术改造的方向，第一是以减少风口破损为主攻方向，第二是以降低焦比为中心，由当时的 960 公斤/吨降低到 700 公斤/吨，通过风温提高到 1100℃，可以降低 30 公斤/吨，减少中间环节的损失和浪费可降低 10—20 公斤/吨等这样的一些方法来实现。[2] 通过这些技术的改造再加上实现小指标责任制，[3] 到 1964年，实现全年焦比 707 公斤/吨，1965 年为 675 公斤/吨。生铁合格率达到 99.92%，全厂全面超额完成了两个七百，一个一千的奋斗目标，从 1964 年开始扭亏为盈，经济效益转好。

这一时期炼铁技术的特点如下：

（1）工程技术人员是否能够正确发挥作用是技术生产发展的关键。

----

[1] "两个七百，一个一千"指焦比达到 700 公斤/吨，职工人数精减到 700 人以下，在年底计划基础上再降低成本 1000 万元。

[2] 郭维治：《巨大的转折——在包钢炼铁厂工作时的回忆》，《包钢史料选辑 12》，包头钢铁公司厂史办公室，1989 年第 12 辑，第 16—21 页。

[3] 小指标责任制是当时武钢实行的定出岗位的奋斗目标和责任，就是把全厂的生产指标、关键问题、实现措施和责任都层层地分解和落实到班组，再分解到每个人的办法。

炼铁厂投产初期,正是全国"大跃进"的年代,工程技术人员尊重科学的态度受到批判,炼铁生产管理和生产技术处于混乱状态。从1963年到1966年,工程技术人员能够正常发挥作用,努力进行高炉试验研究,为大高炉的生产提供初步技术基础,取得一定技术进步,促进了炼铁生产的发展,高炉各项技术经济标随之改善,解决了生产技术和管理上的一些问题,使炼铁厂走上正常发展的路线。

(2)对高炉冶炼的普遍规律与白云鄂博矿特殊性的认识。高炉投产初期,由于对矿石的特殊性认识不足,虽然从苏联引进了当时先进的高炉冶炼技术,采用了当时最大的高炉设备来进行冶炼,但以普通矿石的冶炼理论和经验来指导生产,甚至有时还违反了普遍规律,采取富矿入炉,以致高炉生产各项指标落后。后来,炼铁厂逐步认识到矿物特殊性带来包钢高炉生产的"三口一瘤"问题,开始重视实验研究,在初期建设这段时间,虽然没有彻底解决这些问题,但对炼铁技术进步还是做出了一些贡献,为以后解决这些难题奠定了基础。

(3)艰难的技术创新之路。对于史无前例的白云鄂博共生矿的冶炼,包钢不得不走上技术创新之路,包钢炼铁厂的发展史,可以说是一部炼铁技术的进步史,从针对解决矿的特殊性产生的"三口一瘤"问题关,包钢走上技术创新之路,1960年苏联撤走专家后,这些都是以包钢为中心的国家钢铁行业研究院的共同技术创新成果,取得解决渣口、铁口、风口等问题的技术进步。也可以看出技术进步对发展包钢炼钢铁生产起着决定性的作用,白云鄂博多金属共生矿的冶炼技术和综合利用研究的进步推动着包钢的技术发展。

五 炼铁厂生产技术发展路线受到技术决策的影响

包钢在当时建设的有利条件下并没有太多先进技术的因素,主要是在第一个五年计划中积累的建设经验,特别扩建鞍钢和新建武钢的经验可供参考。此外,包钢的建设从各个方面来说,有苏联的帮助。但在制度和主观意识方面存在有利的因素:第一,包钢是当时国家三大钢铁联合企业之一,担负着建设国家、发展国民经济的重任,得到了中央、区、市各级领导的关怀和支持,形成全国、全华北协作区、内蒙古协作区、内蒙古自治区、全包头市支持包钢的形势,或优先得到援助;第二,群众信心十足,建设中国、改变中国一穷二白落后局面的心理迫切,主观认为一切依靠群众就能解决一切问题;第三,钢铁建设已经有了一定的经验和工作基础,对生产建设起到一定的促进作用。然而这些从技术角度来讲,并不能起到决定性作用,而遇到的困难因素却决定了技术不能正常发展。

一是以炼铁为主,还是稀土发展为主,当时争议比较大,针对白云鄂博矿石的特殊性,是世界最大的稀土、铌综合性共生矿资源的条件,到底该如何发展,经历几次关键性的争论,在 1964 年,邓小平视察白云鄂博矿后决定"以铁为主,综合利用"的方针,这一方针在当时无疑是正确的。从技术角度讲,国家只有建设钢铁厂、进行冶炼钢铁的技术,对稀土的研究刚刚开始,而且在世界上也没有可参照的先例,很难快速投入生产,而且根据国民经济发展的需求,急需钢铁发展重工业,在这样的背景下,先建钢铁厂,同时进行稀土研究的决策是行得通的。

二是为了完成大炼钢铁指标,急于出铁,对白云鄂博主矿、东矿的工业勘探都未达到要求,如何除氟和回收稀土,烧结矿易碎、焦炭的配煤等问题尚未解决的情况下,在中型高炉矿山试验出现很多问题的情况下还是决定富矿入炉,这不能不说是一次决策上的大失误,高炉是投产了,但付出的代价是巨大的。

三是管理上的因素,当时炼铁厂宣布生产指标日产 3000 吨,据当时的炼铁厂厂长黄汉炎回忆说,[①] 当时最高日产指标是 2200 吨,可冶金部及党委认为不完成指标就是技术路线的原因,最主要是没有发动群众,致使生产条件与生产指标不相适应。再者大高炉冶炼出现问题

---

① 黄汉炎:《艰难的起步——在包钢炼铁厂工作时的回忆》,《包钢史料选辑 12》,包头钢铁公司厂史办公室,1989 年第 12 辑,第 12—15 页。

时，厂长被质问为什么小包钢都能炼出来大包钢反而不能。这些没有总结白云鄂博矿石的特殊性导致的技术原因，都被归为"条件论"，黄汉炎厂长受到批判，在 1960 年 10 月被调离到了华北局。这些技术外的因素反倒起到了主要作用，影响了钢铁生产的正常发展。

六　包钢炼铁系统的技术进步[①]

包钢炼铁从 1959 年 9 月 26 日产出第一炉铁水起，结束了内蒙古寸铁不生的历史，经过曲折的发展，包钢通过科技进步，到 1993 年达到了最初规划 300 万吨钢铁的生产能力，各项经济指标有了相当大的进步。

（一）原燃料生产技术进步

1. 选矿

选矿厂于 1965 年投产，长期处于边试验、边生产、边改造的状况，对磁铁矿采用磁选—反浮选流程，经适当改造后，提高了铁精矿品位，含氟下降。对中贫氧化矿曾试用过以下几种流程：一是弱磁—浮选—多梯度磁选工艺。20 世纪 70 年代前后，铁精矿品位 58%—60%，含氟 2.0%—2.5%，钾钠含量高，铁的回收率仅 50%—60%。二是焙烧—磁选工艺。1972 年仅仅试验竖炉焙烧块矿，由于回转窑调试始终不正常，以至未进行粉矿试验，铁精矿品位仅 59%，含氟 2.4%，该工艺于 1993 年停产。三是浮选—絮凝工艺。由于该工艺要求磨矿料度 −400 网目 >95%，设备结构复杂，对矿石的适应性差，精矿脱水也困难，系

---

① 本部分内容根据以下文章整理而成：包钢辉煌五十年丛书编辑委员会主编：《科技经纬——包钢辉煌五十年丛书》，远方出版社 2004 年版，第 153—194 页；陈春元：《包钢炼铁近 20 年科技发展综述》，《包钢科技》2004 年第 6 期；王振山：《包钢炼铁系统的技术进步》，《炼铁》1999 年 S1 期；李小钢等：《一种新型烧结矿——包钢第三代烧结矿》，《钢铁》2003 年第 6 期；段祥光等：《包钢烧结技术进步》，载李慧卿主编《2001 中国钢铁年会论文集》（上卷），冶金工业出版社 2001 年版；邬虎林：《包钢高炉喷煤技术进步》。

统处理能力低，生产成本低，很难转入正常生产。四是弱磁—强磁—浮选工艺。由于该工艺充分考虑了矿石的特性和对新的选别介质的开发，其磨矿粒度只需达到 –200 网目 90%—95% 即可得到好的选别指标。在 1987 年完成工业试验的基础上，1988—1993 年将 1—5 系列进行技术改造（6—8 系列处理磁矿），使精矿品位达到 61%，氟 < 0.8%，磷 <0.15%，铁回收率达 70%。

2. 烧结

1966—1976 年，包钢生产自熔性烧结矿，碱度为 1.0 左右，1976 年下半年，高碱度烧结矿（R = 2.0）试验成功，1977 年正式投入生产。1983 年在高硬度烧结矿的基础上又试验成功高碱度高氧化镁烧结矿，开创了包钢精料工作的新局面。在此基础上，随着铁精矿含氟量的降低和高炉配料的需要，又在烧结矿碱度和 SiO_2 含量的控制水平上做深入的探讨。将硬度控制在 1.75—1.85。SiO_2 含量控制到 5.8%—6.0%，包钢一烧 180 立方米烧结机为双 300 万吨配套项目，其中一台 1991 年 12 月投产，设计能力为 154 万吨/年，攻关目标为 1993 年达到 100 万吨。通过改造生石灰系统，改善二次混合机制粒状况及提高期制粒效果等技术措施，产量超过了攻关目标。

3. 球团

1968 年投产的 2 台隧道窑式球团机因设备运转和球团矿质量问题始终未正常生产，于 1979 年报废。1973 年 6 月从日本引进带式球团焙烧机（162 立方米）投产。为改善球团矿的技术经济指标，在试验室和工业生产中进行了长期探索。1982—1984 年配加 10% 黑脑包高硅原矿粉以降低含氟量和提高 SiO_2 含量，使得球团矿的还原膨胀率有所控制。1985—1987 年，以外购无氟精矿为主（约占配比 70%）自产精矿为辅的配料方案，生产的球团矿还原膨胀率达 20% 左右。1987 年起，还原膨胀率约 12%，满足了高炉生产要求，改善了大气环境。

4. 焦比

1959 年建成 63 孔 4.5 米高焦炉 4 座，1995 年建成 40 孔 6.0 米高

焦炉一座（5 号焦炉）。内蒙古有丰富的煤炭资源，在保证焦炭质量的基础上，如何充分利用本地区煤炼焦成为炼焦，这是炼铁工作者的主要任务。经过实践，配煤实行以内蒙古煤为主，引入优质晋煤，保留河北焦煤，使内蒙古煤配比达 30%—50%。东胜—神府煤田为低灰、低硫、不黏结烟煤，储量约 2300 多亿吨，离包钢最近，1987—1989 年将东胜—神府煤配入 5%—8%，在 1990—1992 年进行的"配入东胜—神府煤的型煤炼焦"的半工业性试验成为包钢后来技术改造的借鉴。

（二）高炉装备技术进步

1. 高炉大型化

1 号高炉于 1959 年投产，经 3 次中修，于 1981 年到 1985 年 3 次大修，又经 3 次中修，保持 1513 立方米容积生产。

2 号高炉于 1960 年 9 月 13 日投产，先后经 6 次中修，最后一次为 1998 年 5 月检修完后待命，容积为 1513 立方米。

3 号高炉于 1970 年 10 月 1 日投产，容积 1800 立方米，经中修 1 次，1988 年 7 月至 1989 年 1 月大修。于 1994 年 3 月到 6 月做扩容改造性大修，容积扩大到 2200 立方米。

4 号高炉于 1995 年 11 月建成投产，容积为 2200 立方米。

2. 无料钟炉顶与上料系统

1 号高炉于 1981 年 4 月—1985 年 3 月大修时，炉顶采用自行开发的 BG 型同轴滑动式无料钟炉顶。3 号高炉在大修时也采用了 BG 型无料钟炉顶。装料控制系统 1 号高炉为可控硅，3 号高炉为计算机。

3. 高炉本体

包钢在高炉本体设计，特别是炉型以及炉衬、冷却设备等方面作了一些改进，延长了高炉寿命。炉型由原来的"瘦长型"逐渐向"矮胖型"方向发展。为适应包头特殊矿冶炼，原苏联设计的高炉内衬为：炉底采用碳砖—高铝砖综合炉底，自炉缸向上，直至炉身上部支梁式水平均为碳砖，再向上至炉喉为黏土砖。由于炉腹至炉身中下部软熔带区域承受倾泻侵蚀、高温气流的磨损、氟和碱侵蚀以及热震等恶劣条件，这种炉衬结构的炉腹至炉身中下部寿命太短，但一直沿用到20世纪90年代初。自1994年起，在各高炉的大中修中使用了烧成铝碳砖后，炉腹至炉身中下部的寿命稍有好转。冷却设备也逐步在改进，原1号高炉炉身结构为冷却壁与支梁式水箱相结合，2号高炉为密集式铸铁冷却板。在生产实践中，感到2号高炉易结瘤，难操作，而且冷却板损坏情况难以检查，于是在20世纪70年代改为冷却壁与支梁式水箱。3号高炉70年代投产也属此结构。后来在梅山高炉经验的启发下，在1994年3号高炉扩容改造和4号高炉新建时，从炉腰开始改为板壁结合型式，并且在高炉炉身下部采用2段铜冷却壁，收到一定的效果。

4. 风口、渣口的改进

从包钢高炉投产至1977年期间，风口大量破损，平均每个风口的出铁量仅为430吨。由于包头矿的特殊性，风口的大量破损，造成作业率低，炉况波动，生产处于极端被动状态。在风口结构改进方面采用了高压水螺旋紫铜管风口，这种风口从1978年起在全厂推广应用，每个风口出铁量>1500吨。1986年又试制成功紫铜帽与铸水箱相焊接的水流合理的贯流式风口。1988年开发了电子束焊接法制做风口，1993年又开发了多金属共渗技术，在风口前端进行共渗处理。1960年下半年渣口内芯改由紫铜棒锻压而成，然后与水箱焊接，解决了渣口大量破损问题。

（三）高炉生产操作技术进步

1. 炉料结构

炉料结构是指在特定矿石性能下，高炉装入料中各类矿石的配比。如矿种不变而矿石的物理、冶金性能改变时，随之应调整配比，以优化炉料结构。其演变情况如下：1959—1965年，人造富矿还未生产，炉料结构主要为包头富矿或适当配庞家堡矿、海南岛矿。由于高炉全部采用天然块矿冶炼，高炉频发"三口一瘤"问题，顺行条件差，指标落后。1966—1976 年，生产自熔性烧结矿，由于其粉末多、冶金性能差，配比波动大，且自产精矿生产的球团矿膨胀率高，所以熟料比仅为 30%—50%，再加特殊时期管理混乱，高炉处于极端不正常状态。1977—1985 年，生产高碱度烧结矿和高碱度高氧化镁烧结矿，烧结矿配比 60%—65%，球团矿配比 5%—10%，其余仍为包头块矿。采用这种炉料结构后，炉况明显好转，综合焦比降至 600 公斤/吨左右。1986年后，随着选矿、烧结、球团工艺技术攻关取得重大进展，人造富矿质量也进一步提高，熟料率达 85%—90%，其余部分为包头块矿或澳大利亚哈默斯利块矿。从 1993 年初起，不再配用包头块矿，炉料结构为：70% 烧结矿 + 20% 球团矿 + 10% 澳块矿或 75% 烧结矿 + 15% 球团矿 + 10% 澳块矿。综合品位达到 55.84，高炉技术经济指标出现新面貌。

2. 富氧大喷煤技术

1985 年 11 月，3 号高炉开始喷煤，随后 1987 年在 2 号高炉、1988 年在 1 号高炉实施喷煤。1988 年后陆续在高炉上富氧，因受供氧量限制，富氧率一般在 0.5%—1.0%。1993 年富氧率达到 1.38%。1990—1992 年，在 1 号高炉完成了国家计委、冶金部下达的包头特殊矿富氧大喷吹试验，试验取得了成功，富氧率为 3.93% 时，煤比达到了 152.74 公斤/吨，利用系数达 1.726 吨/平方米·日，开发并完善了无钟高炉中心加集技术，开发了氧煤枪，风口取样装置，对风口前煤粉燃烧状况、风口回旋区径向煤气变化、火焰温度进行了测试分析，开发了串罐软连接连续计量技术等。

包钢炼铁生产的发展历史是一部炼铁技术进步的历史。由于白云鄂博铁矿是一种难选、难烧结、难冶炼的共生矿，包钢炼铁科技人员先后攻克了包头特殊矿烧结、冶炼难关，使高炉生产逐步趋于正常。通过科技进步，使炼铁各项技术经济指标有了相当大的进步。

第三节 投产初期平炉炼钢生产

1960 年到 1965 年是包钢炼钢厂投产初期发展阶段，[①] 1960 年 5 月 1 日，1 号 500 吨平炉投产。当时该厂所处的外部条件为：选烧厂没有建成，炼铁厂 1 号高炉投产后富矿直接入炉冶炼，导致铁水含磷、硅量高；初轧厂正在筹备，轧钢系统尚未投产。内部条件：厂房只建到 28 线，混铁炉没有投产，只安装 1 台 350 吨桥式起重机和 4 台 11 立方米渣罐车运行、周转。冶炼一炉钢平均耗时 17 小时 53 分。同年 2 号、3 号 500 吨平炉投产，由于内外条件没有改善，仍是冶炼时间长，钢产量低，事故频繁发生，全年产钢共计 13.44 万吨。1961 年到 1965 年，钢厂生产处于时断时续状态，停炉保温，只有 1 座平炉进行生产，以生产沸腾钢为主，1965 年开始试炼过少量的半镇静钢等，5 年共产钢 101.4 万吨。这一期间存在着设备相关配套不完备，生产工艺落后等一系列影响生产的因素，又赶上国家严重自然灾害的影响，使炼钢厂的生产处于曲折状态。经过国家三年的调整，有多项技术指标超过历史纪录，为以后的发展奠定了基础。

一 平炉生产工艺和主要炼钢技术攻关

平炉投产后，因白云鄂博矿石资源的特殊性，造成高磷、高硅铁水炼钢的特殊问题。冶炼厂时渣层厚达 1 米，渣量约占 30%，冶炼时间长，钢质量不高，还影响炉体寿命。1962 年，因铁水带渣达 1.7%，磷、硅含量分别高达 0.75% 和 1.3%，生产出的钢锭合格率仅为 88.62%。1963 年，炼钢厂从矿石资源的特点出发，总结出一套"装好料、加好热、多放初期渣"，利用白云鄂博富矿和铁皮进行精炼的技术

---

① 《包钢志·第六编生产志（1959—1990）》，包头钢铁稀土公司档案馆，1993 年。

操作方法，基本上攻克了用高磷铁水炼钢的难关。钢锭合格率最高99.14%，创历史最好水平。

包钢炼钢厂当时有三座500吨固定式平炉3座，平炉冶炼采用的生产程序：补炉—装料—兑铁水—熔化—精炼—纯沸腾—脱氧出钢。平炉生产工艺流程如图5-4所示。在生产初期，主要生产沸腾钢，因初轧厂未建起，包钢生产的钢种发往鞍山钢铁公司和太原钢铁公司开坯、轧制。

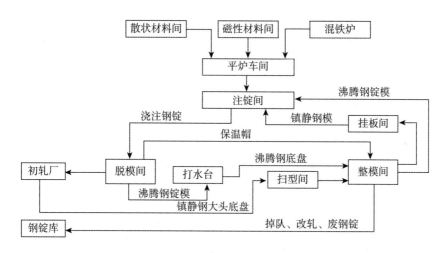

图5-4　平炉生产工艺流程图

资料来源：《包钢志·第六编生产志（1959—1990）》，包头钢铁稀土公司档案馆，1993年，第290页。

包钢炼钢厂投产后不久，苏联专家撤走，对白云鄂博矿炼成的高磷铁水特殊性的特点，依然没有参照的经验，包钢走上自主创新攻克技术难关之路。在建设初期，取得的高磷铁水炼钢主要技术攻关成就有：

（1）高磷铁水炼钢工艺制度的建立[①]

1960 年，冶金部副部长刘彬与炼钢厂厂长刘耀宗、副厂长顾宝山、工程师张顺臻等率领工程技术人员和工人组成"三结合"小组，进行炼钢技术攻关。1962 年到 1963 年，国家处于调整时期，炼钢厂停产空闲时间比较多，攻关小组对中高磷铁水的冶炼钢、护炉及热工操作，总结出快装料、加好热、快兑铁水、晚放渣、多放初期渣、降低熔毕磷等一整套工艺制度，同时采用加白云鄂博富矿和氧化铁皮脱磷等措施，解决了 500 平炉用高磷铁水炼钢的难题。1964 年到 1965 年，平均炉龄分别达到 317 次和 454 次，冶炼时间降到 13 小时，各项经济技术指标接近当时鞍钢、武钢同类平炉的先进水平。

（2）提高平炉炉龄技术攻关

1960 年至 1963 年，包钢平炉炉顶采用铝镁砖砌筑，使用混合煤气为燃料，由于国内对铝镁砖的使用尚无经验，炉顶破损严重，包钢炼钢厂 3 座平炉的炉顶寿命最高只有 135 炉，最低 33 炉，是全国冶金行业典型的"短命炉"。在多次技术攻关的经验基础上，冶金修理厂技术人员阎好文制定出一套延长炉顶寿命的技术措施，掌握了在黏渣下炼钢炉的技术，加强炉顶的砌筑和维护，减少炉内温度的急冷急热，冶炼工序控制等项工作，使炉龄明显提高，1963 年平均炉龄达到 317 次，1964 年单炉最高炉龄达到 454 次。

二 包钢与武钢经济技术指标的对比分析

包钢炼钢厂 1959—1966 年各项经济技术指标如表 5 - 3、图 5 - 5、图 5 - 6 所示：

[①] 《包钢志·第九编科学技术志（1927—1990）》，包头钢铁稀土公司档案馆，1993 年，第 289—291 页。

表5-3 1959—1966年包钢、武钢炼钢厂平炉各项技术经济指标

单位：万吨

	单位	厂	1959年	1960年	1961年	1962年	1963年	1964年	1965年	1966年
产量	万吨	包钢		12.9023	12.8787	3.9378	18.1703	24.6744	28.0760	60.8779
		武钢	8.0006	64.4757	45.1207	29.3672	44.7081	67.2946	88.4618	126.5340
利用系数	吨/平方米·日	包钢		3.99	1.24	1.14	6.346	7.134	8.370	6.86
		武钢								
作业率	%	包钢		68.83	20.5	57.72	73.08	76.73	85.73	
		武钢	85.80	70.56	36.60	66.40	74.08	76.97	73.44	80.90
冷修率	%	包钢		62.13	8.6	31.28	17.76	13.41	5.02	11.5
		武钢	9.80	15.10	22.70	23.76	15.14	10.40	14.68	11.68
热修率	%	包钢		1.84	1.3	1.00	4.45	5.02	2.74	1.81
		武钢	0.5	5.14	3.80	2.08	3.94	2.20	1.36	2.60
炼炉率	%	包钢		3.78	2.0	10.0	4.71	4.04	6.16	4.0
		武钢	3.90	4.20	1.8	4.13	2.37	2.75	3.31	3.50
冶炼时间	时分	包钢		17:53	19:40	17:08	14:11	13:41	13:00	14:32
		武钢	13:34	15:12	17:55	14:58	12:54	11:58	11:06	10:22
炉顶寿命	次	包钢		—	79	64	317	454	—	349
		武钢		152	131	189	333	956	769	753
合格率	%	包钢		92.75	96.70	88.62	98.36	98.27	99.02	99.14
		武钢①	95.49	97.46	97.18	98.57	99.52	99.67	99.45	99.20

① 因包钢主要生产沸腾钢，所有武钢统计的是沸腾钢合格率。表中空白为未产生该项指标数据。

续表

项目	单位	企业	1959 年	1960 年	1961 年	1962 年	1963 年	1964 年	1965 年	1966 年
工人实物劳动生产率	吨/人·月	包钢		98.53	—	—	194.13	318.38	—	816.06
		武钢		322.06	238.73	184.66	351.20	499.22	938.09	1412.21
金属料消耗	公斤/吨	包钢		1205.9	1203.97	1343.6	1121.78	1112.97	1128.75	1153.72
		武钢	1254	1185	1190	1198	1126	1118.10	1120.50	1143
钢铁料	公斤/吨	包钢		1088.0	1066.07	1221.9	1014.67	1003.87	998.07	1009.72
		武钢	1089	1023	1023	1041	1003	1002.20	1010.90	1019
生铁	公斤/吨	包钢		934.3	863.37	995.6	766.13	749.68	762.23	820.17
		武钢	894	854	849	768	784	786.30	732.20	833
废钢	公斤/吨	包钢		161.0	202.7	226.3	248.54	254.19	235.84	189.55
废铁	公斤/吨	武钢	195	169	174	273	219	215.90	278.70	186
铁合金	公斤/吨	包钢		11.3	10.60	8.2	6.41	6.26	6.60	7.16
矿石	公斤/吨	包钢		266.0	127.3	283.8	228.08	230.83	244.64	254.26
		武钢	277	271	263	271	211	210	203.10	229
石灰	公斤/吨	包钢		86.7	85.04	28.0	9.13	9.21	14.67	22.22
		武钢	36	26	22	32	10	12.30	10.10	9.80
熟白云石	公斤/吨	包钢		52.9	67.55	68.7	47.14	44.71	39.21	—
熟白云石		武钢	30	35	39	47	45	42	35.30	32.20
生白云石		武钢	28	25	28	33	27	25.7	27.10	26.20

续表

	单位		1959年	1960年	1961年	1962年	1963年	1964年	1965年	1966年
石灰石	公斤/吨	包钢	61	68	89	76	74	71	44.16	45.53
	公斤/吨	武钢							24.60	70.60
小粒石灰石	公斤/吨	包钢		30.9	50.6	31.2	26.54	25.75	29.51	—
铁凡土	公斤/吨	武钢	19	11	14	14	13	13.3	12.30	7.9
铁皮	公斤/吨	武钢	13	10	12	12	10	8	14.20	8.10
镁火泥		武钢			2.1	2	2	2.60	2.50	1.80
镁砂	公斤/吨	包钢		29.8	24.59	27.8	10.74	8.17	9.78	7.2
		武钢	22	23	23	20	8	9.10	10.30	9.5
钢锭模·附件	公斤/吨	包钢		34.0	65.25	87.0	42.24	15.66	12.11	22.20
		武钢	28	27	52	31	13	14.80	22.90	22.10
耐火材料	公斤/吨	包钢		48.7	63.27	51.9	30.05	24.71	24.46	25.86
		武钢								46.56
混合煤气	千大卡/吨	包钢		0.74	1.6727	1.68	1.245	1.116	1.114	1.192
煤气	百万大卡	武钢	1.27	1.39	1.66	1.42	1.14	1.04	1.10	0.57
重油	公斤/吨	包钢							31.77	
	公斤/吨	武钢							96.20	49.90

资料来源:《包钢志·第六编 生产志(1959—1990)》,包头钢铁稀土公司档案馆,1993年。《武汉钢铁公司一炼钢厂志(1958—1980)》,武汉第一炼钢厂厂志编纂办公室,1986年。笔者根据相关数据整理所得。

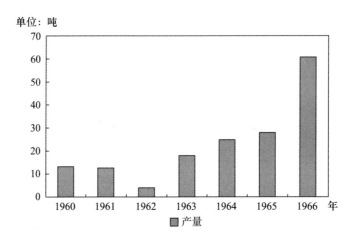

图 5 - 5　1960—1966 年包钢平炉产量

资料来源：笔者根据表 5 - 3 数据制作。

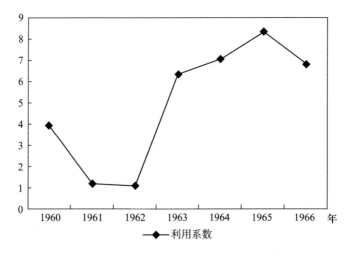

图 5 - 6　1960—1966 年包钢利用系数发展折线图

资料来源：笔者根据表 5 - 3 数据制作。

　　从表 5 - 3 与图 5 - 5、图 5 - 6 中可以看出从 1964 年到 1966 年，包钢经济效益明显提高，炉顶寿命、平均冶炼时间表、平炉利用系数和钢锭合格率等技术经济指标达到这一时期的最高水平；1962 年产量最低，主要因为当时长期停炉保温没有进行正常生产造成的，先后停开了两座平炉，直到1963年才恢复到一座平炉常年生产，当时铁水含磷过高，致使钢锭合格率最低，利用系数也最低。

与武钢几项经济指标对比分析：（1）对于历史钢锭合格率的变化可以看出武钢在建设初期以生产沸腾钢为主，钢锭合格率比较高，呈稳定上升趋势；而包钢因采用高磷铁水炼钢，造成合格率下降到90%以下，后在技术改造的基础上逐步解决了这些技术难题，合格率才趋于正常。（2）通过历年炉龄的对比可以看出包钢与同一时期的武钢炉顶寿命相差很远，这也主要因为包钢矿源的特殊性，对当时的铝镁砖炉顶损坏严重造成的。（3）1965年以前，包钢是以混合煤气炼钢，武钢采用煤气炼钢，两者都是在1965年开始采用重油炼钢。（4）最佳作业率主要取决于生产中的维护和修炉的质量，作业率由炼炉率、热修率、冷修率来决定，一般热修率和炼炉率变化波动范围不大，所以作业率主要受冷修率的影响大。包钢的作业率一直低于同行水平，直到1963年开始炼钢厂走上正轨，作业率同武钢相当，1965年由于修炉质量的提高，冶炼操作正常，冷修率居全国先进水平行列，作业率高于武钢10%以上，创造了历史以来的最好成绩，在全国钢铁行业中也创最好水平。

三　技术决策对包钢炼钢厂技术发展的影响

这一时期包钢炼钢厂炼钢技术主要问题是因铁水含磷高导致的产品质量问题。包钢炼钢厂从最初的苏联引进技术到自主创新，到底还有哪些技术外的影响因素，值得分析。

包钢炼钢厂初步设计是由苏联完成的，在初步设计中，炼钢主厂房中设置 $250 \times 3 + 500 \times 6$ 固定式平炉和 1300×2 混铁炉。平炉全部富氧冶炼，因苏联提供的制氧设备是以产氮气为主，必须建立氮肥厂，而当时包钢的建设条件不具备建立氮肥厂的可能，故平炉未采用富氧冶炼工艺，而是采用了由包钢自己炼钢设计研究院做出的 500 吨 $\times 9$ 的平炉非富氧冶炼设计方案。这一方案的改动，使主厂房各种管线定位坐标发生变化，再加上在提出"投资省一半"的情况下，炼钢厂需节约资金 540 万元。当时对原设计的盲目修改，给炼钢厂带来严重的影响生产的工程质量问题，如：主厂房与脱模间面板需拆除更换，整模间局部拆除重建，有的需加固等工程质量问题直到 1961 年国家和包钢投资处理费 454 万元才得以解决。1961 年后，中国连续三年遭受自然灾害，国民经济被迫实行调整，包钢建设下马，生产暂时收缩，封存两座平炉，只留一座平炉生产，钢铁产量降到最低。[①] 1962 年由计划部门提出 600 万吨的生产计划，这个指标比 1961 年年底多 200 万吨，比 1960 年的 1866 万吨减少了 1200 多万吨，下降的幅度特别大，致使大部分钢铁企业停炉护炉、检修设备，包括包钢和武钢这样的大型钢铁联合企业。随后国家制定了"工业七十条""八字方针"，强调技术管理，发挥技术人员的作用，规定了总工程师的职责，规定了一系列提高产品质量的条文等，经过整顿，1963 年下半年包钢平炉系统调整恢复生产逐步转入正轨。[②] 可见炼钢厂设计方案改动对包钢炼钢厂的技术发展产生了影响，一方面，推进了中国自己走上自力更生的技术创新之路。另一方面，技术力量在探索期与承担的技术任务不匹配，再加上修改原设计、提前出钢等一系列的错误技术决策，是导致包钢炼钢厂技术不能正常发展的主要因素。

四　包钢炼钢系统的后续发展[③]

从 1954 年建设包钢到 1993 年完成最初规划 300 吨钢的任务，包钢炼钢生产技术经历了艰难曲折的历程。1976 年后包钢炼钢技术取得了

---

① 孔启新：《难忘的峥嵘岁月》，载包钢辉煌五十年丛书编辑委员会主编《见证包钢——包钢辉煌五十年丛书》，远方出版社 2004 年版，第 387—393 页。

② 海军、孟志泉：《包钢炼钢厂四十年史料集锦（1960—2000）》，包钢炼钢厂，2000 年，第 61 页。

③ 刘平、智建国：《包钢炼钢四十年的艰难历程》，载包钢辉煌五十年丛书编辑委员会主编《科技经纬——包钢辉煌五十年丛书》，远方出版社 2004 年版，第 213—218 页。

大的进步。

（一）平炉炼钢技术的发展

20 世纪 60 年代，包钢 4 座 500 吨平炉投产，从 60 年代到 80 年代，平炉冶炼技术进步主要体现在冶炼时间的缩短方面。投产初期，因没有掌握高磷铁水冶炼工艺，冶炼时间高达 18 小时；经过三年攻关，总结出了一套合理的冶炼、护炉、热工操作制度，实行"快速装料、分层烧透、多放初期渣、薄渣活跃沸腾等"冶炼工艺后，冶炼周期缩短到 13 小时。在燃烧混合煤气炼钢改为采用燃烧重油炼钢以后，冶炼时间缩短到 10 小时。20 世纪 70 年代以后，平炉顶吹氧技术的应用，大大缩短了冶炼周期。后在工艺上采用了三支氧枪顶吹，通过低氧压大流量，提高了脱磷效率；同时对平炉设备进行了改造，简化平炉炉体结构，将三上升道改为单上升道，以及采用火焰富氧油枪技术使重轨钢的冶炼周期缩短到 6 小时。90 年代以后，随着转炉冶炼技术的发展和连铸技术的应用，平炉炼油钢逐渐退出历史舞台，1984 年 1 号平炉熄火，在 21 世纪初，平炉全部退出了历史舞台。

（二）转炉炼钢技术的发展

20 世纪 70 年代，1 号和 2 号 50 吨氧气顶吹转炉的投产开始了包钢转炉炼钢的时代。但由于设备的系统性缺陷和炼钢布局的不合理，年产钢不足 40 万吨；80 年代初，3 号 50 吨氧气顶吹转炉建设成后，年产钢仅 50 万吨左右，且炼钢品种单一，只生产沸腾钢。80 年代，包钢进行了工艺技术改造，针对包钢铁水含磷量高的特点，研究出了一套提高转炉前期脱磷效果的双渣留渣法炼钢工艺和终点"高拉补吹"操作工艺。通过控制炉渣碱度和氧化铁含量、钢水温度，使前期脱磷效率从 40% 提高到 60%，冶炼时间由原来的 1 小时缩短到 45 分钟，各项技术经济指标明显改善。转炉投产初期，炉龄只有 100 炉左右，通过改变造渣材料，采用三孔氧枪和湿法喷补技术，以及采用镁碳砖砌炉，使炉龄突破 1000 炉。90 年代以后，通过对旧有的三座转炉改造和新建，形成了五座 80 吨顶底复吹转炉。

（三）铁水预处理技术的发展

在 20 世纪 80 年代，由于包钢铁水含磷量高，因此进行了铁水同时脱磷脱硫工业试验研究，该项目当时被列为国家科委"六五"攻关课题。试验采用了"高炉出铁场预脱硅—扒渣—铁水罐喷粉脱硅—扒渣—罐内同时喷粉脱磷脱硫—扒渣—转炉冶炼"工艺流程，采用石灰系粉剂进行脱磷硫，平均脱磷率 85.1%、脱硫率 77%，采用天然碱粉剂进行脱磷脱硫，平均脱磷率 78.9%，脱硫率 73.2%。包钢"铁水预处理同时脱磷脱硫—转炉冶炼"流程工业试验的成功，在国内为中磷铁水的预处理提供了第一个工业流程，为转炉采用中磷铁水少渣炼钢首次取得了实践经验。

1979 年包钢产钢 108 万吨，终于登上百万吨钢的历史台阶，1989年突破 200 万吨钢，同年国务院总理李鹏视察包钢、视察炼钢厂，提出了"为三百万吨钢而奋斗"的厚望，1993 年包钢完成产钢 302万吨。

第四节　小结

包钢 1 号高炉是由苏联列宁格勒黑色冶金设计院按照当时世界上先进水平设计的大型 1513 立方米自动化高炉。无论从设备还是技术操作上，还是对国民经济的贡献上以及对钢铁行业在全国的布局上，建起一座当时被列为三大钢铁联合企业之一，无疑是一次成功的引进。但是这种大规模的引进与当时中国社会的国情，所具备的技术力量、技术基础方面不相适应。从包钢的投产前后不难看出，对白云鄂博共生矿在技术上认识不足，国内外没有经验可供借鉴，最终影响了冶炼设备的使用。由于高磷铁水的特殊性，致使平炉炼钢也遇到技术难题。无论是炼铁还是炼钢，包钢都围绕解决在冶炼过程中出现的技术问题进行技术改造创新。技术决策对于包钢的技术引进与创新发展也很重要，建设过程中，包钢技术政策的一变再变，再加上提前出铁、出钢、"大炼钢铁"等一系列盲目错误的决策成为致使包钢不能正常生产的关键因素。

第六章

苏联对包钢早期技术能力的培养及本土化

包钢的建设促进了冶金教育的发展，包钢从苏联引进成套设备、技术，这就需要一大批的技术力量来完成包钢的建设，首先是苏联专家的援助，但是这远远不能满足包钢建设的需要。从一开始包钢就重视自己技术力量的培养，来消化吸收从苏联引进的钢铁技术，通过学习苏联先进经验，学会掌握新机器，学会制造新产品，掌握钢铁冶炼技术，建设自己的技术队伍，发展冶金教育事业，逐步形成了采矿冶金专业教育的完整体系。

在建设包头工业基地时包钢特别强调向苏联学习，认为向苏联学习，对建设新包头有着特别重要的意义，学得好，就能更好地完成各项建设任务；学得不好，将不免会犯许多错误，走许多弯路。"无论共产党内、共产党外、老干部、新干部、技术人员、知识分子以及工人群众和农民群众、都必须诚心诚意地向苏联学习。不仅要学习马克思、恩格斯、列宁、斯大林的理论，而且还要学习苏联先进的科学技术。我们要在全国范围内掀起学习苏联的高潮，来建设我们的国家。"[①] 苏联专家首先成为我们学习的榜样，他们不仅参与了包钢的初期建设，而且对包钢早期技术能力的培养也起到了重大作用。

---

① 《为建设包头工业基地而奋斗》，载张宇主编《内蒙古包头钢铁基地的建设与发展》，内蒙古人民出版社2013年版，第181页。

第一节　苏联专家及其作用

包钢是一五时期苏联重点援助钢铁项目之一，由苏联黑色冶金设计院完成初步设计方案，从选址到 1 号高炉出铁，都是在苏联专家指导下进行的技术活动。从 1953 年包钢筹建到苏联专家撤走，七年里先后请来包钢工作和考察的苏联专家共达 150 人次，其中包钢长期聘请的苏联专家 23 名，匈牙利专家 3 名。全部都是工程技术专家，冶金部综合组代聘的苏联专家 41 名，共计 67 名。这些专家在包钢工作期间共提出重大的书面或口头建议约 3500 余条，对包钢建设和生产起了重要的作用。①

一　在包钢工作过的苏联专家

苏联专家的职务及参与的工作如表 6 - 1 所示：

表 6 - 1　　　　　　　　苏联专家的职务及参与的工作

苏联专家	职务	负责工作
别良契可夫	苏联黑色冶金设计院莫斯科总院院长	参加包钢厂址选择、包钢初步设计和包钢勘测工作
安德列也夫	列宁格勒分院总工程师、包钢总设计师	
格里高里扬	列宁格勒分院总工程师、武钢总设计师	
克夫顿	焦化设计院总工程师	
库里契金	建筑专家	

---

① 《包钢专家工作检查报告》，包钢档案馆档案，案卷号：1 - 17 - 0382，第 1—21 页。

续表

苏联专家	职务	负责工作
叶菲莫夫	地质专家	参加包钢厂址选择、包钢初步设计和包钢勘测工作
索尔达柯夫、贝可夫	选矿专家	
沙拉耶夫、少维诺娃	矿山专家	
艾尔绍夫	矿山运输专家	
格拉什丹金、雷夏柯夫、满锡列夫	建筑专家	
捷门吉耶夫	总图专家	
什梅罗夫	电气专家	
索斯洛夫	供水专家	
克瓦斯尼柯夫	矿山机械专家	
卡祖诺夫	矿山总图专家	
马约诺夫	炼焦总图专家	
索尔尼	耐火专家	
米赫耶夫	工程地质专家	
伊丽娜、阿拉诺维奇	水文地质专家	
伊丽娜、阿拉诺维奇、罗曼纽克、卡纳瓦诺夫、莫宁、奥日柯夫、马舒可夫、库贝斯金		参加包钢厂区测量、黄河勘测及扬水试验工作
赫罗莫夫、肖米克		参加包钢矿厂试验
罗曼克、库里斯克		参加包钢附属企业厂址选择和编制设计任务书
柯舍列夫		参加包钢初步设计审查
马斯良耶夫、米高尔金、查哈诺夫	土建专家	长期参加包钢施工准备和生产基地建设

续表

苏联专家	职务	负责工作
斯捷班斯基	专家组长	
列文、莫罗茨、谢罗瓦特柯	炼铁专家	
刘顿什比格里	机械专家	
列兹尼钦柯、卡兹纳切耶夫	电气专家	
马茨	燃气专家	
毕达节列夫	矿山专家	参加包钢建设
克鲁格里柯夫	金结专家	
维里切夫	什器专家	
贝柯夫	焦化专家	
西道林柯夫	管道专家	
安德里昂诺夫	烧结专家	

资料来源：《来包钢工作过的苏联专家》，《包钢史料选辑1—10辑合订本》，包头钢铁公司厂史办公室，1982年第3辑，第17页。表格为笔者根据该资料整理而成。

从表6-1中可以看出，苏联专家担任了包钢的主要设计及各技术领域的专家，从事初步设计、选址、勘探、水源、矿山试验等技术活动。从资源的勘探，厂址的选择，设计资料的收集，设计直到建筑、机械安装和投入生产各个环节，没有一项离开过苏联专家的指导。例如1954年苏联专家别良契可夫、安德烈也夫亲自率领选厂址组参加选址工作，进入场地做了仔细的研究对比，最后由专家组组长别良契可夫编写了厂址选择建议书，别良契可夫的日志报告（关于在包头选厂意见的报告记录）① 可以反映出苏联专家在选厂筹建包钢的最初想法，摘录如下：报告会出席人员有华北局副书记刘秀峰、内蒙分局副书记苏谦益、重工业部钢铁局杨维副局长等44人。中国政府决定利用白云鄂博铁矿资源，在包头地区建立钢铁基地，根据矿石产量决定钢铁厂

---

① 《别良契可夫的日志——关于在包头选厂意见的报告记录》，包钢档案馆档案，案卷号：1-17-0010，第63—72页。

初期规模定 120 万—150 万吨，最后发展到 300 万吨以上，允许有进一步发展的可能。首先分析了矿石的特点，因矿石中含有稀土元素，具有宝贵价值，矿样送到苏联进行选矿试验，进行提取稀土的研究；其次是矿石中含有萤石（氟化钙），不能让这种有毒氟气影响附近居民、工人。但根据石景山进行的高炉冶炼试验结果，说明这不是一般矿石，一定要引起注意。然后提出选择钢铁厂厂址要求：（1）钢铁厂的构筑物很重，基础要深入地下，需要有干的土壤。（2）钢铁厂要大量用水……（3）钢铁厂因要放出很多有害气体，工厂位置要确保对城市（包括住宅区）没有影响，同时又要靠近城市使工人上下班方便。（4）钢铁厂的排水含有有害杂质，工厂位置要在排水方便又合适的地方。（5）钢铁厂的建筑面积约需 300 公顷，在设计中要考虑到利用矿山与厂区要求相配合，因为铁矿发展远景很好，钢铁厂的面积要预留最大发展的用地。根据这 5 个必要条件，从 15 个选址中先选出 3 个又进行比对，还从水源、运输、城市规划等方面提出意见，最后决定在宋家壕建厂，得到采纳，至今也是选址比较优越的一个方案。德门其也夫专家对冶金工厂厂址选择进行了总结，指出厂区的确定主要受以下因素影响，一是厂址接近原料产地，以缩短运输距离；二是要考虑到国民经济远景发展；三是军事上的考虑。在这三个大前提下，提出选择厂址的 7 个步骤，并且每个步骤给出了详细的操作指南。[①]

在另一份 1962 年整理的档案资料中记载了 36 位冶金工业部在包钢工作的苏联专家，[②] 表 6－2 记录了专家来包钢的工作时间和所担任的职务：

---

① 《德门其也夫专家关于冶金工厂厂址选择的报告》，包钢档案馆档案，案卷号：1－17－0010，第 187—190 页。

② 《冶金工业部包钢专家登记卡》，包钢档案馆档案，案卷号：1－17－0544，第 1—38 页。

表6-2　　　　　　　　　　冶金工业部包钢专家登记表

姓名	译名	专业或职别	来华日期	离华日期
Кошелев В. В.	科谢列夫	院长	1956. 2. 3 1959. 4. 28	1959. 7. 29
Волохов Н. С.	渥洛霍夫	轧钢	1956. 2. 3	1956. 4. 28
Андреев М. Т.	安德列耶夫	设计总工程师	1956. 2. 11 1959. 6. 5	1959. 9. 1
Цапыев М. М.	查布列夫	炼铁设计	1956. 2. 17 1959. 6. 5	1959. 7. 29
Ревинский И. Е.	列维斯基	总务	1956. 2. 11	1956. 5. 5
Геращенко С. И.	格拉辛柯	矿石研究	1956. 2. 11	1956. 4. 28
Ковтун В. И.	科夫顿	炼焦	1956. 2. 11	1956. 4. 26
Гарцман П. Е.	格尔茨曼	供排水	1956. 2. 17	1956. 4. 19
Березовскин С. И.	别列卓夫斯基	燃气	1956. 2. 15	1956. 4. 19
Федосеев А. Д.	费道谢也夫	耐火材料	1956. 2. 17	1956. 4. 28
Гараудий Т. А.	格拉乌金	采选矿	1956. 2. 17	1956. 4. 4
Андрианов. А. П.	安德里安诺夫	含氟试验	1956. 12. 5 1959. 7. 10	1957. 3. 24 1959. 8. 11
Степанский И. Я.	斯捷班斯基	建筑	1957. 8. 7	1959. 10. 24
Хомяков . Н. А.	哈敏科夫	供排水	1957. 11. 22	
Казначеев В. П.	卡兹纳切也夫	电气	1958. 8. 31	1959. 10. 24
Леван Л. Я.	列文	高炉生产	1958. 9. 29	1959. 10. 24
Лютершпиголь Н. И.	刘顿什比格里	机械安装	1958. 10. 22	1959. 8. 9
Мороз Н. А.	玛洛	高炉机械	1959. 2. 20	1959. 3. 28
Резицченко Ю. З.	列兹尼琴柯	高炉电气	1959. 2. 20	1959. 11. 29
Мац М. С.	玛茨	燃气洗涤	1959. 2. 20	1959. 11. 29
Сыроватко И. М.	赛洛瓦特柯	燃气工	1959. 2. 20	1959. 10
Коругликов А. А.	克鲁格里柯夫	金属结构	1959. 4. 24	1960. 8. 20
Веричев В. А.	维里切夫	计器	1959. 5. 8	1959. 10
Питателев В. А.	皮达节列夫	采矿	1959. 5. 15	1960. 8. 20
Быков А. Н.	贝柯夫	焦化	1959. 6. 6	1960. 8. 20
Чернов П. А.	切尔诺夫	鼓风机	1959. 6. 8	1960. 7
Коваль В. А.	科瓦里	称量车	1959. 6. 13	1959. 7. 21

续表

姓名	译名	专业或职别	来华日期	离华日期
Сидоренко Н. А.	西多连柯	管道	1959. 6. 14	1960. 8. 20
Качатков А. И.	卡恰特柯夫	高炉生产	1959. 12. 3	1960. 8. 20
Скородумов М. В.	斯科拉杜莫夫	土建	1960. 2. 28	1960. 8. 20
Емец Л. К.	叶米茨	炼钢生产	1960. 5. 26	1960. 8. 20
Паномарёв Н. Н.	巴那马廖夫	破碎板安装	1960. 5. 31	1960. 8. 20
Танцерев О. В.	唐采廖夫	炼钢研究	1960. 6. 3	1960. 8. 20
Масляев Н. И.	马斯良耶夫	地建	1955. 7	1957. 6
Метелкин И. С.	米乔尔金	管道	1955. 9. 25	1957. 9. 2
Захаров Н. М.	扎哈洛夫	施工机械	1955. 10	1957. 10

从表 6 - 2 中的专业或职别可以看出，36 位专家参与了包钢建设主要工作岗位，下面选取几位重要的专家来叙述他们的工作情况，从中也能看出对包钢建设的贡献。

科谢列夫（别良契可夫）原是苏联黑色冶金设计院列宁格勒分院院长，在华担任包钢院长，在包钢筹建阶段为包钢设计做了许多工作，几乎参与了所有工作，1959 年又来包钢三个月与总工程师安德列耶夫共同解决了一系列设计上的重大问题。对包钢的建设付出了巨大的劳动，做出了宝贵的贡献。安德列耶夫是原黑色冶金设计院列宁格勒分院的设计总工程师，在包钢担任设计总工程师，在包钢筹建和大规模基本建设阶段，帮助包钢解决了一系列复杂的设计问题，并对中国方面所修改的设计进行全面、细微的审查，提出了许多宝贵的意见，在提前完成包钢设计任务方面做出了巨大的努力，为保证包钢各项工程提前施工起了很大的作用。

斯捷班斯基原是苏联里比茨克市的总工程师，在华冶金工业部包钢担任土建专家，包钢专家组组长，包头市专家组行政组长和党委书记。在包钢工作两年多，对包钢的建设，特别在保证 1 号高炉提前投产的工作中做出了很大的贡献，比如施工准备、施工组织设计、施工技术设计和施工管理等提出很多建议，因贯彻专家的建议，在施工技术、节约和推广新技术等方面获得较显著的效果。主要工作列举如下：
（1）解决施工中的技术问题，如在 1 号高炉基础混凝土中，采用了大
粒度掺合料，专家也是本着节约和投资合理使用的原则，在建议中贯
彻这种思想，比如预应力构件上的吊钩应尽量做得小些，可节约大量
钢材，对同形式的预应力构件应当采用叠模，可节约大量木材；建议
加强试验室的工作，控制混凝土的标号，这样可节约水泥，在水泥仓
库的布置上，坚持把仓库修建在靠近搅拌站旁，可节约大量运费和火
车皮。还亲赴沙石厂，了解如何铺设铁路，如何利用原有线路，这样
可以少铺一些铁路，为国家节约投资等。（2）提出用喷沥青防水代替
金属防水，节约了大批钢材，并把配方和施工方法告诉单位。（3）在
聘请专家方面，因受国家计划经济体制的影响，聘请计划由国家做出，
而且经常变化，使工作受到影响，斯捷班斯基在催交设备和设计、聘
请专家来华等，在高炉金属结构制造时，因包钢聘请的金属结构专家
没有来包，斯捷班斯基请武钢专家来帮助工作，后多次催促国外专家
来包协助工作，尤其是包头建设中需要一些临时专家，他根据需要主
动聘请鼓风机专家等，及时解决了工作中所存在的问题。专家在华工
作期间曾赴武钢（约三个月）和上海钢厂帮助建设，在武钢是代理专
家组长，亲临现场指导工作，参加了武钢高炉、平炉等项目的施工组
织设计讨论等。在保证 1 号高炉提前出铁时，主动提出把办公室搬到工
地上，每天下工地从头到尾转一次，发现问题立即反馈，以便能及时
采取措施，工作也特别细致，对每个项目都进行检查。在出铁前提出
了一系列重大意见：黄河水源地厂区的输水管线的可靠性问题（一条
输水管中半条是钢筋混凝土）；供气问题（电厂当时是一个锅炉）；鼓
风机问题，只有一个鼓风机；含氟矿石的试验问题；矿石的中和问题；
焦炭的质量问题等。事实证明这些确实是一些非常关键的问题。[①] 1959
年回国时，斯捷班斯基专家获国务院总理感谢状。

---

① 《苏联专家组组长斯捷班斯基在包工作总结》，内蒙古档案馆档案，案卷号：1 -
17 - 0382，第 46—54 页。

卡兹纳切也夫，原是国立重工业电气设计院罗斯托夫电气安装托拉斯调整队的主任工程师，来华任包钢电气设计院主任工程师。对于机电安装公司中所负责的各项电气安装和调整工程给予技术帮助；对于包钢 1 号高炉的开工，在电气安装和调整方面做出了较大的贡献；在解决 1 号高炉系统铸铁机直流电动机缺货的问题中，他提出用磁放大器、饱和电机器和交流电动机来代替服务电机放大机和直流电动机，并帮助结构设计和试制，不仅解决了关键设备，保证了 1 号高炉提前开工，并且具有科学研究价值。他还抽出很多时间给调整技术人员讲课，讲解高炉装料系统的原理系统图，解答问题，培养设计人员。

列文，在华工作 13 个月，先是在武钢工作两个月，专家到武钢主要是帮助高炉生产，帮助审查烧结厂的设计等。然后在鞍钢工作了 4 个月，帮助炼铁厂处理了 10 号高炉炉缸冻结的重大事故；帮助炼铁厂二排高炉改善操作，从原料、燃料到操作和管理都全面地提出了改善措施；帮助炼铁厂改善烧结矿和焦炭的质量；帮助 7 号高炉中修和制定 4 号高炉大修的方案等。在包钢工作期间，参加了包钢 1 号高炉设计审查，施工准备，高炉投产和生产的一系列工作。提出几项重大技术建议，改进列宁格勒设计院的 1 号高炉设计，高炉炉底原设计为五层，改为七层，使 1 号高炉的砌砖设计成为世界上一个新型的设计；还提出焦炭和烧结矿分级按料度分别入炉，指出这是炼铁事业今后发展的方向；还在包头矿的试验过程中提出了变料的方法；往高炉送水的总水管应使用钢管代替砼管，以保证送水的可靠；和设计院协商后，专家建议恢复热风炉，风口平台的厂房，出铁厂的房梁应采用钢结构；铸铁机柱子原设计为钢结构，后改为砼结构，由于气候关系，混凝土结构不适用，专家提出防冻和加固方案等；日常工作中提出了许多解决生产和施工具体问题。① 这些点滴工作也能反映出专家认真负责的工作态度，在专业水平上也是出色的专家。

---

① 《苏联专家列文同志在华工作期间的工作总结》，内蒙古档案馆档案，案卷号：1 - 17 - 0382，第 77—81 页。

二　苏联专家的作用

从 1953 年筹建包钢到苏联专家撤走，包钢专家的工作大致可分为三个阶段：第一阶段是包钢设计阶段（1954 年到 1956 年），这一时期先后来包钢工作过的苏联专家共计 41 名，主要工作是帮助选择厂址、编制设计任务书、扬水试验、矿石冶炼实验及初步设计审查，为施工建设准备条件；第二阶段是基本建设阶段（1957 年到 1958 年），这一阶段共聘请苏联专家 6 名，工作任务主要是帮助一期施工建设，解决施工中的技术关键问题；第三阶段是基建和生产并进阶段（1959 年到 1960 年 8 月），这一阶段共聘请苏联专家 17 名，匈牙利专家 3 名。工作特点是在继续进行大规模建设的同时，包钢大型焦炉、大型高炉系统和大型平炉部分开始投入生产，完成了提前出铁等重大任务。[①] 包钢的专家工作机构是在 1958 年成立的，也就是说专家工作走上正轨也只有三年时间。专家在主要环节上的工作及重大建议总结如下：

（1）选择厂址和编制包钢设计任务书：为选择包钢厂址和编制设计任务书，苏联派来了以冶金工厂设计院列宁格勒分院院长别良契可夫及包钢设计总工程师安德列夫专家为首的设计组具体指导与亲临现场，提出许多建议。绘图专家德门其也夫做了冶金工厂选择厂址问题的报告，他从原料产地、国民经济发展远景以及军事上的因素加以分析，提出选择厂址的原则，另外马约洛夫和米赫也夫等十几位苏联专家就企业交通运输、工程地质勘测和水土分析等方面提出了建议。厂址确定后，设计组根据国家对钢材的需要情况、地区生产分布及技术上合理性协助编制了包钢的设计任务书。

（2）厂区测量、黄河勘测以及扬水试验：有许多位苏联专家参加了这些工作，如伊丽娜、阿拉诺维奇等专家，从布置任务操作方法，到整编资料，都对技术工人进行了具体指导，提出了许多建议。如厂

---

① 笔者本节根据以下档案文件整理。《1955—1960 年专家工作总结》，包钢档案馆档案，案卷号：1 - 17 - 0541，第 1—113 页。

区测量包钢原采用量距法，专家建议采用视距法，执行结果大大减少了外业工作量与缩短了外业工作时间，使整个工程量缩简了1/3，及早地提交了资料。在水土分析方面，阿拉诺维奇专家建议分析室所做之全硬度可不必单测，可用测得的 $CA^{++}Mg^{++}$ 的含量来换算，这样可省略多余的工作。在扬水试验方面，米赫也夫专家首先提出在昆都仑河进行扬水试验，水文地质专家伊丽娜指出为了获得2500吨/小时的水，先要进行普查，了解整个河谷平原地下水的情况，在各个地区，各个蓄水层中进行比较，然后选择各种条件优良的作为一个或两个水源地，还提出扬水工作的八点要素，正是这八点要素指导了包钢扬水工作的顺利进行。

（3）矿石试验：包头矿石是世界上罕见的难冶炼的矿石，没有可参照的经验，为了保证高炉冶炼顺利进行，在矿石试验过程中有许多苏联专家参加及指导了该项工作，1954年肖米克专家提出含铁量较高的包头矿石是可以不进行选矿就进入高炉冶炼的，因为选矿的主要目的是去氟化钙，肖米克专家提出，即使萤石含量高的矿石，如将炉渣碱性提高到4（即超碱度，一般操作这种碱性是根本不允许的）也能保证高炉冶炼顺行，这种炉渣完成能够从炉缸内流出……冶炼结果证明，含氟炉渣可以炼出低硫的生铁，只要保持炉渣是超碱性的。所有可以不忙于选矿烧结系统的建设，可以用未选的矿石来开始生产，这将使公司提早投入生产，还大大节省近期投资。根据当时记载的矿石冶炼试验工作证实了肖米克专家论点的正确性，从而使选矿烧结延缓建设（推迟到第二期建设），为国家节省了2亿多元资金，这些决定虽然后来证明是有问题的，但在当时有限的试验条件下是特别符合当时包钢建设实情的。另外还有许多位卫生专家、煤气洗涤专家、化学专家给予了很多宝贵建议。煤气洗涤专家阿德柯洛夫建议煤气洗涤中加上一个文氏管，这是洗涤效果很高的新技术；专家还设计了一个准确性高的确定煤气含氟量的装置，从而消除了过去准确性不够的弊病。

（4）建设施工附属企业基地的选择和制定设计任务书：包钢建设

施工附属企业基地的选择和设计任务书是在鞍钢总顾问罗曼克专家和专家组长库里斯克等十余位专家参加下编制的，编制过程中专家提出了许多建议，如库里斯克专家建议附属企业应从整个区域考虑，不仅仅是单独一个冶金企业的问题，因为单从一个冶金企业考虑是不经济的。罗曼克专家建议在固定热电站建成以前，应在原有发电厂的基础上加以扩大，这就保证了施工阶段的电源问题。专家还在基建材料和施工机械设备以及水、电、运输互相成为一个整体等方面提出一系列建议。

（5）包钢初步设计审查工作：包钢于1955年开始设计审查工作，苏联派来了以柯瑟列夫及安德列耶夫为首的专家工作组，来审查存在的问题，以使设计更能符合我国的具体情况。专家根据各方面的情况加以研究，并亲临现场加以比较，使初步设计中各主要问题得到较为合理的解决。在当时包钢设计被认为是世界上最现代化的、最新的、技术最先进的设计，而且是更符合我国具体情况，最大限度节约投资的设计，包钢初步设计表明了苏联对我国无私的帮助。

（6）施工准备和生产基地的建设：这项工作由专家组长马斯良也夫和斯捷班斯基、米乔尔金以及扎哈洛夫等6位专家参加，他们对包钢施工用生产技术基地初步设计的意见、有关厂区施工用水、用电计算问题、施工机械国外订货问题以及对临时管道加工厂工艺过程问题等方面提出了不少建议，对于包钢的顺利施工和加速包钢的基本建设起了重要的作用。

（7）基建与生产同时并进：这一阶段专家提出建议2000多条，其中重大建议有60多项，在确保1号高炉出铁的奋战中，全体苏联专家表现出高度的国际主义精神和忘我的劳动热情，加班加点，夜以继日在高炉工地上苦战，有时连续十几个小时顾不上吃饭。苏联专家在高炉开工、高炉高压炉顶设备的安装调整、鼓风机安装调整、主卷扬机调整、称量车安装调整等技术复杂的工作中起了重大作用，提出的558条建议对保证1号高炉顺利地提前一年投产做出了很大贡献。1号高炉出铁后，对 2 号高炉施工和 1 号平炉的施工生产也付出了不少力量。

以上是苏联专家在包钢所做工作的一部分，可以说来包工作的专家基本完成了他们的任务，培养了包钢的技术人员，推动了包钢的建设工作。

苏联在中方人员的俄文学习方面也给予了很大的帮助。1953 年 9 月，国家给包头筹备处调来四个苏联姑娘任俄文打字员，分别叫西玛，扎格洛娃，玛丽亚，娜佳。[1] 她们对于当时苏联专家的一些文件的处理起了很大的作用。筹备处办起俄文实习班，由这几位早期的苏联职工担任教员，利用每周二、四、六的下午两个小时授课，使当时筹备处大多数职工的俄语水平得到不同程度的提高，但不到一年时间，四位俄文打字员被苏联政府召回。业余俄文教学工作由中苏友好协会主办，十年来在呼和浩特、包头、海拉尔等地开展业余俄文教学班，最高每年开办过 20 个班次，学员高达 2171 人，最低也有 15 个班次，学员达 1000 余人。毕业的学员能够翻译和阅读一般的俄文书刊。[2] 由于当时掌握俄文的人少，所以这些培训班在中方从苏联引进技术的过程中起到了很大作用。

苏联专家对于从苏联引进钢铁工业的最新技术装备起到了关键作用，这些新技术包括 1513 立方米国内最大的高炉，高压炉顶操作，500 吨的大平炉，汽化冷却，在焦炭化学工厂采用新的汽化脱酚法，在中央试验室设有示踪原子检验等，这些新技术在当时的中国是没有的。[3] 在施工过程中，斯捷班斯基组长试验应用了压浆混凝土技术，在国内也属于首创技术。[4] 这些引进的新装备都是在苏联专家指导下完成。为

---

① 张宗奇：《参加包钢筹建工作的回忆》，《包钢史料选辑：1—10 辑合订本》，包头钢铁公司厂史办公室，1982 年第 1 辑，第 17—24 页。

② 《内蒙中苏友协十年来工作情况》，内蒙古档案馆档案，案卷号：309 - 1 - 125，第 31—39 页。

③ 《包钢建厂初期工作总结》，包钢档案馆档案，案卷号：1 - 17 - 69，第 44—66 页。

④ 《苏联专家组组长斯捷班斯基在包工作总结》，包钢档案馆档案，案卷号：1 - 17 - 0382，第 46—54 页。

了保证专家意见的执行情况良好，还制定了专家建议通知书及与苏联专家的谈话或会议记录，采用图文并茂的方式，使建议内容通俗易懂，还写明执行单位和贯彻人，便于执行。

苏联对中国钢铁工业的重大帮助之一是苏联专家帮助中国钢铁行业培养了许多技术人才。一方面包钢送出一批人员去苏联学习深造，另一方面在包钢工作的苏联专家对中方人员言传身教。《内蒙古日报》的一篇报道称：苏联专家在帮助包头建设的过程中，亲手培养了大批技术人才。就"冬季施工""组织设计""怎样保证工程质量""工艺管理"等问题，对工程技术人员做过百余次报告，解决了许多疑难问题，增长了技术知识。[①] 在包钢焦化厂建厂时，在苏联专家、苏联科学院硕士米罗什尼钦的指导下，制出 49 个配煤试验方案，依次进行试验，对比分析适用于大型高炉的实验结果，参加项目的同志学到了精湛的技术。焦化厂的每项重要工程都是在苏联专家指导下进行的，如在焦化鼓风机的安装过程中，苏联机械专家列顿比克尔一次又一次地亲手检查，向工人们介绍安装经验和安装方法。[②] 苏联专家的这种做法一直贯穿在包钢建设中的各个技术领域，解决技术问题的同时培养了技术工人。

苏联专家对技术的严谨和敬业精神影响教育了中国的技术干部和工人。苏联专家在施工生产过程中提出了许多宝贵意见，并对施工质量要求非常严格，亲自在现场指导施工，及时提出处理办法，他们认真负责的工作作风非常值得学习。炼铁专家希洛瓦特克在高炉砌砖时，每天爬到炉内围管里面，指导技术工人如何砌好砖并保证质量；[③] 煤气专家玛茨发现高炉只有一个煤气放散阀，导致高炉多余煤气放不出去，会降低铁的质量，根据他的建议又增加了一个煤气放散阀解决了问

---

① 《包头建设得到苏联巨大帮助》，《内蒙古日报》1957 年 10 月 20 日，第 1 页。

② 《1959 年包钢专家工作总结》，包钢档案馆档案，案卷号：1 - 17 - 0382，第 91—119 页。

③ 《希洛瓦特克专家工作总结》，包钢档案馆档案，案卷号：1 - 17 - 0382，第 82—88 页。

题。[1] 包钢的技术干部工人很尊重专家的建议，专家的大多数建议被采纳并认真执行，由于客观原因不能执行的，也会说明原因。据不完全统计，几年来专家共提出重大建议 200 多项，其中 1958 年和 1959 年约有 50 项。[2] 这些建议及时解决了施工中的问题，为建设提供了有利条件。

三 向苏联专家学习的形式

包钢从成立之日起，就一直贯彻国家的思想，向苏联专家学习，包钢采用了多种向专家学习的形式：

（1）固定专人向专家学习，每个专家都配备了一至两名技术助理向专家学习，协助专家工作。

（2）与专家共同在现场工作，向专家学习，这是一个最有效的学习方法。

（3）开专业训练班，请专家讲课，向专家学习。把这种方法用在突击培养某一专业人员上，这样可以在较短的时间内，培养出急需的技术力量。

（4）请专家做专题报告或专题座谈会也是个很好的学习方法，特别是解决某一专门问题时更有效，做好会议记录、谈话记录等，认真执行专家建议。

（5）通过研究和执行专家建议向专家学习，这也是包钢向专家学习最经常的方式。专家的丰富技术知识和工作经验，主要表现在他所提出的各种建议上，很好地研究学习这些建议，就可以提高技术知识和技术水平。包钢还对其中重要的专家建议和一些技术经济价值较大的技术资料进行了汇编，来帮助掌握学习苏联的先进经验和科学技术知识。

---

① 《玛茨专家工作总结》，包钢档案馆档案，案卷号：1－17－0382，第 65—68 页。

② 《包钢专家检查报告》，包头钢铁（集团）公司档案馆文书档案，案卷号：1－17－0382，第 1—21 页。

四　苏联专家工作的特点

苏联专家对选址、勘探、扬水试验、初步设计、基本建设开始、焦炉出焦、1号高炉出铁、1号平炉出钢、生产调整等方面都进行现场指导，解决施工中的技术问题，在这一过程中传授技术，培训技术工人干部，对解决包钢建设的设计、施工、生产各个方面都做出了巨大贡献。[①] 苏联专家来华工作的特点在这一时期是影响包钢技术活动的重要因素，苏联专家担任着包钢初步设计与施工的主要技术职责，所以他们的意见执行情况对技术活动的进行至关重要。

苏联专家的作用在包钢建设过程中是不容忽视的，几年来专家提出的重大建议解决了包钢建设工作中的不少技术问题，同时也为国家节约了大量的资源。专家组长斯捷班斯基向市委工作汇报时指出，包钢提前出铁是可以的，但是需要解决存在的一些问题，如对黄河水源的预应力砼管代替钢管提出质疑，强调要重视矿石试验，对辅助石灰石开采等问题也表示了担忧，所有这些最后都成为包钢技术不能正常发展的重要影响因素。[②]

包钢技术工人与苏联专家的合作，多数情况下是信任的，友好的，能够尊重专家建议，按专家意见执行，执行效果符合实际需要，但也有一些问题。

首先，有时技术工人不虚心，怀疑专家建议的正确性，不能及时研究与及时解决专家建议中的一些问题，并且对专家建议的组织研究、贯彻没有专门领导负责，执行专家建议不坚决，部分执行的也有许多严重的问题；还有对专家建议不表示反对，也不及时贯彻。这也反映出当时在与苏联专家合作过程中存在的问题。包钢技术工人有点不愿

---

① 《包钢七年来的专家工作总结》，包钢档案馆档案，案卷号：1-1-0390，第98—112页。

② 《驻包钢苏联专家组长斯捷班斯基同志向市委汇报记录》，包钢档案馆档案，案卷号：1-17-0382，第92—95页。

意和专家研究问题，尤其是在修改设计时，设计院不希望有设计监督专家参与，当修改设计受到专家意见的反对时，就更不愿意和专家合作了。

其次，对专家工作的安排不够具体、细致。不能及时介绍情况，提出任务，临时有事临时找专家，有的更是把专家当验收员，出了问题找专家，专家作用不能很好地发挥。专家无法及时了解有关国家和企业内部每个时期的重大方针指导以及企业内部新的决定等，也没有建立定期与专家联席会议制度，各业务处供给专家资料不及时。虽然专门设立的专家工作机构，在生活接待友好交往方面做得很好，但专家与厂矿之间的工作联系少，有脱节现象；也缺乏全盘考虑，没有组织好向专家学习的问题。

再次，聘请和延聘专家方面存在缺点，聘请专家计划常变，建设项目变动太大，有时提前，有时推后。聘请专家不是包钢根据需要自己聘请，而是由对外国专家局来聘请，有的聘请提前来了没事做，开工时专家在华期限到了，再延聘，专家有意见。还有临时增聘的专家不能及时来华，工作也受到影响。

最后，翻译工作质量不高，人员数量不够，专家不满意。大多数翻译人员都是从武钢、鞍钢借来的，翻译工作不是其原来的本行，工作质量不高。包钢一直也想组织翻译的学习，但因专业不同，时间也有限等问题，对翻译的培养工作直到苏联专家撤走也没有很好地解决。

当时在包钢工作的苏联专家 9 人，家属 13 人，共计 22 人。苏联专家与包钢的建设者们关系友好，包钢 1 号高炉也被命名为"中苏友谊炉"，以纪念苏联的无私援助和专家的忘我劳动。1960 年 8 月 2 日，包钢接到正式通知：驻包钢全体苏联专家在 8 月 16 日前到北京，8 月 20 日离京回国。8 月 10 日，全体苏联专家结束在包钢的工作。

第二节 本土工程师的培养

一 技术专家领导者的培养

虽然有苏联专家从事和指导包钢建设的主要技术活动，但对于已经有一定钢铁工业基础的中国而言，培养和任用自己的工程师是主要策略。这些工程师有的是从苏联培养后回来任职，有的是从其他钢铁公司培养调任过来，还有从不懂专业到最终被培养为某领域专家的民族干部。这里主要介绍1954—1965年在包钢担任工程师的五位领导者，研究他们在包钢初期建设时期所从事的技术活动。（见表6-3）

表6-3　　　在包钢担任经理及副经理职位的五位技术型专家领导

姓名	学习背景	任职情况
杨维	1948年冬—1951年初，本溪煤铁公司总经理；1951—1953年，苏联钢铁组实习	经理（1954.5—1960.9） 副书记（1956.5—1960.2） 书记（1956.5—1957.9）
李超	1954年2月—1957年3月在鞍钢实习，后担任鞍钢副经理，带着工作任务学习	副经理（1954.5—1961.6） 经理（1961.6—1963.8） 副书记（1957.10—1963.3） 书记（1963.3—1965.4）
刘克刚	未找到相关资料	副经理（1957—1963.8） 经理（1963.8—1965.6）
杨阁森	1955—1956年9月东北工学院钢铁企业管理干部培训学习；1956年9月—1959年10月北京钢铁学院冶金专业	包钢人事处处长（1954） 包钢钢铁试验厂厂长（1959.10—1960.5） 包钢炼铁厂厂长（1960.5—1961.10） 副经理（1961.10—1965.6） 经理（1965.6—1968.2）

续表

姓名	学习背景	任职情况
乌力吉那仁（蒙古族）	1957 年 8 月—1958 年 8 月，在鞍钢实习	副经理（1956.10—1963.12） 副书记（1964.3—1965.6）

资料来源：（1）资料组：《包钢 1954—1966 年经理副经理名单》，《包钢史料选辑：1—10 辑合订本》，包头钢铁公司厂史办公室，1982 年第 3 辑，第 52—53 页。（2）《包钢志·第十六编人物志（1927—1990）》，包头钢铁稀土公司档案馆，1993 年。（3）《历史镜头中的包钢》，包钢（集团）公司办公厅，2004 年，第 488—491 页。

表 6 - 3 中有 4 位担任过包钢的经理，还有 1 位少数民族干部担任过副经理。因未找到刘克刚经理的相关资料，下面重点介绍其他几位技术型领导。

二　从苏联归国参与包钢筹建的第一任总经理杨维

1953 年 4 月 23 日，重工业部钢铁管理局批示成立包钢筹备组，国家委派钢铁管理局副局长杨维兼任组长。之后，杨维成为包钢第一任总经理，负责管理包钢建设。

杨维是负责包头钢铁基地筹备工作的首任经理，1953 年他带领全体职工平地起家开始筹备建厂，历经近十年的艰苦创业，一座草原钢城终于建成。

杨维 1911 年生于吉林省双城县，[①] 1928 年考入中苏合办的哈尔滨特别区立工业大学预科，翌年考入北平大学俄文法学院预科，1932 年加入中国共产党，与李一凡等人建立起中共俄文法学院支部。[②]

---

① 李刚：《一个铁骨铮铮的包钢人——春来塞外忆杨维》，《中国冶金史料》1986 年第 1 期，第 52—56 页。杨维夫人李刚在文中提到他生于 1911 年；本钢志、包钢人物志、包头科学技术志等称他生于 1912 年，但又写到终年 54 岁。

② 《包钢志·第十六编人物志（1927—1990）》，包头钢铁稀土公司档案馆，1993 年，第 15—46 页。

1948 年任本溪煤铁公司总经理，领导职工在战争废墟上建设人民钢铁企业。这一时期，他埋头苦学，包括大学基础课和冶金、机械等学科知识，每天只睡四五个小时，不辞劳苦，学习工业管理、冶炼技术，组织干部及技术人员参加夜校学习，钻研技术。[①] 在苏联专家的协助下，快速恢复了高炉、平炉、铁矿等生产，重建人民的煤铁基地，培养出一大批懂技术、会管理的领导骨干。[②] 工程师靳树梁曾是国民政府委任的公司总经理，[③] 杨维推荐他担任本溪的工程师，本溪很快流出战后由中国人炼出的第一炉铁水，向建党 28 周年献礼。"这是一副负重的脊梁，脊梁上驮着信念，驮着希望，驮着新中国钢铁工业的曙光，在苍凉的辽东山区的荒野上，踩着荆棘，踩着凄风苦雨，踩着严寒冰沙，踽踽而行……"[④] 这段话记录了他为新中国钢铁事业的发展所付出的艰辛。

1951 年东北工业部从冶金、煤炭、机械等行业选出了 100 多名领导与技术干部去苏联实习。[⑤] 杨维负责带领钢铁组 25 人从莫斯科到乌克兰第聂伯捷尔任斯基钢铁厂实习。他先后担任炉前工、班长、炉长、技师、车间主任、厂长、总工程师及经理，掌握了冶金技术并积累了丰富的经验。

1953 年春杨维回国，任重工业部钢铁工业管理局副局长，负责筹建包头钢铁公司，其间还担任中共中央华北局包头工业基地建委委员，参与制定包头城市建设规划。1953—1957 年，杨维领导包钢筹备组进

---

① 王俭秋：《负重的脊梁——记本溪煤铁第一经理杨维》，载钱之荣、李德臣《创业者的风采》，辽宁古籍出版社 1994 年版，第 180—194 页。

② 本钢史志办公室：《本钢志》第 1 卷《人物志下（1905—1985）》，辽宁人民出版社 1992 年版，第 325—326 页。

③ 靳树梁（1899—1864）：冶金学家，炼铁专家，冶金教育家，中国科学院学部委员（1993 年改称院士）。

④ 胡世宗：《火与铁熔铸的人——记钢铁专家靳树梁》，载《最后十九小时》，解放军文艺出版社 1997 年版，第 292 页。

⑤ 李刚回忆说是 1950 年杨维带队去苏深造，实为 1951 年。

行了一系列准备工作，具体筹划包钢的总体设计，争取中央各部门的支援，调集人员，打开局面。1957 年 7 月包钢开工，杨维带领第一批职工全力投入建设。

杨维早期学习俄文及工业大学的背景，以及他吃苦耐劳、无私奉献的精神，使他有了从事冶炼行业的基础；在本钢期间，他拼命学习冶金工业的基础课和专业知识，积累管理钢铁企业的实践经验，为建设包钢奠定了扎实的基础；在苏联近两年钢铁厂各岗位的实习经历，使得他成为新中国成立后管理钢铁工业鲜有的内行，成为筹建包钢技术和管理的最佳人选，并胜任包钢首任经理，对开展后期包钢的建设工作打下了基础。

杨维筹建包钢的工作中重要的一项就是集结人员，培养人才，杨维对各级领导干部要求非常严格，要求领导干部们重视学习文化知识和专业技术。指出包钢建成后必须有一大批懂钢铁工业的内行，并具有综合科学技术和文化知识的干部，才能领导和管理好这座现代化的大型钢铁联合企业。[①] 这一培养人才的理念一直贯穿在包钢建设中，为包钢培养了一大批专业技术干部。当时杨维安排的学习分三个方面：一是政治学习，学习华北局和重工业部钢铁局布置的时事学习，以及《联共（布）党史》及《中共党史》。二是业务学习，听苏联专家讲课及各项专题报告，也有各部、局级专家讲课等。三是俄文学习。[②] 任职期间杨维还兼职包钢钢铁学院的院长，一直主张重用知识分子，依靠科技进步，重视提高劳动者的素质，提出"要实现工业化，首先学好数理化"的口号。在筹备包钢建设阶段，主要开展的两项工作就是培养技术干部和工人以及生产准备，从 1954 年起杨维就开始组织干部和技术工人的培训工作，通过选送一部分人去兄弟厂、矿学习，或到高等学校培养，开办技术工人学校，培养高级技术工人，派送部分人员

[①] 《包钢志：人物志》，包头钢铁稀土公司档案馆，1995 年，第 14—32 页。

[②] 章肇谟：《包钢筹建和建设初期团员青年活动回忆片断》，《包钢史料选辑：1—10 辑合订本》，包头钢铁公司厂史办公室，1986 年第 9 辑，第 45—48 页。

去鞍钢、石景山钢铁厂及苏联等钢铁企业实习，派送部分人员去国外实习，还进行了各项生产技术物资、技术资料等准备工作。据统计，到 1954 年 9 月 12 日，公司共有职工 10937 人，杨维选派了 357 人去鞍钢、北满钢厂、石景山钢铁厂、太钢、本钢学习。[①] 后续一些重要工程师领导人都是在这一时期被培养成为钢铁行业的内行，通过培训，一批满怀理想的干部、工人、农民、复转军人、知识分子等从各地云集包头，成为包钢最早的技术干部和工人，是包钢最早的创业者。

杨维对包钢的建设任务与存在的问题有着清醒的认识：包钢当前的建设任务是重大的，而国家的投资是有限的，因为需要在尽量设法少花钱的前提下，在保证质量的情况下按计划完成建设任务；包钢遇到的问题是技术设计、施工图纸有些要修改，设计院有的专业力量又不足；原材料不够，而需要紧迫；设备订购与建设进度要求也有些不相适应；职工中绝大多数人是外来的，而目前福利设施的建设却赶不上需要；协作部门的工作步骤也需要进一步统一。杨维在开工典礼大会上的开幕词中两次强调要在保证工程质量的前提下尽量节约，按期或提前超额完成任务。[②]

1958 年 11 月末，中共八届六中全会在武昌举行，会上乌兰夫就包钢建设问题向党中央做了汇报，毛主席说，要想办法为包钢解决问题。周恩来总理为此专门接见了包钢经理杨维，听取了包钢建设工作的汇报，并指导拟订了解决包钢建设中存在困难的具体方案。后来在党中央和周恩来总理的关怀下，出现了全国支援包钢的大场面，人民日报发表了社论《保证重点支援包钢》，[③] 包钢建设面临的困难局面发生了根本性变化。

---

① 资料组：《包钢筹备初期机构设置和人员集结》，《包钢史料选辑：1—10 辑合订本》，包头钢铁公司厂史办公室，1982 年第 1 辑，第 37—39 页。

② 《勤俭建设包钢，完成祖国交给我们的光荣任务》，《内蒙古日报》1957 年 7 月 27 日，第 2 页。

③ 《保证重点支援包钢》，《人民日报》1959 年 1 月 28 日，第 1 页。

在这一时期，国家路线、方针符合实际，是钢铁行业正常健康发展的前提。在苏联援建包钢的进程中，杨维作为一个懂技术的管理钢铁工业的内行，在正确的政策的指引下作为一名专家发挥了重要的作用。1953年杨维担任包钢筹备组组长后，首先在苏联的帮助下，进行了选址、厂区勘测、设计审查、调集培训技术干部和工人，进行生活基地和施工基地的建设等，当时条件很艰苦，但是工作循序渐进，按部就班，符合建设程序，使包钢如期进入大规模建设阶段。其次，杨维很重视技术骨干的培养，多次选送干部和技术工人到鞍钢、北京钢铁学院、东北工学院等地培训学习，实践锻炼；在实际工作中，向苏联专家学习，但不迷信苏联专家，这些举措不仅为包钢后期的生产建设培养了一大批工程师和技术工人，也奠定了钢铁技术自力更生的基础。

在一片荒草沙原、经济落后的内蒙古西部地区——包头，平地起家建设一座现代化大型钢铁联合企业绝非易事。首任经理杨维为包钢的建设做出了巨大的贡献，作为技术专家型的领导，他在包钢的早期建设过程中起着至关重要的作用。他指挥包钢进入大规模建设工程，带病坚持在建设工地上。杨维敢把不合时宜的做法尽量制止，还写信反映给中央，是需要勇气和伟大的科学精神的，他遵循科学原则的做法是值得提倡的。1964年杨维病逝于北京。2012年包钢以企业开拓者和劳模命名道路，其中一条便是杨维路，[①] 以纪念包钢的首任经理有开拓包钢事业之功。

1953年至1962年，杨维作为包头钢铁公司（简称包钢）首任经理，负责包钢的筹建工作，主持、参与了包钢选址、厂区规划、集结人员、培养人才、争取外援等大量工作，带领第一批员工开始大规模建设。杨维在包钢创建初期做出了重大贡献。这也反映了他对国家的高度责任感，尊重科学及实事求是的工作态度，以及自我牺牲的精神。

---

① 内蒙古日报：《包钢以企业开拓者和劳模命名道路》，2012年4月16日，http：//inews. nmgnews. com. cn/system/2012/04/16/010752569. shtml。

在工业基础落后的边疆建起一个大型钢铁联合企业，杨维有开创包头钢铁事业之功，正是因为有像杨维这样一大批创业领导者的无私奉献，中国的现代工业才能在短时间内快速建立。

三　参与平地起家建设包钢的经理李超

1953 年华北局成立了包头工业基地建设委员会，调任当时华北局青委书记兼青年团华北工委书记李超参加包钢筹备的领导工作。1954年 2 月，李超带领 24 人到鞍钢学习基本建设。后担任鞍钢副经理，带着工作任务学习，先后学习了焦化生产、土建施工、机械设备安装、高炉的安装、筑炉砌砖等生产情况和生产工艺，以及炼钢厂和初轧厂等各施工专业的基本知识，并向苏联专家学习。[①] 1957 年 3 月李超回到包钢负责筹建包头冶金建设总公司，任经理，开始了包钢的大规模建设。随着建设任务的需要，包建、包钢、设计院合并，李超先后担任包钢副经理、总经理、书记等职务，参与了包钢的基地建设、高炉出铁、平炉出钢，为全国支援包钢奔走，组织和指挥包钢建设。在 1 号高炉出铁时负责接待了周恩来总理，[②] 向周总理汇报包钢的建设情况。1960 年 5 月 1 日，中共包头市委书记李质、包钢党委书记兼副经理李超为 1 号平炉点火烘炉，20 点 25 分，1 号平炉炼出第一炉钢。1964年邓小平同志视察时，李超站在"包钢平面透视图"和"包头市建设规划图"前，向邓小平同志介绍包钢的建设、生产情况和今后的规划，也就是在这一次，邓小平同志在考察了白云鄂博后做出了包钢"以铁为主，综合利用"的指示。1965 年李超调离包钢，担任冶金部副部长。

1958 年 7 月以中国科学院技术科学部主任严济慈为首的访苏冶金小组赴苏联进行考察。在苏联考察期间，严济慈与访苏冶金小组成

---

① 李超：《转业到鞍钢》，《中国冶金史料》1985 年第 1 期，第 39—41 页。

② 李超：《平地起家建包钢》，《包钢史料选辑：1—10 辑合订本》，包头钢铁公司厂史办公室，1986 年第 9 辑，第 11—16 页。

员、冶金工业部副部长刘彬就 1959 年在包头建立一座从包头矿中提取稀土金属的试验工厂问题进行商谈。商定由刘彬回国后向冶金工业部党组进行汇报。7 月 27 日，刘彬致函严济慈，称回国后已向冶金部党组做了汇报，冶金部党组原则上同意稀土试验工厂的建立由国内承担，由中国科学院负责得出试验结果与流程，冶金部负责投资建设。同时，冶金部党组决定将包头稀土金属工厂（包括中间试验工厂）交由包头钢铁公司负责筹建与领导。包钢副总经理李超根据冶金工业部的意见，就在包头筹建稀土金属厂事宜赴北京、上海，与冶金工业部有色金属司、有色冶金设计总院、上海冶金陶瓷研究所等单位的负责人交换意见。8 月 28 日，李超将其考察后提出的《关于包头稀有稀土金属的科研试验情况和建厂筹备的初步意见的报告》呈送冶金工业部。9 月 1 日，李超回到包头后又将上述报告送交中共包钢委员会并中共包头市委。在报告中，李超建议"立即建立包头稀有稀土金属冶炼厂的筹备机构"。9 月上旬，包钢抽调 12 名干部（其中行政干部6 名，工程技术人员 6 名）组成稀土金属试验厂筹备处。同年 11 月 3 日，包钢下达〔1958〕办字第 1219 号文，决定成立有色金属厂筹备处。包钢稀土建厂筹备机构正式定名。①

四　从头学起到管理钢铁行业内行的杨阁森②

杨阁森少年时期只上过 5 年私塾，但特别爱学习，1954 年调到包钢参加筹建工作。任包钢人事处处长期间，杨阁森受杨维的影响很深，积极投入文化知识和科学技术的学习中，努力使自己成为一名合格的冶金企业领导干部。从 1955 年初到 1959 年 10 月，在东北工学

---

① 《包钢志大事记（1953—1990）》，包头钢铁稀土公司档案馆，1993 年，第 28—29 页。

② 张继勋：《杨阁森同志在包钢》，《包钢史料选辑：1—10 辑合订本》，包头钢铁公司厂史办公室，1986 年第 9 辑，第 38—42 页。《杨阁森传》，包头钢铁稀土公司档案馆，1995 年，第 84—94 页。

院和北京钢铁学院进行冶金专业学习，经过 5 年的学习和深造，杨阁森以优异的成绩毕业，成为一名内行的钢铁企业管理干部。在包钢钢铁试验厂任职期间，杨阁森承担包钢的钢铁冶炼与轧制方面的新工艺、新品种科学实验工作和部分生产任务，建起 55 立方米的 4 号高炉投产。1960 年，杨阁森放弃担任内蒙古自治区重工业厅厅长的职位，认为包钢花 5 年时间把他培养成一个冶金专家和钢铁企业管理干部，他要留下来建设好包钢。他先后担任包钢炼铁厂党委书记兼厂长，一年后，调任包钢副经理，1965 年 5 月任包钢经理。这一时期包钢经过调整，度过了三年困难时期，生产和建设日益恢复，是包钢的第二个发展黄金期，包钢扭亏为盈，部分经济技术指标还跃居全国同行业的先进行列中，杨阁森对包钢首次连续三年出现盈利局面做出了贡献。为此，包钢还受到冶金部、华北局及内蒙古自治区的表扬。1971 年，杨阁森在包钢的工作岗位上因操劳过度逝世，终年 52 岁。

五 第一位民族钢铁工业管理者乌力吉那仁①

包钢建在以蒙古族为主体的内蒙古自治区，国家从一开始就注重培养少数民族干部，1956 年 11 月，乌力吉那仁调到包钢工作，担任副经理，先是分管矿山，不懂的地方就向矿山技术人员请教。1957 年 8 月乌力吉那仁到鞍钢实习，第一步先按生产流程全面参观鞍钢联合企业，包括矿山、选矿、烧结到冶炼、轧材、辅助厂子、车间等；第二步以矿山为重点，系统学习采矿专业知识，先由矿山教育科按专业安排工程师、技术员讲课，然后到鞍钢最大的露天矿大孤山矿现场观看操作，后又在选矿、烧结、炼铁厂学习近一年。1958 年 8 月乌力吉那仁回到包头兼任矿山公司经理，组织了卡布其石灰石矿的勘探，把石灰石矿的开采从山西安朔县的洪涛山迁到卡布其，建设起重要的辅助矿山系统。

---

① 乌力吉那仁：《在包钢工作的回忆片断》，载《包钢史料选辑：1—10 辑合订本》，包头钢铁公司厂史办公室，1983 年第 4 辑，第 4—14 页。

总体而言，这几位技术型专家领导者有如下共同特点：非常重视干部文化知识和专业技术的学习，首先从把自身培养成为管理钢铁行业的技术人才做起，从外行到内行，从头学习钢铁冶金的专业知识和管理方法，使自己成为某个领域的技术专家，担任包钢第一代钢铁管理内行的专家决策者。受大环境的影响，出国实习的人员选择前往苏联学习。当时没有专门的冶金教育系统，培养人才的最直接方法就是去其他钢铁厂直接参加生产实践。大多数人没有任何专业基础，学习人员完全出于一种为建设国家的热情，以分配什么就干什么，需要什么就学什么，缺什么补什么的精神来学习钢铁专业知识。作为技术骨干，这些工程师担任包钢从筹建到建设生产的工作，基本保证了包钢生产建设的正常进行。

第三节　成立各类研究机构培养高科研技术力量

一　成立包头黑色冶金设计院

为了培养自己的设计力量，重工业部决定成立包头黑色冶金设计院（简称包院），承担包钢除选矿、烧结、轨梁、无缝4个厂以外的全部施工图的设计和现场设计监督工作。当时包院是继北京、武汉、鞍山设计院之外的第四个重点钢铁设计院。1957年12月，北京黑色冶金设计总院包钢工程设计总工程师史星三及副总工程师谭振雄带领工程技术人员、行政管理及辅助设计人员共计455人连同家属从北京前往包钢成立了设计院。[①] 其中技术干部270人，包括高级工程师、工程师53人，技术员199人，行政领导干部包括院长在内仅8人，技术力量占到一半以上。刚开始重工业部除了把包钢原定设计任务交给设计院外，还增加内蒙古自治区、宁夏、甘肃、青海及新疆的钢铁

---

① 姜志鹏、顾钧：《包头黑色冶金设计院诞生前后》，《包钢史料选辑：1—10辑合订本》，包头钢铁公司厂史办公室，1986年第9辑，第64—65页。

厂设计任务，采取"确保包钢，满足地方"的方针完成各项设计任务。苏联撤走专家后，又担负起原国外设计的任务。完成的代表性设计主要有：包钢2号1513立方米高炉的高压炉顶及电除尘；500吨平炉和1300吨混铁炉重大结构改进；350吨铸锭吊车设计制作任务书；1150毫米初轧全套设计等，达到了当时的国际先进水平。1963年研制的频敏变阻器荣获国家二等发明奖。[①] 设计院先后为25个省、市、自治区的200多家企事业单位提供设计，由包院提供设计而建成的比较完整的钢铁企业有包钢、酒钢、韶钢、兰钢、呼钢、"八一"钢厂、西宁特殊钢厂、西北铁合金厂等。[②]

包院一直是全国冶金工业系统的重点钢铁设计研究院之一，是我国钢铁战线上一支重要的技术力量。

二　成立包钢钢铁研究所

包钢钢铁研究所建于1958年6月，设有13个研究室和4个生产试验车间。根据冶金部指示，原包钢钢铁研究所撤销，成立包头钢铁公司冶金研究所。[③] 最初的50名技术人员都是从鞍钢中央试验室调来的技术干部和工人，开展炼钢、炼铁、轧钢、铸造、新钢种、金相、同位素、化学、机械、岩相等研究，还有机械加工厂，承担试验研究所需要的非标准设备制造和机动设备的维护检修任务。1961年，包钢钢铁研究所调来北京钢铁研究院40余名工程技术人员，北京有色金属研究院的20名技术人员，研究力量逐渐加强。研究所还设有图书情况和编辑出版机构，不定期出版《科研简讯》和《试验研究报告文集》等刊物。从1960年到1966年，国家投资110万元，从苏

① 姜志鹏：《包头黑色冶金设计院的成长》，载《包钢史料选辑：1—10辑合订本》，包头钢铁公司厂史办公室，1986年第9辑，第65—67页。

② 《冶金工业部包头钢铁设计研究院院志（1957—1987）》，包头钢铁稀土公司档案馆，1993年，第16页。

③ 《包头钢铁公司编年纪事（1927—1984）［征求意见稿］》，包钢厂史办公室，1984年，第74页。

联、英国等国家进口了光栅光谱分析仪、电子显微镜和各种光学显微镜、高频感应电炉等 92 台大型和精密设备，职工人数达 500 余人，其中工程技术人员 100 余名。1959—1965 年取得的重要科研成果有：[①]

（1）1959 年，根据中国科学院上海冶金所的报告，钢研所利用含稀土的高炉渣，以硅铁还原法在反射炉和电弧炉中试制成功含稀土 20% 左右的稀土硅铁合金。

（2）1960 年，利用稀土硅铁合金为球化剂处理球墨铸铁成功。在无锡柴油机厂进行了国内第一次稀土球墨铸铁工业试验，为稀土在铸铁中的应用开创了新领域。

（3）1962 年，成功试制稀土铸钢渣罐，解决了渣罐的热裂问题，寿命提高一倍。

（4）1963 年，成功试验用熔化前期放渣炼钢脱磷方法，缩短了冶炼时间，解决了 500 吨固定式平炉以中磷铁水炼钢的难题。

（5）1964 年，在包钢炼钢厂的协作下，为提高沸腾钢坯收得率，在国内首先取消沸腾钢锭机械封顶，采用硅铁化学封顶方法，使沸腾钢坯切头率从 6% 降低到 2.5%；大规模开展提铌的试验工作，根据试验成果，1966 年成立试验厂（今稀土二厂）；高炉铁口改用无水炮泥，提高了铁口使用周期，推广应用于武钢炼铁厂；广泛进行了稀土、铌在钢铁中作用机理和新钢种的研究工作，建立了矿石、炉渣和钢铁中稀土、铌和高磷化学分析的快速方法和标准方法。

（6）从 1964 年开始，钢研所就研究高碱度烧结矿，对包钢高氟高磷低硅低铁的铁精矿问题，从其矿物组成、微观结构到烧结工艺，进行了系统的试验研究，直到 1976 年成功完成试验，应用于生产。

钢铁研究所有健全的科研体制，适应包钢的科研工作需要，对包钢生产、提高质量、扩大品种、降低消耗和资源综合利用方面都做出

---

① 张连才：《包钢钢铁研究所概况》，载《包钢史料选辑：1—10 辑合订本》，包头钢铁公司厂史办公室，1987 年第 10 辑，第 45—50 页。

了贡献。从最开始把技术人员从鞍钢、北京钢研院调来，到后来逐渐培养出自己的技术力量，从中可以看出当年包钢及有关部门是非常重视科学工作的，即使在最困难的调整时期，也努力支持科研工作，使钢研所成为包钢生产建设服务的重要科研中心。

三 成立包钢矿山研究室

1963 年冶金部发布以劳字第 4672 号文批准成立矿山研究室（1977 年改名为包钢矿山研究所）的报告，[①] 从而成立了一个包括地质、采矿、选矿、化学分析等专业室和一个情报室的矿山研究室，当时共有 37 人。到 1966 年 6 月，全所共开展了 15 项专题研究，其中四项取得较大成就，分别是包钢平炉初期渣物质成分的研究、铵油炸药的推广、微差爆破的推广应用、联动电机车的试验研究。正当矿研室发展到一定规模、各项研究工作方兴未艾时，受到了"文化大革命"的影响，只有少数人能够进行科研活动。选矿室除继续参加包钢选矿大会战的技术攻关外，还开展了三个专题的研究，其中"原生磁铁矿磁选—混合浮选矿扩大连续试验"取得了较好的指标，为包钢选矿厂四系列的设计提供了依据。白云铁矿和机电室共同完成了铁矿水源自动化专题，实现了铁矿水源设备的遥控和遥讯。

这些研究所、设计院担负着白云鄂博矿这一世上罕见的极为复杂的多金属共生矿开发利用的主要技术难题，最终建成我国钢铁稀土大型联合企业，取得了重大成就，并在钢铁、稀土生产上造就了数以万计的冶金人才，为我国钢铁和稀土企业的发展做出了贡献。

---

① 中共包钢矿山研究所总支委员会：《包钢矿山研究所二十年发展概况》，载《包钢史料选辑：1—10 辑合订本》，包头钢铁公司厂史办公室，1984 年第 6 辑，第 23—27 页。

第四节　技术工人的培养

一　包钢早期技术工人的概况

一个现代化的钢铁联合企业需要大批的管理干部、工程技术人员和技术工人。包钢在筹备期间就主抓这项工作，招收大批青年学生、工人，开展培训工作，自办技术学校或派人去其他钢铁单位学习，以及派人去苏联学习等。随着包钢生产建设的发展，包钢的职工教育也逐渐发展，从初等教育到高等教育，从文化教育到技术教育，从岗位培训到学历教育，逐步形成一个较完整的教育体系。

1953 年 9 月，国家分配给包头筹备处第一批大专毕业生 40 名，应届中专毕业生 32 名，所学专业分别为冶炼、机电、建筑等。[1] 据当年年底统计，筹备处已有职工 581 人，其中北京 147 人，包头 434 人。其科技队伍状况为：专业技术人员 138 名，占职工总数的 11.6%；工程技术人员 11 名，占职工总数的 8.81%，工程师 3 人，练习生 89 人，见习生 39 人。[2] 截至 1954 年 9 月 12 日统计，公司共有职工 10937 人，选派了 357 人去鞍钢、北满钢厂、石景山钢铁厂、太钢、本钢学习生产和基建。[3] （见表 6 - 4）

---

① 张宗奇：《参加包钢筹建工作的回忆》，《包钢史料选辑：1—10 辑合订本》，包头钢铁公司厂史办公室，1982 年第 1 辑，第 17—24 页。

② 《包钢志·第九编科学技术志（1927—1990）》，包头钢铁稀土公司档案馆，1993 年，第 11 页。

③ 资料组：《包钢筹备初期机构设置和人员集结》，《包钢史料选辑：1—10 辑合订本》，包头钢铁公司厂史办公室，1982 年第 1 辑，第 37—39 页。

表6-4   包钢工程技术人员所占比例及全员劳动生产率

年份	年末职工人数（人）	工人（人）	工程技术人员（人）	工程技术人员占工人人数的比例（%）	全员劳动生产率	
					按粗钢计算（吨/人·年）	按总产值（元/人·年）
1958	29146	25474	1589	6.24	0.3	1545
1959	49355	42722	1819	4.26	0.9	2905
1960	63884	55898	1869	3.34	3.8	4562
1961	50045	40683	2661	6.54	3.2	3320
1962	32362	24730	2019	8.16	1.4	2900
1963	28247	21020	1847	8.79	7.0	4708
1964	28304	21120	2234	10.58	10.1	6475
1965	26446	19795	1599	8.08	14.2	8981

资料来源：根据《中国钢铁工业五十年数字汇编》编辑委员会编：《中国钢铁工业五十年数字汇编》，冶金工业出版社2003年版，第939—940页整理计算得出。

从表6-4中可以看出1958年到1961年包钢工程技术人员是逐年增长的，1962年、1963年包钢停产整顿，在包钢尽量减少裁掉技术人员的情况下，依然受到包钢裁员的影响，技术人员锐减，而且这两年的全员劳动生产率也是最低的。1964年到1965年全员劳动生产率大幅度提高，包钢走上正常生产的路线。

据1960年的一份统计，除包头钢铁学院外，全公司设有3所半工半读的大专学校、19所中等专业学校、168个初等技术学习班、183个中等技术学习班、6所技校、8所技训班，并通过各种形式大办职工业余教育，提高工人技术水平，建立了从小学到大学较完整的业余教育体系，共建立了46所业余学校，培养大量的工程师和技术员。[1] 这些专业和业余技术学校，在培养技术人才、迅速提高工人技术水平方面起了重大作用。

二 技术工人的培养

包钢在筹备时期就成立了教育处，[2] 包钢领导非常重视教育工作，

———————

① 《包钢一批工人成为工程技术人员》，《内蒙古日报》1960年10月30日，第3页。

② 任凯深：《教育工作的点滴回忆》，《包钢史话》，包钢关心下一代协会，1994年，第234—238页。

职工学习气氛很浓。包钢在内部开办俄文学习班、描图班、干部学习班，筹建技术学校，培养少数民族干部等，有的送到苏联，有的送到国内一些高等学校和其他钢铁企业培训，学成后回到包钢担任重要的技术职务。

（一）送培技术干部和工人

包钢最初的技术力量都是中央和冶金部从鞍钢成套调用的有经验的建筑安装队伍，由鞍钢给包钢配齐各主要厂矿的技术工人与技术干部。[①] 包钢的行政、技术干部和技术工人骨干大部分也是从鞍山、北京、上海等城市调来的，但这与包钢大规模建设远远不能相适应，包钢边建设边培养自己的技术工人。送培技术工人分成两条路线，一是选送到苏联实习，二是派去鞍钢、石钢等钢铁厂学习基本建设和生产技术能力，最主要是在鞍钢培训，当时采取"老厂带新厂，新厂学老厂"的办法，鞍钢成建制地为包钢、武钢等企业关键岗位培训领导干部和技术骨干。[②] 筹备期间，把学员派到苏联实习是重工业部培养人才的重要方式之一（见表6-5）。

表6-5是重工业部对包钢赴苏联实习的派遣计划，在第一个五年计划期间共派150人，其中为基建100人，为生产50人。但最终，实际只派了28名干部及技术人员去苏联培养实习。[③] 1955年5月包钢、武钢留苏实习进修团赴苏。韩宁夫为团长，赛胜阿为副团长，包钢赴苏人员有赛胜阿、阿力亚、任钦、黄斗寅、顾炎、赵宏、王尚杰、李文学、孟扶樵等24人。[④]

---

① 《包钢建设能否更快更好些》，包头钢铁（集团）公司档案馆文书档案，案卷号：1-1-0246，第68—71页。

② 邓力群、马洪、武衡：《当代中国的钢铁工业》，当代中国出版社1996年版，第463页。

③ 《建设包头钢铁联合企业的几个问题》，包头钢铁（集团）公司档案馆文书档案，案卷号：1-17-0039，第1—25页。

④ 《包头钢铁公司编年纪事（1927—1984）［征求意见稿］》，包钢厂史办公室，1984年，第16—17页。

表6-5

包钢 1953—1957 年赴苏联实习派遣计划

单位：人

建设性质 安装时间	五年合计				1953 年				1954 年				1955 年				1956 年				1957 年			
	合计	工程技术人员	管理干部	熟练工人	合计	工程技术人员	管理干部	熟练工人	合计	工程技术人员	管理干部	熟练工人	合计	工程技术人员	管理干部	熟练工人	合计	工程技术人员	管理干部	熟练工人	合计	工程技术人员	管理干部	熟练工人
总计	150	118	32										44	34	10		56	46	10		50	38	12	
为生产新 1958	50	38	12																		50	38	12	
为基建新建	100	80	20										44	34	10		56	46	10					

说明：表中空白处代表没有该项数据统计。

资源来源：《重工业部对包头钢铁公司赴苏联实习生派遣计划》，包头钢铁（集团）公司档案馆文书档案，案卷号：1-17-0039。

冶金部统一从军队和地方分配抽调部分干部来建设包钢，并在建厂筹备初期就认识到技术干部培养的重要性。在中国当时尚无建厂初期所做各种工作的专业技术干部，而对于建厂筹备中的工作复杂性，如工程地质地形测量、采矿样、矿石精选与烧结、炼铁试验及其他设计资料的收集等工作都具有突击性、不连贯性，都需要专业技术人员完成，也需要懂技术的干部做出合理的工作安排。1955 年在技术干部培养方面，包钢制定了相关的业务学习制度，加强干部的政治学习、业务和文化学习，有的集中训练，培养能够承担所担任工作的技术干部。①

从包钢炼钢厂培养技术工人方面可以看出包钢技术工人的来源及培养方式，基本上大同小异。炼钢厂成立初期，职工由鞍钢调来 70 多名干部和 80 多名工人，由包钢技校调来 79 名学生，还有由骑兵一师转业的一部分军人和一少部分二公司留下的职工。为了让新工人尽快掌握生产技术，以适应开工生产的需要，包钢分期分批将新工人 756 人送往鞍钢第二、第三炼钢厂进行实习。分配固定式平炉，从炉长到工人，从铸锭到原料，从运转到平炉，全部由包钢工人担任。② 这些技术工人经过 1 年时间的实习，在技术方面为包钢炼钢厂 1 号平炉的投产奠定了基础，他们学成后回到包钢担任相应的技术职位。

（二）成立钢铁专业学校

为了适应大规模的钢铁建设，新中国在 50 年代加紧筹建专门的采矿冶金学校，1956 年冶金工业部在包头新建了包头钢铁工业、包头钢铁建筑、包头第一冶金建筑工人技术学校、包头第二冶金建筑工人技术学校四个学校，专门培养包钢建筑、生产、机械修理和电器安装等中等技术人才，为日后包钢生产储备技术工人，其中 200 人于 6 月初前

---

① 《建设包头钢铁联合企业的几个问题》，包头钢铁（集团）公司档案馆文书档案，案卷号：1–17–0039，第 8 页。

② 白锦华、范改山：《从筹建到出钢——简述包钢炼钢厂初期建设》，《包钢史料选辑：1—10 辑合订本》，包头钢铁公司厂史办公室，1984 年第 6 辑，第 9—13 页。

往鞍钢技工学校学习，9月1日开学，首批学员520人注册入学。1957年5月包头钢铁工业学校与包头建筑工程学校合并为冶金工业部包头工业学校，学生达2000多人。1958年《内蒙古日报》刊登了一份冶金工业部包头工业学校的招生简章，共招生500—700名。内容如下：[①]

　　一、培养目标：又红又专的中等技术干部。
　　二、专业设置
　　工业与民用建筑专业三年制
　　金属矿床开采专业三年制
　　炼铁专业三年制
　　炼钢专业三年制
　　轧钢专业三年制
　　三、报考条件：1. 对内招生（略）。2. 机关、厂矿、企业的在职干部或产业工人，思想进步，历史清楚，身体健康，具有初中毕业文化水平，年龄在30周岁以下，经本单位批准者。3. 初中毕业生或具有同等学历的15周岁到25周岁的社会青年，均可报考。
　　……
　　七、考试科目：语文、数学（代数、几何）、物理（炼铁、炼钢加试化学）。

　　从这份招生简章中可以看出学校培养人才的目标、专业设置、招生条件等，这是为了适应我国钢铁工业与包钢大规模建设的需要，根据冶金工业部的计划进行的招生，为包钢培养了大批的技术工人。

　　1958年9月，在原工业学校的基础上，冶金工业部包头工业学校改建制为本科院校，同时兼办中专，定名为"包头工学院"（1960年

_____

　　① 《冶金工业部包头工业学校的招生简章》，《内蒙古日报》1958年7月22日，第3页。

改名为包头钢铁学院），系冶金部部属的高等工科院校，学制 4 年，设有采矿、冶金、建筑三个系和一个普通理科部，设炼钢、炼铁、有色金属、采矿、焦化五个专业。1959 年，根据中央文件精神，撤销公司所属干部学校和技工学校，学员均分配工作，有的当学徒工。其中管道公司 218 名，钢铁材料厂 100 名，焦化厂 296 名，动力部 20 名。1960 年时，有教职员工 400 多人，学生 3000 人。冶金系稀有稀土专业执教的三名苏联专家带着资料撤走后，这个专业没有了教员，当时的齐光院长带这个班的 40 名学生进行采矿、选矿、分离、萃取、还原纯金属试验。[①] 1960 年，这届炼钢、炼铁、轧钢生产三个专业的毕业生到鞍山、天津、呼市、本溪、包头等钢铁联合企业进行 12—18 个星期的毕业实习和毕业设计，进行科学研究，解决生产中的实际问题；建筑系的毕业生结合新建学校的校舍工程进行毕业实习，完成教学楼等 15 个项目的设计，直接为生产建设服务。[②] 1960 年 9 月，为国家输送了第一批毕业生 699 人，其中冶金专业 152 人，采矿专业 194 人，建筑专业 353 人。包钢还建立起技术图书馆，收存钢铁生产系统及其相关学科和专业的技术性图书、期刊、报纸、文献、资料等，成为包钢科技情报、文献资料的中心。

1958 年党中央和国务院提出了"教育必须为无产阶级政治服务，教育必须与生产劳动相结合"的方针。[③] 这是根据当时形势把生产中的技术革新和学校教育结合起来且行之有效的一项措施，毕业生可以直接进入实习，把理论知识、观察实习变成了实际生产劳动，把科学研究成果直接应用于生产，更能解决生产过程中遇到的实际问题。

---

① 齐光：《钢光铁水流年》，《包钢史料选辑：1—10 辑合订本》，包头钢铁公司厂史办公室，1987 年第 10 辑，第 4—9 页。

② 《包头钢铁学院建筑系中专部应届毕业生开始毕业设计，冶金系中专三个专业的学生赴各地毕业实习》，《内蒙古日报》1960 年 3 月 2 日，第 3 页。

③ 邓力群、马洪、武衡：《当代中国的钢铁工业》，当代中国出版社 1996 年版，第458 页。

（三）重视职业教育

为了适应包钢这座科学技术现代化的钢铁联合企业生产和管理的需要，公司从一开始就重视职工技术业务培训，规定中专以上文化程度的职工有组织、有计划地学习专业技术业务和外语，中专以下文化程度的半脱产补习文化课，从数理化学起。[①] 随着生产建设形成的高潮，全国职工教育会议提出"统一安排、结合生产、因材施教、灵活多样"的方针，包钢根据方针实行三级（公司、厂、车间）办学，形成了从扫盲到大学、业余、脱产等多层次多学科多形式的具有企业特色的职工教育体系。

1959 年包钢 1 号高炉投产出铁，第一批炼铁工人诞生，当时全厂有职工 893 人，懂高炉生产维护技术的骨干只有 121 人，其他人对钢铁生产技术一无所知，多数还是文盲或半文盲。为了尽快提高工人的技术素质，掌握高炉的操作和维护技能，工厂办起各类培训班、表演赛，据统计，1959 年到 1964 年全厂共办各类文化班 64 个，如表 6-6 所示：

表 6-6　　　　　　1959—1964 年炼铁厂各类文化班统计表

类别	扫盲	初小	高小	初中	夜大	合计
班次	25	15	15	6	6	67
人数（约）	291	632	717	290	96	2026

资料来源：《炼铁厂职工教育三十年概览》，《包钢史料选辑12》，包头钢铁公司厂史办公室，1989年第12辑，第66—68页。

这些文化班的开办，基本扫除了文盲，70% 以上的职工达到了初中以上的文化程度，为炼铁厂以后的发展奠定了文化基础。

包头市委与炼铁厂合作，还办起了民办钢铁职业中学，学习语文、

---

① 史玉华：《钢花盛时最忆君——怀念周克刚同志》，《包钢史料选辑 14》，包头钢铁公司厂史办公室，1990 年第 14 辑，第 71—72 页。

数学、政治、生产技术等，通过三年学习，采用教育结合生产、理论联系实际、边学边在炼铁厂实践的教育方法，把学生培养成相当于初中文化程度、具有初级钢铁技术知识的劳动者。[①] 包钢炼钢厂投产前期，为了使职工掌握平炉冶炼及维护检修技术，多次组织青年工人培训部，培训生产技术，开展职工教育。[②] 学习技术时，按工种分技工、徒工进行教学；按不同的文化程度统一安排文化学习，共分了 15 个技术班，4 个文化班，领导、老工人和技术人员结合编写了自用教材。[③] 包钢厂的技术工人主要还是依靠自己培养，提高技术能力，担当了建设包钢炼钢厂技术重任。

在"大炼钢铁"时期，因为内蒙古自治区各地也都新建钢铁厂，包钢还培养了内蒙古各地及外区 500 多名技术工人，有的来自昭盟（今赤峰市）、巴盟钢铁厂，也有的来自宁夏回族自治区。包钢采取了包教保学，师傅带徒弟的办法，学员基本上掌握了生产和操作技术，[④] 这些技术工人的培养带动了地方钢铁工业的发展。

包钢各项建设大规模开展，技术力量远远不足，只能依靠自行培养解决，包钢开展"人人学技术"的群众运动，参加各种形式的技术学习。在当时师傅少，设备、师资、教材各种条件都不足的情况下，采取以车间、工地为主，以老工人作为教师骨干的办法，开展脱产训练、短训与现场实习相结合、业余学习小组等培训方式，一年培养出20000 多名徒工参加了各项工程建设。[⑤]

当时这些办学方式是值得推崇的，教育能促进社会生产力的发展，

---

① 《昆都仑区成立民办钢铁职业中学》，《包头日报》1958 年 8 月 21 日，第 3 页。

② 海军、孟志泉：《包钢炼钢厂四十年史料集锦（1960—2000）》，包钢炼钢厂，2000 年，第 105—107 页。

③ 《包钢炼钢厂三工地职工教育出现新局面》，《内蒙古日报》1959 年 4 月 17 日，第 3 页。

④ 马金奎：《炼钢是工厂 炼人是学校——包头钢铁厂给各地培养技术工人》，《包头日报》1958 年 11 月 16 日，第 4 页。

⑤ 《包钢加紧培养新的技术力量》，《内蒙古日报》1959 年 4 月 13 日，第 2 页。

使学习内容、环境与生产相结合，工厂即学校，学校即工厂，学习、工作、生产相结合。而且在当时师资缺乏的情况下，让富有经验的老工人、工程技术人员当教师，生产车间当实验室，以能者为师、学者为徒的办法，开展以解决实际问题为目的的学习，体现了学以致用的原则。

1963 年，包钢技术工人孟庆馥联络了具有专长、特艺的老工人，工程技术人员 60 余人成立了技术协作筹备小组，这是一个专门开展群众性技术协作活动的小组。1964 年正式成立了包钢职工技术协作委员会①，后扩展为包头市职工技术协作委员会，孟庆馥担任主任。委员会根据参加人员的特长将其分成各专业组，有机械加工、铸造、强电、弱电、焊接、热处理、通风除尘等。利用周六研究讨论课题，周日去各厂解决实际问题，先后到过 25 个单位，解决生产难题 64 项，如解决了废钢厂凝固的二三十吨重的大铁砣子的爆破问题；解决了厂区和住宅区数十台锅炉通风、消烟除尘问题；修复了水泵轴；解决了包头氧气厂制氧机空气过滤器组装不当的问题，提高了氧气质量等。经常组织技术表演和技术讲座，组织全市 200 多名车工观摩包钢机总厂范泉勇的先进刀具和高速切削表演；组织全市焊工观摩一机焊接专家、高级工程师哈斯楚鲁的铸铁冷焊和超厚钢板快速切割先进技术等；还邀请专家进行技术讲座，开展各类技术活动。

职工技术协作委员会主要是一个群众性的职工组织，利用业余时间开展各项技术活动、技术讲座，主要成员都是一些能工巧匠，通过讲座、观摩，专门解决一些技术难题，进行技术革新。技术协会委员会广泛开展各种技术活动，推动了包钢各厂矿和包头市各企业群众性的技术革新和技术活动的迅速开展，对生产发展起到了促进作用。

---

① 孟庆馥：《包钢建设初期的技术革新活动》，《包钢史话》，包钢关于下一代协会，1994 年，第 201—206 页。

三 第一批具有民族特色的钢铁工人的培养

包钢建立在少数民族地区，民族政策特色鲜明，在包钢建设初期，自治区就有计划地选派少数民族干部来包钢担任领导工作，吸收少数民族职工，到 1954 年底，已有少数民族干部 35 人，其中蒙古族 21 名，回族 6 名，满族 5 名，朝鲜族 2 名，苗族 1 名。1956 年，包钢党委把培养民族职工作为党委议事日程上的重要任务，制订出《1957—1966 年需要少数民族干部和工人的初步规划》。[①] 计划使少数民族职工达到职工总数的 10%。制订了《蒙古族技术工人培养计划》，采取送鞍钢代培、公司内部以师带徒现场培养、送技术学校学习及开办训练班等多种方式进行培养。1957 年，内蒙古军区为包钢输送了 300 多名少数民族解放军指战员，成为包钢第一批蒙古族职工。干部被送到干校的干训班，大多数战士进入技校，学习科学文化知识和政治理论。后来根据生产需要分配了各自的岗位，还选送部分技术人员去鞍钢实习、去学校里进修深造。[②] 在鞍钢培养蒙古族职工，由有经验的老师傅代培，订立《师徒合同》包教包学。在包钢 1 号高炉出铁前，这批在鞍钢实习的部分蒙古族技术工人回到包钢，参与包钢为 1 号高炉出铁、矿山、炼焦等技术活动。参与炼出包钢第一炉钢的蒙古族炼钢工有额尔敦布和、宝力昭、阿拉坦巴根等。包钢钢铁研究所所长、蒙古族高级工程师阿日棍曾与其他技术人员通力合作，借鉴国外资料，在我国首次成功研制出高炉铁口无水炮泥，攻克了高炉铁口使用寿命短的技术难关。[③] 到 1959 年底，少数民族职工有 2100 多人，蒙古族职工 759 人，他们中有一部分担任了包钢的重要技术领导职务。据 1963 年的一次统

① 刘静波：《包钢民族职工的成长》，《包钢史料选辑：1—10 辑合订本》，包头钢铁公司厂史办公室，1986 年第 9 辑，第 31—37 页。

② 拓林：《永远牢记周总理的嘱托——纪念包钢建厂三十周年》，《铁花》，1984 年，第 15—17 页。

③ 《包头钢铁公司》，《包钢史料选辑：1—10 辑合订本》，包头钢铁公司厂史办公室，1986 年第 9 辑，第 5—10 页。

计，在包钢553名蒙古族职工中，干部194人，工人359人，干部比例占到35%，工程师3人，技术员20人，不同技术等级的工人人数为：1—2级103人，3—4级157人，5级及以上109人。

随着包钢生产建设的发展，包钢以蒙古族为主的民族职工队伍基本形成，从各行各业培养出的蒙古族第一代钢铁工人、钢铁工业管理干部及科研人员、民族职工在各条战线上发挥着重要的作用。

第五节　小结

苏联专家在包钢工作近七年，为包钢提供了当时世界上最先进的钢铁联合企业的技术设计，专家在包钢工作期间，除提出许多宝贵的建议外，还帮助包钢培养了一批技术干部和操作人员。专家通过具体指导操作和讲课等方式培养了各工种的专家等。专家组长在帮助催交设计、设备和聘请专家方面也起了很大作用，为1号高炉提前投产创造了必要条件。专家提出的建议帮助包钢推广和采用了新技术，对加快包钢建设速度、节约原材料和国家资金、保证工程质量等都起到了很好的作用。

包钢作为一个现代化的大型钢铁联合企业，需要大批内行的管理干部、工程技术人员和技术工人，从建厂开始，苏联专家就在包钢生产和建设在理论和技术的提高上，在各种规范和设计方法的制定上，在各种新技术的推广上，给予了巨大的帮助。包钢领导者把集结、培养技术力量当成一项极为重要的工作来进行，非常重视人才的培养，一方面，从各地钢铁行业调来大批技术人员和管理干部参加包钢建设，并且有计划地把职工送往鞍钢等钢铁企业培养生产技术人才，还有一些送到北京钢铁学院等高等院校和苏联学习；另一方面，招收大批青年学生和民工，开展各类培训工作。自办技术学校，开展培训徒工、职工教育等多种方式，有计划地自行培养技术人才。包钢通过各种方式来培养各类建设人才，成立了包头钢铁设计院等科研单位，培养高技术的工程师。

　　通过对包钢早期建设中技术能力培养的研究，可以看出冶金工业的发展与冶金教育的发展必须齐头并进。钢铁行业的正常发展，不仅是设备、基建硬条件单方面的发展，更重要的是技术的创新、人才的培养，人才的缺乏会给生产建设造成严重的损失和危害，冶金教育必须为冶金工业的发展服务，根据冶金人才的需求，通过研究院所、钢铁院校等多种方式，多专业、高质量培养合格人才。在普通教育的基础上结合职工教育，互为补充，形成学校、研究院、企业联合办学的教育方式，创新技术人才培养的各种模式。包钢通过引进苏联成套设备、关键技术，培养、锻炼了一大批科研技术干部和管理人才，培养了第一批具有民族特色的蒙古族工人，为中国早期钢铁工业培养了大量的技术人才，推进了中国现代钢铁工业的发展和技术进步，为中国的钢铁事业做出了巨大的贡献。

第 七 章

包钢与武钢技术发展的比较

包钢和武汉钢铁公司（简称武钢）是在新中国成立后，国家为发展钢铁工业，改善工业布局，在华北、华中建立起的钢铁联合企业。两者都是从苏联引进主要设备、由苏联完成设计，在苏联专家的帮助下进行建设。本章首先对包钢执行结果与最初的设计规划进行对比，分析其产生这样结果的原因，然后对包钢与武钢的建设发展进行对比分析，可以看出包钢技术发展的特殊性和钢铁行业技术发展主要受到哪些因素的影响。

第一节　包钢与武钢设计任务书的确定

根据 1953 年 10 月 15 日签订的中苏协定，苏联设计组拟定并审查了包钢和武钢的设计任务书，任务书中对两厂的生产规模、钢材品种等做出规定。[①]

（1）生产规模。在设计任务书中规定了包钢的生产规模是年产钢 120 万—150 万吨，钢材 100 万—120 万吨，生铁的生产量在初步设计中规定，焦炭的生产量为 30 万吨。武钢的生产能力为年产钢 120 万—

---

① 《中央人民政府国家计划委员会关于武汉、包头钢铁公司设计计划任务书的审查报告》，包头钢铁公司档案馆文书档案，案卷号：1－17－416，第2—12页。

150 万吨，钢材 90 万—110 万吨，铁和焦炭除供应本厂自用外，各有 40 万吨的商品量。设计任务书还确定将来包钢扩大至年产钢 300 万吨的可能，武钢可能扩大至 250 万—300 万吨。这样，包钢、武钢、鞍钢三大基地每年可达约 1000 万吨的产钢能力。

（2）钢材品种。制定该品种是在苏联设计组经济专家指导下，一方面参照苏联、西方国家的钢材生产品种，研究了我国第二个、第三个五年计划期间所需钢材的大概分类，并据此拟定了我国在第三个五年计划内的钢材分类比例。另一方面根据这个分类比例，对照研究在 1958 年后全国钢铁厂和鞍钢全部投入生产后尚不能解决的钢材品种及其比例，来拟订包钢、武钢两厂的钢材品种方案。

（3）成品轧钢机。包钢的轧钢机为：①750 公厘（直径）（辊径）钢轨钢梁轧机，年产能力 100 万—120 万吨；②400 号（可轧钢管管径）无缝钢管轧机，年产能力 30 万—40 万吨，用 750 公厘轧钢机的钢坯；③钢轨配件轧机，年产能力 15 万—25 万吨。武钢的轧钢机为：①2800 公厘（轧辊长度）中厚板轧机，年产能力 50 万—60 万吨；②35 公厘（辊径）中型轧机，年产能力 40 万—50 万吨。这些都是苏联最新的标准设备，能力大，效率高，全部作业与操纵都是机械化与自动化的。

（4）产品方案。包钢第一期：钢轨 33—65 公斤；大型钢材：200—600 公厘钢梁，200—400 公厘槽钢，直径 80—300 公厘圆钢，230 公厘×30 公厘的角钢，共计 45 万吨；钢轨配件：15 万—25 万吨，轴胚及锻胚：10 万吨；无缝钢管：直径 127—400 公厘（鞍钢生产约为直径 140 公厘以下），30 万—40 万吨；钢材合计 100 万—120 万吨。

武钢第一期：中厚板 4—40 公厘（实际可厚至 50 公厘），宽 2500 公厘，50 万—60 万吨；钢材：直径 38—90 公厘圆钢，38—75 公厘方钢，90 公厘×90 公厘角钢、槽钢，11 公斤以下的轻轨，钢材共计 90 万—110 万吨。

第二节　苏联设计的包钢初步规划与
实施方案的对比

在当时的国家计划经济体制下，像包钢这样的国家大型钢铁联合企业，其生产建设的最大特点之一就是计划性特别强，从 1953 年到 1965 年包钢共编制过 7 次生产建设规划，这些规划有的按计划如期实现，有的因政治、经济等形势变化未能完全实现，本节选出对包钢建设影响比较大的几个时期的规划，与其最终的实施结果进行了对比。

一　包钢初步规划与实施结果

表 7 - 1 是包钢在 1956 年原定分二期工程完成整个联合钢铁企业的进度表，表 7 - 2 是包钢第二个五年计划建设方案。从包钢 1957 年开始动工建厂到 1965 年包钢最终实施结果是怎样的，笔者进行了一个对比，可以从中了解包钢初期建设的进程，再找出造成这样结果的原因，总结经验，为以后包钢的技术决策提供借鉴。

包钢第二个五年计划建设方案是 1957 年 10 月编制的，此方案是根据冶金部节约方针制定的，主要内容是在不减少包钢初步设计规模和品种的条件下，通过削减、缓建等措施减少投资，保证 1962 年建设起第一期年产钢 150 万吨的规模，本方案在第一期概算投资 152429 万元的基础上，减少投资 33194 万元，其中削减 12299 万元，缓建减少 20895 万元，第二个五年计划内包钢共需投资 107483 万元，如表 7 - 2 所示。

表 7-1

包钢原定的建厂进度

车间名称	生产能力(万吨/年)	简要内容	进度(年)									
			1956	1957	1958	1959	1960	1961	1962	1963	1964	1965
一、矿山：铁矿	850					210		420	630	850		
石灰石矿	120						60			120		
白云石矿	24						12			24		
黏土矿	30				15				30			
砂石矿	30				15				30			
二、矿石加工												
选矿车间	560	75平方米8台				140		280	420	560		
烧结车间	560					140		280	420	560		
三、焦化厂												
炼焦车间	249	65个炭化室的焦炉6座				41.5	83	124.5	142	216	249	
四、冶金工厂生产车间												
炼铁车间	300	容积1386立方米的高炉4座					75	150		225	300	

续表

车间名称	生产能力（万吨/年）	简要内容	进度（年）									
			1956	1957	1958	1959	1960	1961	1962	1963	1964	1965
炼钢车间	300	容积500吨的平炉8座					75	150		225	300	
初轧车间	350	轧辊直径1150公厘的初轧机一套					300	350				
轧檩车间	120	轧辊直径750公厘的轧檩轧机一套					100	120				
钢轨附件车间	20	钢轨附件轧机一套							20			
轧管车间	40	生产400公厘直径的无缝钢管轧机一套						30	40			
车轴车间	10	车轴加工设备一套							10			
××车间	70	（尚未确定）										10
其他厂略												

说明：表内各年度内生产能力仅为累计数字，表中空白单元格代表没有此项数据。

资料来源：《包钢建厂进度附表二》，包头钢铁（集团）公司档案馆文书档案，案卷号：1－1－0246，第34—38页。

表7-2　包钢第二个五年计划建设方案简表

单位：万元

序号	工程项目	第一期概算投资	"二五"计划节约投资			需要投资	生产规模
			合计	其中削减	缓建		
	总计	151429	33194	12299	20895	107483	
1	白云鄂博铁矿山	9613	2521	242	2279	6631	富矿220万吨/年
2	选矿厂	11944	3520	350	3170	8424	精矿95万吨/年
3	烧结厂	8476	3884	384	3500	4592	烧结矿135万吨/年
4	焦化厂	10945	2279	2219	60	8666	焦炭147万吨/年
5	炼铁车间	6193	279	188	91	5914	生铁177.5万吨/年
6	炼钢车间	10029	279	60	219	9750	钢锭140—150万吨/年
7	初轧车间	7468	461	23	438	7007	钢坯135.8万吨/年
8	钢轨钢梁车间	18806	1193	133	1060	17613	钢材110万吨/年
9	无缝钢管车间	14665	2494	55	2439	12171	钢材40万吨/年
10	钢轨固结件车间	1255	1055	125	1130		
11	耐火材料厂	4302	3005	3005		1297	粘土砖37200吨/年；砂砖7500吨/年；熟白云石33000吨/年；生白云石16000吨/年
12	修理设施	3850	743	243	500	2321	
13	辅助设施	1166	562	94	468	604	
14	氧气设施	1822	1642	37	1605	180	
15	燃气设施	4285	269	174	95	4016	

续表

序号	工程项目	第一期概算投资	"二五"计划节约投资			需要投资	生产规模
			合计	其中削减	缓建		
16	热力设施	1973	199	45	154	1738	
17	电动设施	2067	360	176	184	1896	
18	弱电设施	574	105	77	28	487	
19	运输设施	7500	983	980	3	6058	
20	厂内供排水	1979	221	162	59	1758	
21	厂外供排水	3950	636	564	72	3263	
22	仓库设施	534	298	100	198	236	
23	全厂性建筑物	166				216	
24	场地平整	374	34		34	261	
25	特种工程	1400	1140	570	570	260	
26	厂区美化设施	1874	1785	1400	385	75	
27	尾矿设施	1794	1094	110	984	700	
28	住宅及文化福利设施	2266				3236	
29	其他工作费用	1623	350	200	150	1273	
30	甲方基建单位管理等费用	1021				1930	
31	非金属矿山					1000	
32	未预见工程	7551	1603	583	1020	5100	

说明：表中空白代表无此项数据统计记录。

资料来源：白茂槐：《包钢历次生产建设远景规划简况》，《包钢史料选辑13》，包头钢铁稀土公司档案馆，1989年，第22—27页。

1957 年 12 月，包钢重新进行了第二个五年计划期间包钢建设的安排，把 1965 年建成 300 万吨规模的规划提前到 1962 年完成。提议 1960 年即开始进行第二期工程的建设，第二期工程和第一期工程交叉进行。按这次的进度安排，1962 年包钢年末达到主要产品的要求产量分别是年 606 万吨、钢 592.8 万吨、一次性钢材 479.1 万吨。1961 年，包钢根据中央要求 1969 年生产 300 万吨钢和 1962 年投资 8000 万元建设选矿、烧结厂的指示，制定了八年规划，基本是 1965 年建成全部配套生产设施达到年产 150 万吨钢铁能力的联合企业，1969 年达到 300 万吨钢的生产水平。1963 年 3 月包钢编制了《第三个五年计划包钢生产建设规划（1963—1967）（草案）》，这一规划是根据中央关于"以农业为基础，以工业为主导"的发展国民经济的总方针，坚决地把工业部门的工作转移到以农业为基础的轨道上来，结合当前生产建设的实际情况，积极发挥包头工业基地的作用，争取早出钢材，多出化学肥料，对适应以农业为基础的国民经济不断发展的需要进行了具体的安排：到 1967 年建成年产 150 万吨铁、100 万吨钢的联合企业，具体的做法是"三炉"不动（焦炉、高炉、平炉不再建设），"两头"（原料和轧钢系统）相应配套建成，1965 年建成两个选矿系列，四台烧结机；在 1965 年至 1967 年续建两个选矿和两台烧结机的同时，基本建成初轧、轨梁和无缝三个轧钢厂。①

1953 年到 1957 年，包钢实现了"三年勘测，两年设计"的目标。从 1959 年投产到 1965 年，包钢原计划完成二期工程，建成产钢 300 万吨规模，从原料、冶炼到轧材等一个体系的钢铁联合企业。实际完成情况是：由于生产建设的不配套，致使选烧及轧钢系统都未能按原定计划投产。② 1960 年年末，包钢建成 65 孔焦炉 3 座、1513 立方米的高

---

① 白茂槐：《包钢历次生产建设远景规划简况》，《包钢史料选辑 13》，包头钢铁稀土公司档案馆，1989 年，第 22—27 页。

② 《包钢志·第五编建设志（1927—1990）》，包头钢铁稀土公司档案馆，1993 年，第 122 页。

炉 2 座、500 吨固定式平炉 3 座、白云鄂博铁矿、黄河给水工程、杂怀沟硬质黏土矿、卡布其石灰石矿、固阳白云石矿以及机修、电修、耐火材料、铁路运输、废钢等附属、辅助工程和一批公用、民用设施。1961—1962 年，包钢一期工程处于半停顿状态，只建成一些小型的配套工程，1962 年冶金部根据包钢一期工程中原重大设计中（车轮厂、氧气瓶厂、钢球车间、特厚板厂等不再建设）的方案，重新指示包头黑色冶金设计院重新编制包钢设计方案，仍按年产 300 万吨规模建设，到 1970—1971 年全部建成。但这个方案未能付诸实施。1964—1965 年进行了原料系统的配套建设，选矿厂 1965 年 10 月投产，烧结厂 1966 年 4 月投产，初轧厂 1966 年 12 月投产，轨梁轧钢厂 1968 年 12 月投产，无缝钢管厂 1971 年投产。至此包钢的轧钢系统配套工程才基本完成。

从 1958 年到 1965 年的八年中，包钢共生产铁矿石 2702 万吨，生铁 255 万吨，年均产量为 36.4 万吨，炼钢厂平炉钢六年共产 101.5 万吨，年均产 16.9 万吨，共亏损 20335 万元，年均亏损额 4067 万元，1964 年第一次扭亏为盈，当年盈利 2.4 万元，到 1965 年共盈利 1322 万元。①

二　包钢没有完成规划的主要原因

分析包钢没有完成规划的主要原因，总结包钢建设的经验教训，可以为以后的企业技术决策提供参考。

（1）包钢在投产时对白云鄂博共生矿的冶炼技术没有完全掌握。在包钢投产前，虽然对矿物进行了各种试验，但对多金属共生矿的特点并没有完全掌握，因此引进的苏联当时先进的高炉设备与技术并不符合实际，造成投产后出现一系列技术难题。

（2）从"节约"开始的一系列运动导致的决策是制约包钢技术发展的主要因素。1965 年完成的 300 万吨钢铁生产的二期工程改为 1962

① 金大馥：《从统计数字看包钢的变化发展》，《包钢史料选辑：1—10 辑合订本》，包头钢铁公司厂史办公室，1986 年第 9 辑，第 72—74 页。

年一期完成，又确定了提前 1 年出铁的计划。为了贯彻减少投资的方针，包钢进行了修改设计，降低技术装备机械化和自动化水平，降低厂房建筑标准等的盲目修改，结果造成许多质量事故，不能满足正常生产需要，最终造成资金的更大浪费，得不偿失。

（3）包钢采用了未经试验的"新技术"，造成很多返工现象。冶炼钢铁这项本身是高技术的专业化工作被变成了群策群力的"群众运动"，如采用新发明的预应力混凝土管代替钢管最终造成返工，浪费现象特别严重。

（4）包钢采取了"富矿入炉"的方针。为了提前出铁，在选烧矿未建的情况下，采用了富矿直接入炉的冶炼办法，结果造成白云鄂博采富弃贫，而且高炉冶炼造成"三口一瘤"的技术难关，多年后才攻克，这样冶炼的铁水含磷过高，又造成平炉炼钢时间长、炉顶寿命短的一系列问题。

（5）包钢过分强调计划指标，其生产计划并不是根据技术生产的实际情况确定指标，而是为了加快建设来制定任务，虽然当时也创造了一些快速施工的纪录，但更多的是拔苗助长，受到的损失更大。

（6）包钢的工程质量低劣，后期不得不"填平补齐"。当时在包钢建设过程中片面追求高速度，没有工程质量监督管理制约机制，致使工程质量不过关，在后期检查中发现大量工厂出现生产质量问题，尤其是炼钢厂，厂房重建、加固等一系列"填平补齐"的办法，不仅增加了返修工程量，也增加了大量返修资金。

（7）为了提前出铁，包钢采取了"主体先上，辅助后跟"的错误决策。为了提前出铁，在资金缺乏的情况下，只为完成钢铁任务，采取只重视冶炼，而不顾配套工程的措施，缓建或少建辅助工程和收尾配套工程，忽视综合平衡，使设备能力不能正常发挥。

（8）包钢的科学技术专家没有很好地参与到企业决策中，使得技术发展受到影响。不按科学规律管理企业，没有高技术人才科学地管理企业也是造成包钢不能正常发展的一个重要因素。

第三节　包钢与武钢建设发展的比较

一　武汉钢铁联合企业基本建设情况

武汉钢铁联合企业[①]也是国家第一个五年计划开始兴建的重点建设工程。早在 1950 年中央重工业部召开的钢铁会议上，出于国民经济发展的需要，大会建议在武汉附近的大冶铁矿建立钢铁工业中心。1951年中央重工业部呈报毛泽东主席，得到肯定，之后成立了"大冶设计组"，中央重工业部钢铁局副局长陆达任组长，王厂任副组长，负责新厂建设的设计筹备工作。1952 年白云鄂博矿的勘探还在进行当中，大冶铁矿已完成初步报告，探明铁矿石储量为 5341 万吨，初步肯定大冶铁矿是华中新建大型钢铁厂的主要原料基地。[②] 国家聘请了鞍钢设计的苏联钢铁冶金设计院院长赫列希尼可夫及所率的代表团对大冶做了短期考察，然后确定大冶为一五计划期间开始建设第二个大型钢铁基地，与此同时继续勘察白云鄂博矿。[③] 1952 年到 1954 年，先后成立了三一五厂筹备处，之后改名为华中钢铁公司，经过 5 次踏勘选厂，确定了在武汉市青山地区建厂，完成了建厂筹备工作，1954 年更名为武汉钢铁公司。1955 年，由周恩来总理亲自签发批准了武汉钢铁公司由苏联完成的初步设计决定，第一期工程规模为年产钢 120 万吨至 150 万吨，成品钢材 90 万吨至 110 万吨，并在工厂总图布置中考虑到将来扩建为年产钢 300 万吨规模的可能性，第一期工程建设于 1960 年完成，第二期

---

① 《武钢志（1952—1981）》第一卷上册，武钢志编纂委员会办公室，1983 年，第2—35 页。

② 《大冶铁矿志（1890—1985）》第一卷上、下册，武钢大冶铁矿矿志办公室，1986年，第 326 页。

③ 中财委党组：《中央财委党组关于全国钢铁工业的发展方针速度与地区分布问题向在中央的报告》，《中国冶金史料》1987 年第 4 期，第 3—4 页。

扩建工程待定。①

武钢利用大冶的铁矿，建设包括采矿、选矿、烧结、炼铁、炼钢、轧钢、炼焦化工和耐火材料等十五个主体生产厂矿和三十多个辅助生产车间及附属车间，是一个完整的大型钢铁联合企业，年产钢150万吨，建设投资额为15.46亿元。一期工程的主要建设项目有：4座65孔焦炉；4台75平方米烧结机；2座高炉（1386立方米和1436立方米）；1座250吨和4座500吨平炉；1150初轧机，800/650大型轧机（原定从苏联引进小型轧机改为国内设计制造大型轧机）；2800中厚板轧机以及相应的机修、动力、交通运输系统；公用设施；耐火材料厂和大冶铁矿（采矿、选矿）、灵乡铁矿及乌龙泉、焦作等非金属矿山；还有一些厂外工程及厂际生产协作项目等。1955年，武钢根据国家计委对武钢第一期工程总期限规定为6年（1955年至1960年）的要求进行了初步设计的补充编制，规划建厂时间仍为6年，但规划将1号高炉的投产时间提前到1958年第四季度。1956年，随着国民经济的发展，冶金部又下发了武钢第二期工程（年产300万吨钢规模）连续建设规划指标，要求1号高炉于1959年1月投产，1960年上半年建成第一期工程，第二期工程连续建设，于1962年建成。武钢在接到这一规划指标时按要求重新编制武钢建厂规划书，在建设进度和条件方面，当时就发现许多矛盾和问题，如设计、设备供应不能满足进度要求，第二期工程炼焦煤基地和第二期产品方案未确定以及投资过大等，冶金部根据武钢呈报扩建第二期工程提出的问题，确定武钢两期工程不作连建考虑，第一期工程在1961年底完成，第二期工程于1964年完成，1号高炉于1959年第二季度投产。1955年5月至1957年4月是武钢的施工准备阶段，包括场地平整、动力设施、交通运输、仓库码头、建筑施工附属企业及职工生产基地等所有为施工服务的设施和工作全部完成。根据建设顺序和建设总工期，

---

① 《中央批准关于武汉钢铁公司初步设计的决定》，《中国冶金史料》1987年第4期，第6页。

对第一期工程的辅助、附属工程先于主体工程进行，建设大冶铁矿、选矿、机修系统、动力、煤气、铁路、公路等辅助服务性设施在主体工程之前投产建成，1957 年耐火高铝黏土、矽砖、火泥等车间及乌龙泉矿、焦炉及黏土矿、4 台烧结机和 2 号焦炉相继动工建设。1957年 4 月到 1960 年 10 月是武钢第一期工程 150 万吨钢的生产规模基本形成建设阶段，首先是炼铁工程，1957 年 6 月 5 日 1 号高炉开工，揭开了武钢第一期主体工程建设的序幕，1958 年初，武钢安排焦炉、铁山的选矿粗、中破碎车间及铸钢、铸铁、电修等主要辅助车间先于高炉提前投产，以保证高炉投产后有足够的原料和备品备件的供应。同时，根据当时"大办钢铁"的形势，又进行了"小土群"附属钢厂的建设，自此武钢进入了第一、二期工程连建，"大洋群"和"小土群"并举的时期。1958 年 9 月 3 日高炉建成，9 月 13 日炼铁厂 1号高炉流出了第一炉铁水，毛泽东主席来到武钢，亲临炉台观看了 1号高炉出铁，标志着我国的第二大钢铁工业基地——武钢的建设从此跨入了建设、生产同时并进的历史阶段。由于 1 号高炉工期的提前，打破了原有施工程序的平衡，矿山的剥离速度跟不上，选矿及烧结的建设落后 1 号高炉的建设，被迫使用块矿，给矿山建设带来很大的问题，导致剥离拖欠量加重，造成采场的采剥失调。1959 年，按规划的安排应该进行以炼钢工程为中心的建设，但是为了实现年产铁 120万吨的指标，只得先完成 2 号高炉的建设而适当交叉进行炼钢主体工程建设，对个别建设项目做必要的调整。为集中施工力量，决定缓建轧辊钢锭模车间，其生产任务由铸钢、铸铁车间暂代。1959 年 9 月30 日，1 号平炉建成，2 号、3 号平炉分别于同年 10 月、12 月建成。初轧厂于 1960 年 3 月建成，但由于苏联进口的主电机未到，拖至 7月到货，10 月才开始试轧。由于设备没有形成完整的工艺流程，边设计、边施工，加之设备制造质量不佳等原因，结果导致钢铁厂无法投入正常生产。轧板厂于 1959 年 12 月破土动工，到 1960 年时，由于当年生产任务（铁 150 万吨，钢 90 万吨）高指标波及基建，到 7

月，全年生产任务仅完成不到 50% 。根据冶金部的指示，停建轧板工程，将建设轧板厂的施工力量和抽调的建设大型厂的一部分施工力量又转向第二期工程的 3 号高炉和 6 号平炉的建设。建设程序被打乱，使轧板厂、大型两厂未能建成，造成钢锭无法轧成钢材的局面，而且第二期工程的 3 号高炉虽然建成本体，却不能投产，整整搁置了10 年，直到 1969 年才投产，出现生产工艺上、投资效果上的不合理现象，严重影响了一期轧钢工程的建设。由于片面追求工程建设速度，2 号高炉只用了 4 个月工期建成投产，仅生产 5 年就进行大修，而 1 号高炉 1958 年投产，直到 1978 年才进行大修，1 号高炉和 2 号高炉的工程质量形成明显对比。再加上三年自然灾害，苏联撤走专家等因素的影响，武钢生产也处于最困难时期。

从 1955 年 8 月矿山开工至 1960 年 10 月大型厂试轧止，武钢的第一期工程建设基本完成了年产钢 150 万吨规模所应包括的主要生产设施及相应的公用辅助设施的建设。这一时期，根据当时的节约方针，武钢也全面修改了设计，但是因为武钢工程建设比包钢早一年，各个主体车间的主要技术骨干都保留了下来，基本没有变更，节约投资主要从缓建一些可以缓建的项目，削减一些不必要的项目，降低厂房建筑标准和降低附属车间机械化、自动化程度，取消一些备用设备等几个方面进行。还根据国家要求第一、二期工程连建，快速产钢的政策完成了二期工程中高炉、平炉等部分工程。随着国家形势的发展，从1961 年武钢就开始围绕年产钢 150 万吨配套开展充实调整工作。1963年大型轧钢厂投入生产，武钢实现扭亏增盈，基本完成一个完整钢铁联合企业的建设工程，不少经济指标进入了全国同类大型企业先进行列，与当时苏联的平炉指标相比差距都不大。

二 包钢与武钢建设的比较

包钢与武钢都是国家决定建设的大型钢铁厂，当时在东北已有鞍钢，从地域分布上在华中地区建设武钢，使我国有东北、武汉一南一北两个钢铁工业基地。在华北地区建设包钢，从经济和国防方面考虑都比较合适。二者的一个相同点就是都是平地起家，没有旧的基础可以利用，主要设计和设备供应都由苏联负责，都是由苏联列宁格勒设计院完成初步设计，二者都是"156项"国家重点投资的钢铁项目，同时也是当时新建的大型钢铁基地。包钢和武钢的建设，都得到了鞍钢的重大支持，鞍钢支援的人员起了很大的作用。鞍钢根据重工业部的决定，做出了《1956—1962年为包钢、武钢及鞍钢新建厂矿培养和输送干部若干问题的决定》，确定为包钢、武钢58个厂矿、22个业务处输送领导干部和技术干部4160人，仅1956年至1957年，就为包钢和武钢输送干部1050人。[①] 1959年在建设的高峰时期，都得到了全国的支援，得到国家政策的支持和国家领导人的关怀。1957年之前，在国家正确的钢铁决策背景下，顺利地完成建厂筹备工作，开始了大规模建设。包钢与武钢相比，因建设年度较晚，受到各方面的影响程度不同，主要有：

第一，包钢采用白云鄂博共生矿冶炼，冶炼技术复杂，国内外没有经验可参考，而且在没有试验完全成功的情况下急于投入生产，造成一系列因矿的特殊性带来的技术难题。一是含氟矿石冶炼造成的技术问题；二是回收稀土金属、铌等共生矿金属的技术问题，这些都是造成包钢的生产长期不能正常发展，技术、经济指标比武钢等同行业低的主要原因。武钢采用大冶铁矿炼铁，不具有白云鄂博共生矿的复杂性，有苏联和鞍钢的冶炼经验可以参考。虽然当时也遇到大冶矿含铜太高难冶炼的技术问题，但武钢随后开展了含铜低合金钢的研究，从1965年的3300吨到1966年一跃为12.4万吨，产量猛增了37.5倍，武钢选矿技术的进步再加上配用了灵乡、程潮和金山店的低铜铁铁矿生产，[②] 使得武钢的整体发展情况要比包钢好，从冶炼技术角度来讲，没有遇到太大的困难，对武钢的冶炼技术产生的影响也没有包

① 龙春满：《鞍钢科技志》，辽宁大学出版社1991年版，第43页。
② 张春铭：《攻克含铜钢》，《中国冶金史料》1987年第4期，第22—32页。

钢严重。

第二，包钢建设时间晚于武钢，武钢的第一期工程基本是按照建设程序办事，建设前期的工作做得比较充分，有完整的、切实可行的建厂总体规划、施工规划和施工组织设计，按照冶金企业的生产程序安排建设顺序，矿山与主要公用辅助设施建设先行，基本做到辅助与主体建设相适应。主体建设抓住了出铁、出钢、成材的 3 个主要环节，提前建成了 150 万吨钢的规模。包钢的设计本来有武钢的建设经验可以参照，但设计、辅助工程建设时期采取了"先主体，后辅助"违反冶金工业建设程序的做法，最终造成得不偿失的严重后果。再者苏联专家撤走时，武钢的一期工程基本完成，而包钢正是全面建设的高潮阶段，因苏联没有提供 400 毫米的无缝钢管轧机，当时我国还不能制造这种设备，大大降低了包钢的作用，影响了包钢的正常发展。

第三，包钢和武钢同样经历了"大跃进"年代，武钢第一、二期工程连建，在第一期还没有完全配套的情况下，开始了第二期的冶炼系统的建设，也出现造成第一期生产系统不完整、不协调的现象，第二期工程如同包钢的第一期工程建设情况，出现冶炼设备先于原料基地投产的现象，违反了冶金工业的生产流程，以致造成冶炼生产能力大，矿山、轧钢生产结构不合理的状况。1961 年武钢的第一期工程基本完成配套，1965 年开始了第二期工程 200 万吨规模的规划建设，1966 年就达到 126 万吨的生产能力，基本接近完成第一期生产目标。而包钢基本是 1964—1965 年进行原料系统的配套建设，从 1965 年至 1973 年才完成了轧钢系统配套建设工程，至此才完成原第一期工程的建设，比武钢落后了 10 多年。

三　包钢与武钢建设的后续发展

经过 1962 年到 1966 年的 5 年整顿，包钢和武钢的生产建设开始走上正常轨道。到 1993 年包钢实现了最初规划的 300 万吨钢铁的生产能力，武钢第一炼钢厂（原炼钢厂）于 1973 年完成原拟定 300 万吨的设计规模，于同年开始建设第二炼钢厂，到 1981 年实现了钢铁"双四百"万吨生产能力的扩建和一米七轧机系统工程的建设，超额完成了最初的设计规划。

武钢从 1965 年到 1970 年开始进行年产钢铁各 200 万吨综合生产能力的配套建设，这一时期，虽然在特殊年代遭受了巨大损失，但生产建设仍取得了一些进展。武钢具有各项指标居全国同行业前列的生产基础，国家要求武钢三年内建成 200 万吨钢的综合生产能力，制定了《关于三年建成武钢年产钢 200 万吨规模的规划》，但武钢直到 1971 年才基本形成了 200 万吨的生产规模。主要生产厂矿有：大冶、灵乡、程潮、金山店 4 个铁矿山，设计规模为年产 560 万吨铁矿石；乌龙泉石灰石、白云石矿，焦作黏土矿 2 个辅助原料矿山；2 个年产 423 万吨的烧结矿；5 座 65 孔焦炉，年产焦炭 225 万吨；4 座大型高炉，原设计规模为年产 400 万吨生铁；7 座平炉，年生产能力为 200 万吨钢；另有 1 座 80 吨氧气顶吹转炉处于试生产阶段；初轧、大型、轧板 3 个轧钢厂，还有耐火材料厂等其他辅助厂。在这一发展时期，主要项目仍属第一期工程被拖延下来的工程内容，加上部分第二期工程的连建项目，结果用了将近 10 年时间，才形成 200 万吨的生产能力。

1971 年开始，武钢开始编制"四五"规划实现"双四百"扩建初步设计。1974 年因中央决定将原"双四百"配套的一米七轧机工程（热轧厂、冷轧厂、硅钢片厂、第二炼钢厂的连铸车间）改由国外引进，并且规模也有大的变化，冶金部决定分开管理和建设武钢一米七轧机工程与"双四百"工程。从 1972 年到 1981 年，"双四百"工程基本建成。一米七轧机工程是毛泽东主席、周恩来总理和党中央批准引进的，是我国 70 年代初国家重点建设项目，也是 70 年代世界先进技术水平的项目，并从西德和日本引进成套设备和生产技术。1974 年从西德财团的杜依斯堡、迪马克公司和都塞尔多夫、施雷曼、西马克公司引进 1700 毫米带钢连续式冷轧机和 1600 毫米米板坯连续铸锭机；从新日本制铁株式会社引进了 1700 毫米连续热轧带钢厂和硅钢片厂的成套设备。一米七轧机工程由 143 个单项工程组成，其中主体工程 40 项，从 1977 年开始动工到 1981 年 12 月正式交付生产，仅四年多的时间，建设规模超过以往二十年来武钢建设的总和，是我国冶金建设史上一项规模巨大的工程。到 1981 年，武钢的生产规模达到 4 个铁矿山，总采矿规模 815 万吨；3 个选矿厂，处理原矿能力 725 万吨；3 个烧结车间，共有 8 台烧结机，年生产能力 550 万吨，2 台球团焙烧机，年生产能力 100 万吨；6 座大型焦炉，共 390 孔，设计年生产能力 270 万吨；4 座大型高炉，主体设备具有 470 万吨的年生产能力；2 个炼钢厂，第一炼钢厂有 8 座大型平炉，第二炼钢厂有 3 座 50 吨氧气顶吹转炉，设计能力年 400 万吨，第二炼钢厂设有弧形板坯连铸机 3 台，设计能力年 120 万吨；6 个轧钢厂，初轧厂设计开坯能力年 245 万吨；热轧厂、大型厂、轧板厂一次钢材年生产能力 421 万吨，二次钢材年生产能力 107 万吨；还有其他辅助设施。[①] 到这时武钢已建设成为一个具有"双四百"生产能力，能生产热轧薄板、冷轧薄板、带钢、硅钢片和中厚钢板及部分型钢的大型钢铁联合企业。

包钢从 1965 年至 1973 年进行了轧钢系统配套建设，初轧厂曾在 1959 年动工，但后来被迫停建，1965 年工程恢复建设，厂内建设的 1150 毫米初轧机是当时全国最大的国产初轧设备，由冶金部黑色冶金设计院设计，富拉尔基重型机器厂承制，于 1966 年 12 月正式投产。1966 年轨梁钢厂破土动工，因苏联提供的轨梁轧机存在多处缺陷，直到 1969 年，当时全国最大的轨梁轧钢厂才投产。1967 年，由苏联提供的 400 毫米无缝钢管轧机设备基本至齐，于 1968 年初无缝钢管厂破土动工，1969 年 8 月，冶金部决定包钢无缝钢管厂停建，

① 《武钢志（1952—1981）》第一卷上册，武钢志编纂委员会办公室，1983 年，第 30—49 页。

迁往山西省长治市，轧机设备运往太原，后经周恩来总理指示400毫米无缝钢管厂仍建在包钢，直到1970年10月恢复施工，1971年5月基本建成第一期工程，第二期石油套管生产线工程于1975年建成。①至此，包钢的轧钢系统配套工程基本建成，包钢生产的大型钢材开始支援全国各地的建设。

1973年至1980年，是包钢双150万吨钢铁生产能力配套建设阶段，但1973年包钢又面临全面停产的危险，国务院就包钢问题召开专门的座谈会，拟定按150万吨钢配套建设，直到1980年才基本完成。1981年到1993年，包钢开始300万吨钢铁生产能力的配套建设，这一期间建成了黑脑包铁矿、公益明铁矿，通过技术改造与扩建，大大提高了矿石生产能力；选矿厂以"弱磁—强磁—浮选"工艺改变了原料滞后于冶炼的局面；对冶炼系统的高炉、平炉进行改造性大修；在轧钢系统，为适应市场需要，改变产品结构，建成线材厂；带钢厂的热轧带钢、冷轧带钢生产线与3条焊管生产线；为提高钢坯、钢材的产量和质量，初轧厂建成连轧生产线；轨梁轧钢厂、无缝钢管厂引进了许多新设备，提高了轧钢系统的装备水平。之后建成了4号高炉、5号焦炉、高速线材三大工程，对1—3号转炉进行扩容。1971年包头市稀土冶铁厂正式成立，随后建成三条生产线，1978年至1986年，国务院副总理方毅7次到包头组织"包头资源综合利用科技工作会议"，组织对稀土资源综合利用的科技攻关，使我国稀土总产量于1986年超过美国，跃居世界第一位，1992年包头稀土研究院进驻包钢，包钢真正成为世界最大稀土原料生产基地。②包钢到1993年完成了最初300万吨设计规模的规划，创造了新中国钢铁工业多个"第一"：包钢在60—70年代引进了苏联制造的我国唯一一套400毫

---

① 《包钢志·第五编建设志（1927—1990）》，包头钢铁稀土公司档案馆，1993年，第15—16页。

② 包头钢铁（集团）有限责任公司：《尽工业长子之责圆民族复兴之梦——纪念包钢成立60周年》，新华出版社2014年版，第43—44页。

米自动轧管机组等；投产了我国自行设计制作的第一台1150毫米大型可逆式初轧机；生产了我国第一支60公斤/米重轨、第一支75公斤/米重轨、第一支轻型薄壁大型工字钢、第一支BIV-50型钢板桩、第一支244.5毫米大口径国产石油套管、第一支60公斤/米铌稀土轨、第一支国内最大口径426毫米热轧无缝钢管、第一炉稀土硅铁合金，[①] 为新中国钢铁工业发展开辟了先河。

从包钢和武钢的后续发展可以看出技术决策对钢铁公司建设的影响程度，包钢的第一期工程建设一直围绕第一期工程的配套建设进行完善，直到1993年才完成最初的建设规划，晚于武钢。

第四节　小结

从包钢自1954年至1965年这一段时期的建设成果和最初规划1965年建成300万吨钢生产能力的方案进行对比，以及从武钢这一时期的技术发展来看，包钢矿源的特殊性是影响技术发展的主要原因，但是技术决策对技术发展的影响也是至关重要的，在当时的国家计划经济体制下，企业的发展是根据国家计划、决策来确定发展方向、目标的。在新中国成立之初国家制定从苏联引进钢铁设备技术，以钢铁为核心、以重工业发展来带动国民经济发展的决策是正确的，从这一角度看，这一技术引进的过程是成功的，钢铁行业完成了在全国的布局，奠定了中国钢铁业发展的基础。但技术引进后效果并没有达到预期目标，存在着一系列影响技术引进效果的因素，而不恰当的技术决策成为影响技术发展的关键因素。包钢的第一期工程、武钢的第二期工程都受到这一因素的影响，致使建设程序颠倒，没有按照冶金建设规律发展，造成生产系统不配套，带来了

---

① 包头钢铁（集团）有限责任公司：《尽工业长子之责圆民族复兴之梦——纪念包钢成立60周年》，新华出版社2014年版，第6页。

一系列技术问题。通过总结经验教训，国家进行了八字方针的调整改造，在一定程度上使技术效果显著提升，从包钢和武钢的后续发展也不难看出，只有靠正确的方针政策指引，同时必须按照客观经济规律办事，才能使钢铁行业走上正常发展的轨道。

结　语

　　1949—1965 年中国钢铁工业在这一时期经历了大起大落的曲折发展，从全面引进苏联设备、学习冶炼技术到建立自己的完整钢铁工业技术发展，无不受着中国社会、政治、经济等一系列因素的影响。在当时的社会背景下，所制定的钢铁技术决策同技术发展存在着紧密的关系，包钢的建设历程代表了内蒙古钢铁工业的发展历程，反映了在中苏的技术合作与交流下这座草原钢城的创新发展之路，也体现了我国钢铁工业建设艰难曲折发展的经过。

　　包钢的建立源于白云鄂博矿的发现，以及国家对于钢铁行业技术发展的决策支持。包钢在建设初期根据国家"156 项工程"的建设规划，从苏联引进冶炼技术，体现了苏联对中国钢铁技术的援助及苏联专家的重要作用。在技术能力本土化进程中，包钢针对产生的技术难题进行技术改造创新、培养自己的技术人才。在包钢建设的整个过程中，都受到当时的政策对包钢技术发展产生的影响。从中国当时的钢铁技术发展与苏联及世界主要产钢国家进行的对比研究中可以看出，包钢从苏联引进钢铁技术主要是因为中国采取"一边倒"的政策，引进的是平炉炼钢技术，而非最先进的转炉炼钢技术，但对于中国现代钢铁技术的发展来说仍是奠定了基础，中国现代钢铁技术也就是在这一基础上逐渐发展起来的。在引进苏联钢铁技术、人才培养等方面苏联专家起到了很大的作用，为了消化吸收这些技术，中国钢铁行业采用了各种方法培养自己的技术工程师和工人。通过对包钢首任技术专家型领导杨维的研究，可进一步反映出技术决策对科技人才、技术发展的影响。

把包钢的发展放到中国现代钢铁工业发展的建构体系中，可以明确地认识到包钢对现代钢铁技术发展史的意义和作用。

第一，促进了地方工业的发展。内蒙古自治区的冶金工业，以包钢为中心，其他中、小钢铁厂都是从1958年开始发展的。内蒙古冶金工业从无到有，并发展成为钢、铁、钢材、焦炭、铁矿石及其他辅助原料矿等冶金工业体系，成为自治区的重要经济部门之一，促进了机械、军工、煤炭、电力、交通运输、建筑等行业的建设与发展。为建设包钢而建成的京包、包兰等铁路，以及通往北京、银川的若干条公路，使包头成为连接华北、西北地区的枢纽。

第二，促进包头形成兵器工业基地。包钢的建成对巩固国防和维护国家安全也做出了重大贡献，"一五"期间国防兵器工业被安排在靠近钢铁煤炭等能源基地，建设这样的重兵器科研、生产、试验基地需要良好的地理、地貌、气候、水源等环境和较好的地区工业基础和较为完善的工业配套条件，中央当时提供的备选地区有湖北、甘肃、宁夏和内蒙古。① 由于包钢的建立为内蒙古成为一个工业基地打下基础，因此在"156项工程"中有五项安排在包头，除包钢外，还有第一机械厂、第二机械厂，使包头成为兵器工业基地。

第三，拉开了自治区发展现代电力工业的序幕。为包钢等大型企业服务的包头第一热电厂、第二热电厂也被列为"156项工程"的重点项目开始建设，这是内蒙古电力工业发展的开端。包头第一热电厂、第二热电厂相继于1958年投产，随着包钢基地的大规模建设，以及各种项目开工建设的局面都促进了内蒙古电力工业建设的大发展，为包钢出铁做出重大的贡献。与此同时，内蒙古电网建设也开始起步，由包头至白云鄂博和包头至呼和浩特的两条110千伏电线路于1958年投

---

① 胡剑铭：《草原铁骑》，远方出版社2011年版，第2页。

入运行，形成了最初的内蒙古西部电网，1965 年西部电网用电量为
86323 万千瓦时，其中包头地区占到 92%。[①] 乌海的乌达煤矿、包钢卡
布其石灰石矿是供给包钢焦煤和石灰石的主要矿区，为了解决矿区的
生产生活用电，乌海地区的电力工业开始发展。以包钢为中心的包头
工业基地的建设与快速发展，促进了内蒙古电力工业的大发展，带动
了相关经济的发展和人民生活水平的提高。

第四，包钢的建设与城市规划。包头是新中国成立后国家在北疆
重点建设的工业基地，是全国少数民族地区的最大工业城市之一，50
年代初，包头新市区随着包头钢铁工业基地的建立逐步兴建发展起来，
形成一个以钢铁、机械为主体的新兴工业城市。包头的城市规划最初
是按照苏联设计规划成现代化工业城市建设的，规定城市人口为 80 万
人。1954 年，包头城市建设方针发生变化，城市人口缩减到 60 万人，
城市建筑以市中心为基准向内靠拢。在共和国的历史上，包头城市规
划方案是唯一一个以党中央名义批准的，为包头的城市建设和发展指
明了方向，被国内学者誉为"包头模式"。[②] 1957 年，昆都仑区、青山
区新兴工业区基本形成。在新城区规划建设的同时，还充分利用现有
设施，逐步改变了东河区旧城区。随着包钢第一、第二机械厂，包头
第一、第二热电厂等相继投产，相应的住宅区也都交付使用，在祖国
北疆、少数民族地区形成一座新型的综合工业城市。

第五，冶金教育体系的建立。随着包钢生产建设的发展，包钢逐
步形成了完整的冶金教育体系，包钢从成立之初，就非常重视教育工
作，从开办训练班到去其他钢铁企业的代培，再到赴苏联实习，包钢
培养了最初的专业骨干技术干部和工人。从 1956 年开始逐渐筹建了包
钢技工学校，包头第一、第二冶金建筑工人技校，包头工业学校（包

---

① 赵正方：《包头钢铁基地的建设与内蒙古电力工业的发展》，载张宇主编《内蒙古
包头钢铁基地的建设与发展》，内蒙古人民出版社 2013 年版，第 366—388 页。

② 王世颖：《包头钢铁基地建设与市区的兴建和拓展》，载张宇主编《内蒙古包头钢
铁基地的建设与发展》，内蒙古人民出版社 2013 年版，第 534—543 页。

头钢铁学院）等不同层次的冶金教育，专门为冶金建设与生产培养人才，并且非常重视培养少数民族干部和工人。随着生产的发展，职工教育也得到了较快的发展，以师代徒，厂矿企业办学校等各种形式的职工教育开展起来。包钢逐步形成了从文化教育到技术教育，从岗位培训到学历教育的多层次多形式的冶金教育体系。

第六，促成内蒙古地区矿产资源的形成。为建设包钢，配套开发了自成体系的矿山资源，铁矿矿山主要有白云鄂博铁矿、黑脑包铁矿、公益明铁矿等；辅助原料矿山有固阳白云石矿、卡布其石灰石矿、杂怀沟硬质黏土矿、峙峪软质粘土矿、三合明铁矿等。在包钢附近发现了诸多矿产资源，包括煤、石油、金属和非金属矿，为保证包钢的发展提供了有力的外部资源，形成丰富的西部矿产资源优势。主要有包头大青山矿区、与伊盟的准格尔煤油、东胜煤田、乌海的卓子山煤田、石拐矿区及阿拉善盟的煤炭资源等；为包钢提供燃料的石油、天然气资源随着勘探技术的进步逐步发展起来，距包钢较近的有鄂尔多斯北京油气田、河套油气田、集宁油气田、二连油气田等；钢铁工业需要大量的石墨电极、电极糊及炭砖等石墨制品，在包头周围地区探明有 8个矿床，有土默特左旗的大型石墨矿、达茂旗的百灵庙石墨矿、乌拉特前旗的哈达门沟石墨矿等，可为包钢生产提供丰富的材料资源；[1] 特别是稀土资源得天独厚，储量占到全国总储量的 97% 以上，占世界总储量的 81% 以上，草原钢城成为举世瞩目的稀土之乡；再加上黄河水利资源、电力资源等的配套建设，形成以包头钢铁工业基地为中心的新兴工业生产基地，并以此为依托，逐步开发内蒙古地区的矿产资源。

"156 项工程"的特点之一就是大多数项目安排在我国中部地区。因为当时中国工业经济 70% 集中在沿海一带，内地工业也主要集中在少数大城市，因此"156 项工程"中大多数项目在选址时充分考虑原料、水源等就近利用的综合因素，促进当地工业经济的发展，包钢的

---

[1]　袁木：《包头钢铁稀土公司》，中国计划出版社 1991 年版，第 23—32 页。

发展充分体现了这一特点。包钢的建设和生产，结束了内蒙古寸铁不产的工业落后状态，促进了包头地区工业和城市建设的发展，使包头市成为我国重工业城市之一，对于开发边远地区资源起到了积极作用。对于发展国民经济，改善我国钢铁工业布局发挥了重要作用，而且对于繁荣民族地区的经济文化事业，培养民族工人、科学技术干部等也发挥了重要作用。这一时期呈现出特殊的钢铁工业发展特点：

第一，包钢的初期建设与发展体现了典型的"边建设、边生产"的特点。包钢从苏联引进设备和技术，在 1957 年前完成建厂的准备，开始大规模建设，在国家急于求成的大背景下，"边建设，边生产"，最终付出了沉重的代价。包钢按照原规划从采矿、炼焦、炼铁、炼钢、轧钢形成配套的生产能力，实际上是只重冶炼，在"重中间，弃两头"的情况下投产。再加上为了提前出铁盲目修改设计，快速低质的建设导致了一系列矿石未选烧难以冶炼、"三口一瘤"、高磷铁水等技术问题，直到调整时期，才进行填平补齐，重视配套生产，逐步走上正常发展的轨道。

第二，通过技术能力的培养来发展中国现代钢铁工业。中国现代钢铁工业就是从 20 世纪 50 年代的鞍钢、武钢、包钢等依赖成套设备的进口发展起来的，通过进口成套设备，引进关键技术，培养、锻炼了一大批科研技术干部和管理人才，推进了我国钢铁工业的发展和技术进步。包钢通过苏联专家的援助、钢铁同行业的支持，去苏联学习，筹建研究所，建设技校、学院，开展各种形式的职工教育等方式培养人才。这些人才的培养在中国从苏联引进钢铁技术进程中起着至关重要的作用，使中国初步建立起自己的冶金教育体系。

第三，包钢的初期发展与中国现代钢铁工业技术的发展趋势一致。包钢和其他重要的钢铁企业都是在国家计划经济体制下进行建设，所有的重要发展决策都由中央统一制定规划，作为当时三大钢铁基地之一的包钢代表着中国现代钢铁技术发展的趋势。1957 年前，中国现代钢铁技术飞速发展，包钢顺利度过了建设筹备期，随后包钢等国家钢铁工业建设经历了三年大起、两年大落的困难时期，随着国家钢铁行业政策的调整，钢铁工业才正常发展起来。

第四，技术决策是影响钢铁技术发展的重要因素。中国现代钢铁工业是在特殊的政治、经济、社会条件下进行的，不同时期所做出的技术决策对钢铁工业的发展有着重要的影响。从苏联引进技术的"156项工程"及国家重视优先发展以钢铁行业为重点的重工业发展决策促进了钢铁工业的发展。

第五，包钢的建设对中国现代钢铁工业发展起着重要的作用。包钢的初期建设没有如期建设成配套的钢铁联合企业生产基地，但其建设改变了中国钢铁工业的布局，促成了包头工业基地的形成，开发了丰富的矿产资源，尤其是为后期发展奠定了基础，不仅建成了大型的钢铁联合企业生产基地，也成为世界著名的稀土研究发展基地，包钢的建设发展对中国现代钢铁工业的发展起到了不可估量的作用。

第六，苏联援建包钢对今后中俄战略合作关系起到推动作用。回顾"一带一路"上白云鄂博矿的发现，在中国实行第一个五年计划期间苏联援建包钢这段历史，能以史为鉴，对今后中俄战略合作关系也能起到推动作用。当时苏联为包钢的建设提供了很多的技术和设备，帮助建立全套钢铁工业化，此时两国关系也进入蜜月期。新时代，中俄两国在"一带一路"倡议合作框架下实现经济合作，在平等、互利、互惠、双赢的基础上才能共同快速发展。

参 考 文 献

一 档案文件

《1953 年 5 月 15 日协定第 1 号附件：苏联帮助中国建设和改建的企业清单》，包头档案馆档案，案卷号：1-54-1554。

《1959 年包钢专家工作总结》，包钢档案馆档案，案卷号：1-17-0382。

《1963 年包头矿综合利用和稀土应用工作会议（即第一次"4·15"会议）简报》，《包钢志第十八编附录（1927—1990）（送审稿）》，包头钢铁公司档案馆，1996 年。

巴尔金：《苏联科学院副院长巴尔金院士致中国科学院院长郭沫若关于白云鄂博铁矿问题的公函》，1957-08-29。

《白云鄂博矿（俗称包头矿）综合利用座谈会纪要》，（技部收 610 号）1963-06-28。

包钢党委办公室：《李鹏总理到包钢视察》，《包钢志第十八编附录（1927—1990）（送审稿）》，包头钢铁公司档案馆，1996 年。

《包钢建厂初期工作总结》，包钢档案馆档案，案卷号：1-17-69。

《包钢建厂进度附表二》，包头钢铁（集团）公司档案馆文书档案，案卷号：1-1-0246。

《包钢建设能否更快更好些》，包头钢铁（集团）公司档案馆文书档案，案卷号：1-1-0246。

《包钢七年来的专家工作总结》，包钢档案馆档案，案卷号：1-1-0390。

《包钢问题座谈会纪要》，《包钢志第十八编附录（1927—1990）（送审稿）》，包头钢铁公司档案馆，1996 年。

《包钢专家工作检查报告》，包钢档案馆档案，案卷号：1 - 17 - 0382。

《包钢专家检查报告》，包头钢铁（集团）公司档案馆文书档案，案卷号：1 - 17 - 0382。

《包钢自力更生运动情况的报告》，包头钢铁（集团）公司档案馆文书档案，案卷号：1 - 1 - 0246。

《包头钢铁公司厂址选择建议书》，包头钢铁（集团）公司档案馆文书档案，案卷号：1 - 17 - 0016。

《包头钢铁公司第一个五年计划总结》，包头档案馆档案，案卷号：1 - 17 - 130。

地质部：《关于勘探稀土元素技术协助问题》（［55］地矿申 22 号），1955 - 09 - 10。

对外贸易部、冶金工业部：《关于拟向苏方提出包钢轨梁轧机设备质量异议问题的请示》（［66］贸成壹字第 1 号），1966 - 01 - 09。

《关于 1 号高炉出铁急需设备物技术力量问题向苏谦益同志报告》，包钢档案馆档案，案卷号：1 - 1 - 0245。

《关于包钢今后几个铁矿山和选矿烧结建设问题的报告》，包头钢铁（集团）公司档案馆文书档案，案卷号：1 - 17 - 0691。

《关于包头钢铁公司设计任务书的报告》，包钢档案馆档案，案卷号：1 - 17 - 1473。

《关于急需材料设备向内蒙党委及乌兰夫主席的报告（为武昌会议准备材料）》，包钢档案馆档案，案卷号：1 - 1 - 0245。

《关于检查包钢基建情况向内蒙党委乌兰夫同志并中央的报告》，包钢档案馆档案，案卷号：1 - 1 - 0245。

郭沫若：《中国科学院院长郭沫若致苏联科学院副院长巴尔金的信》，1957 - 06 - 17。

《国家计委关于苏联在五年中为我国设计的 141 个主要企业项目分区一览表和设计数据》，包头档案馆，案卷号：1 - 54 - 1783。

国家建设委员会:《关于批准包钢初步设计的请示》（［56］建重寅16号），1956 – 03 – 12。

国家经委:《关于成立包头稀土铌公司的通知》（经重［1979］33号），1979 – 02 – 13。

国家科委党组:《关于以改善钢种为纲，大力研究、生产和应用稀土元素的报告（草稿)》，1960 – 09 – 01。

国家科委一局:《关于包头稀土资源综合利用工作进展情况简报》，1963 – 01 – 15。

国务院:《关于商请苏方将包钢两期工程一次建成问题致李强电》（［56·4］总周10号），1956 – 04 – 04。

《呼和浩特市人民委员会关于进行土法炼铁和试办小高炉炼铁的方案》，呼和浩特档案馆，案卷号：23 – 1 – 455。

《建设包头钢铁联合企业的几个问题》，包头钢铁（集团）公司档案馆文书档案，案卷号：1 – 17 – 0039。

《玛茨专家工作总结》，包钢档案馆档案，案卷号：1 – 17 – 0382。

《内蒙中苏友协十年来工作情况》，内蒙古档案馆档案，案卷号：309 – 1 – 125。

聂荣臻:《聂荣臻同志关于白云鄂博矿藏开发问题的信》（中央收文［63］2605号），1963 – 06 – 03。

《苏联专家组组长斯捷班斯基在包工作总结》，包钢档案馆档案，案卷号：1 – 17 – 0382。

外交部中国驻苏大使馆:《关于包钢矿石氟的试验问题》（冶末109号），1955 – 08 – 08。

乌兰夫:《关于包钢的几个紧迫问题向中央的报告》（中共内蒙古自治区委员会），1958 – 11 – 26。

《乌兰夫向王鹤寿和陶鲁茄的汇报》，包钢档案馆档案，案卷号：1 – 17 – 0243。

《希洛瓦特克专家工作总结》，包钢档案馆档案，案卷号：1 – 17

—0382。

《肖米克专家给重工业部王部长的建议书》，包头钢铁（集团）公司档案馆文书档案，案卷号：1—17—0156。

严济慈、赵飞克：《关于如何执行中苏科学技术合作协议第4204项"共同进行白云鄂博铁矿的研究"问题的报告》（中国科学院），1958—04—11。

严济慈：《中国科学院技术科学部主任严济慈致茨辽夫教授和巴尔金副院长的信》（中国科学院），1957—06—17。

杨维：《关于改"五四钢铁公司筹备处"为"包头钢铁公司"的请示》，包头钢铁（集团）公司档案馆文书档案，案卷号：1—17—1473。

《冶金部关于建设鞍、武、包、酒钢的投资削减等问题报告》，包头钢铁（集团）公司档案馆文书档案，案卷号：1—17—1473。

冶金工业部：《关于包钢等单位下放的问题》（〔70〕冶军生字第661号），1970—05—23。

冶金工业部：《关于成立包头稀土铌公司的报告》（〔78〕冶科字第3216号），1978—12—12。

冶金工业部、中国科学院、中共包头市委：《关于包头稀土提取及在合金钢应用的科学研究工作会议的报告》，1960—12—30。

《在内蒙古自治区第二届人民代表大会上李超的发言》，包头钢铁（集团）公司档案馆文书档案，案卷号：1—1—0246.

《在市人代大会上的发言》，包头钢铁（集团）公司档案馆文书档案，案卷号：1—1—0246。

中财委党组：《关于全国钢铁工业的发展方针速度与地区分布问题向中央的报告》（财经寅198号），1953—03—19。

中共中央华北局：《中共中央华北局决定成立包头市建设委员会的通知》（〔1953〕局函字第33号），1953—11—23。

中国共产党中央委员会：《中共中央批准包头钢铁公司初步设计任务书》（中发卯33号），1956—04—04。

中国科学院:《1960 年中苏两国共同进行和苏联帮助中国进行的重大科学技术研究项目的计划建议》(〔59〕科化保字 056 号),1959 年。

中央工业工作部包头工作组:《包头钢铁公司建设中的一条经验》,1959 - 07 - 03。

《关于钢铁工业发展方针等问题的批示》(财辰 NO130),1952 - 05 - 06。

中央人民政府财经委员会:《同意包头钢铁公司在宋家壕建厂》(〔54〕计发已 22 号),1954 - 06 - 05。

重工业部党组:《包头钢铁公司初步设计审核报告》(重发丑字 159 号),1956 - 02 - 16。

《重工业部党组对包头钢铁公司初步设计审核报告》,包钢档案馆档案,案卷号: 1 - 17 - 1473。

重工业部:《关于包头钢铁厂资源概况及选择厂址情况的报告》(〔1953〕计申 15 号),1953 - 09 - 03。

重工业部:《关于包头钢铁公司设计任务书的报告》(计辰字 299 号),1954 - 05 - 07。

《周恩来总理在庆祝包钢 1 号高炉提前出铁干部大会上的讲话》,1959 - 10 - 16。

《驻包钢苏联专家组长斯捷班斯基同志向市委汇报记录》,包头钢铁(集团)公司档案馆文书档案,案卷号: 1 - 17 - 0382。

二 内部发行的志书及史料选辑等

包钢厂史办公室:《包头钢铁公司编年纪事(1927—1984)〔征求意见稿〕》,1984 年。

包钢关协丛书编辑组:《包钢史话》,包钢关于下一代协会,1994 年。

包钢(集团)公司办公厅:《历史镜头中的包钢》,2004 年。

包头钢铁公司:《1513 米^3 高炉的砌筑经验》,冶金工业出版社(内部资料)1960 年版。

包头钢铁公司厂史办公室:《包钢史料选辑(1—10)合订本》,1982—

1987 年。

包头钢铁公司厂史办公室:《包钢史料选 (11—14)》, 1988—1990 年。

包头钢铁公司:《设备管理制度汇编》, 1981 年。

包头钢铁稀土公司档案馆:《包钢志编年记事 (1984—1990)》, 1991 年。

包头钢铁稀土公司档案馆:《包钢志·第八编企业管理志 (1927—1990)》(上、下), 1993 年。

包头钢铁稀土公司档案馆:《包钢志·第二编大事记 (1953—1990)》, 1993 年。

包头钢铁稀土公司档案馆:《包钢志·第九编科学技术志 (1927—1990)》, 1993 年。

包头钢铁稀土公司档案馆:《包钢志·第六编生产志 (1959—1990)》, 1993 年。

包头钢铁稀土公司档案馆:《包钢志·第七编资源综合利用志 (1927—1990)》, 1993 年。

包头钢铁稀土公司档案馆:《包钢志·第三编地理志 (1927—1990)》, 1994 年。

包头钢铁稀土公司档案馆:《包钢志·第十六编人物志 (1927—1990)》, 1993 年。

包头钢铁稀土公司档案馆:《包钢志·第十七编厂矿简志 (1927—1990)》, 1993 年。

包头钢铁稀土公司档案馆:《包钢志·第十一编民族工作志 (1927—1990)》, 1993 年。

包头钢铁稀土公司档案馆:《包钢志·第四编勘探志 (1927—1990)》, 1993 年。

包头钢铁稀土公司档案馆:《包钢志·第五编建设志 (1927—1990)》, 1993 年。

包头钢铁稀土公司档案馆:《包钢志·第一编概述第十八编附录

（1927—1990）》，1996 年。

包头钢铁稀土公司档案馆：《冶金工业部包头钢铁设计研究院院志（1957—1987）》，1993 年。

包头市地方志史编修办公室等：《包头史料荟要》（第 1—14 辑）（内部发行），呼和浩特，内蒙古出版局，1980—1985 年。

海军等：《包钢炼钢厂四十年史料集锦（1960—2000）》，包钢炼钢厂，2000 年。

姬志勇等：《白云鄂博铁矿志（1957—2006）》包钢白云鄂博铁矿，2007 年。

吕智豪等：《建设包钢的先行者支援边疆建设史料东阳文史资料选辑第二十三辑》，政协东阳市委员会文史资料委员会，2006 年。

马福元：《呼钢志 1958—1984》，呼和浩特钢铁厂厂志编委会，1987 年。

内蒙古自治区地名委员会：《内蒙古自治区地名志包头市分册》，1985 年。

索守伦：《内蒙古测绘志》，内蒙古自治区测绘志编纂委员会，1993 年。

王树盛：《乌兰夫传（1906—1988）》，中央文献出版社 2007 年版。

《武钢程潮铁矿志（1958—1988）》，武汉，武钢程潮铁矿矿志办公室（限本系统发行），1991 年。

武钢大冶铁矿矿志办公室：《大冶铁矿志（1890—1985）》第一卷上下册，1986 年。

武钢第一炼钢厂志编纂办公室：《武汉钢铁公司一炼钢厂志（1958—1980）》，1986 年。

《武钢灵乡铁矿志（1958—1994）》，武汉测绘科技大学出版社 1997 年版。

武钢志编纂委员会办公室：《武钢志（1952—1981）》第一卷上中下三册，1983 年。

冶金工业部情报研究总所、计划司：《世界主要产钢国家钢铁工业统计》，中国冶金统计学会，1985 年。

曾国安等：《包钢画册（1954—1984）》，包钢厂史办公室，1984 年。

政协包头市昆都仑区文史资料委员会：《昆都仑文史资料选编（第 1—5）》，内部发行，1987 年。

三 报纸

《1 号巨型高炉建成 包钢提前一年出铁》，《人民日报》1959 年 9 月 27 日第 1 版。

《包钢 1 号高炉开始装料点火》，《内蒙古日报》1959 年 9 月 26 日第 1 版。

《包钢帮助我区发展钢铁工业》，《内蒙古日报》1959 年 2 月 4 日第 3 版。

《包钢加紧培养新的技术力量》，《内蒙古日报》1959 年 4 月 13 日第 2 版。

《包钢炼钢厂三工地职工教育出现新局面》，《内蒙古日报》1959 年 4 月 17 日第 3 版。

《包钢一批工人成为工程技术人员》，《内蒙古日报》1960 年 10 月 30 日第 3 版。

《包头地方国营炼铁厂动工兴建第 1 座小高炉》，《内蒙古日报》1958 年 4 月 2 日第 1 版。

《包头钢铁产量激增》，《内蒙古日报》1959 年 11 月 28 日第 1 版。

《包头钢铁学院建筑系中专部应届毕业生开始毕业设计，冶金系中专三个专业的学生赴各地毕业实习》，《内蒙古日报》1960 年 3 月 2 日第 3 版。

《包头建设得到苏联巨大帮助》，《内蒙古日报》1957 年 10 月 20 日第 1 版。

《保证重点 支援包钢》，《人民日报》1959 年 1 月 28 日第 1 版。

《彻底解放思想加快建设自治区》，《内蒙古日报》1958 年 4 月 28 日第

1 版。

陈守中:《革命的群众运动万岁》,《人民日报》1959 年 9 月 27 日第 7 版。

《昆都仑区成立民办钢铁职业中学》,《包头日报》1958 年 8 月 21 日第 3 版。

马金奎:《炼钢是工厂 炼人是学校——包头钢铁厂给各地培养技术工人》,《包头日报》1958 年 11 月 16 日第 4 版。

《加速建设冶金工业基地钢 》, 《内蒙古日报》1958 年 12 月 4 日第 1 版。

《伟大的胜利,艰巨的任务》, 《内蒙古日报》1959 年 10 月 16 日第 1 版。

《我国 1070 万吨钢提前超额完成》,《内蒙古日报》1959 年 12 月 22 日第 1 版。

《我国钢铁工业十年飞跃发展》, 《内蒙古日报》1959 年 9 月 23 日第 2 版。

《我区厂矿大办职工教育》,《内蒙古日报》1959 年 6 月 5 日第 3 版。

《我区胜利完成今年钢产铁产任务》,《内蒙古日报》1958 年 12 月 30 日第 1 版。

《我区中小型钢铁企业发展迅速》,《内蒙古日报》1959 年 9 月 17 日第 3 版。

《乌钢历史的第一页》,《内蒙古日报》1958 年 11 月 14 日第 2 版。

新华社:《苏联以最新科学技术帮助我国建设》,《人民日报》1959 年 9 月 2 日第 1 版。

新华社:《我国工业建设应该采取怎样的技术设备》,《包钢报》1957 年 4 月 6 日第 1 版。

《冶金工业部包头工业学校的招生简章》,《内蒙古日报》1958 年 7 月 22 日第 3 版。

《勤俭建设包钢,完成祖交给我们的光荣任务》,《内蒙古日报》1957

年7月27日第2版。

四 专著与文集

包头钢铁（集团）有限责任公司：《尽工业长子之责圆民族复兴之
  梦——纪念包钢成立60周年》，新华出版社2014年版。

包头市地方志编纂委员会：《包头市志》卷1，远方出版社2001年版。

《包头市青山区志》，内蒙古人民出版社2007年版。

《包头市志卷二》，远方出版社2007年版。

蔡惟慈等：《中国机械工业回顾与展望》，机械工业出版社2013年版。

《朝阳升起的地方——包钢辉煌五十年丛书》，远方出版社2004年版。

陈汉欣等：《苏联钢铁工业地理》，冶金工业出版社1981年版。

陈培浩等：《阮章竞评传》，漓江出版社2013年版。

邓力群等：《当代中国钢铁工业》，当代中国出版社1996年版。

董峰等：《2013装备工业蓝皮书》，北京联合出版公司2013年版。

董光璧：《中国近现代科学技术史》，湖南教育出版社1997年版。

方开柄等：《70年代世界工业技术》，上海科学技术出版社1978年版。

方一兵：《汉冶萍公司与中国近代钢铁技术移植》，科学出版社2011
  年版。

国家统计局工业交通物资统计司：《中国工业经济统计资料（1949—
  1984）》，中国统计出版社1985年版。

国家统计局公布：《中华人民共和国统计局关于发展国民经济的第一个
  五年（1953年到1957年）计划执行结果的公报》，统计出版社1959
  年版。

国家统计局：《新中国60年》，中国统计出版社2009年版。

郝维民：《内蒙古自治区史》，内蒙古大学出版社1991年版。

胡剑铭：《草原铁骑》，远方出版社2011年版。

机械工业出版社编辑部：《十年来的机械工业（文集）》，机械工业出版
  社1960年版。

《建国以来的毛泽东文稿》，中央文献出版社1992年版。

金冲及：《朱德传》（修订本），中共中央文献研究室，2000年。

景晓村主编：《当代中国的机械工业》，中国社会科学出版社1990年版。

《科技经纬——包钢辉煌五十年丛书》，远方出版社2004年版。

李和文：《邓小平的故事（之五）在总书记任上》，中共党史出版社2004年版。

李德：《内蒙古工业简史》，内蒙古人民出版社1989年版。

李树田：《见证包钢——包钢辉煌五十年丛书》，远方出版社2004年版。

李铁生：《内蒙古科技大事记》，内蒙古人民出版社1992年版。

林东鲁等：《白云鄂博特殊矿采选冶工艺攻关与技术进步》，冶金工业出版社2007年版。

林蔚然等：《内蒙古自治区经济发展史（1947—1988）》，内蒙古人民出版社1990年版。

林蔚然等：《内蒙古自治区经济发展史》，内蒙古人民出版社1990年版。

刘国良：《中国工业史》（现代卷），江苏科学技术出版社2003年版。

龙春满：《鞍钢科技志》，辽宁大学出版社1991年版。

《内蒙古通志第三编经济》（下），内蒙古人民出版社2007年版。

内蒙古自治区地方志编纂委员会：《内蒙古自治区志政府志》，方志出版社2001年版。

内蒙古自治区三十年编写组，《内蒙古自治区三十年》，内蒙古人民出版社1977年版。

彭敏主编：《当代中国的基本建设》（上、下卷），中国社会科学出版社1989年版。

任文侠等：《日本工业现代化概况》，生活·读书·新知三联书店1980年版。

沈克林：《中国重大技术装备史话宝钢成套设备制作》，中国电力出版社2012年版。

孙兆瑞：《包头科学技术志（史前到1990年）》，内蒙古人民出版社2001年版。

王麦主编：《当代中国钢铁工业的科学技术》，冶金工业出版社1987年版。

王霞主编：《丰碑——崛起的中国钢铁工业1949—2005》，冶金工业出版社2006年版。

王永夫：《呼和浩特工业史》，内蒙古人民出版社1988年版。

文强：《中国钢铁工业发展史》（一、二、三、四），学苑音像出版社2004年版。

吴熙敬主编：《中国近现代技术史》，科学出版社2000年版。

徐炳昶：《西游日记》，甘肃人民出版社2002年版。

冶金报社：《冶金工业四十年1949—1989》，经济日报出版社1990年版。

冶金工业部情报研究总所、计划司：《世界主要产钢国家钢铁工业统计》，中国冶金统计学会1985年版。

冶金工业部情报研究总所技术经济室：《国内外钢铁统计1949—1979》，冶金工业出版社1981年版。

冶金工业部：《中国钢铁工业年鉴》编辑委员会：《中国钢铁工业统计年鉴1985》，冶金工业出版社1985年版。

袁木：《包头钢铁稀土公司》，中国计划出版社1991年版。

张柏春主编：《苏联技术向中国的转移（1949—1966）》，山东教育出版社2003年。

张宇：《内蒙古包头钢铁基地的建设与发展》，内蒙古人民出版社2013年版。

中共中央文献研究室：《建国以来毛泽东文稿》（第六册），中央文献出版社1992年版。

中共中央文献研究室：《建国以来重要文献选编》（第 10 册），中央文献出版社 1994 年版。

中国大百科全书编辑委员会《中国大百科全书·矿冶》，中国大百科全书出版社 1980 年版。

《中国大百科全书（矿冶）》，中国大百科全书出版社 1984 年版。

中国钢铁工业五十年编辑委员会：《中国钢铁工业五十年》，冶金工业出版社 1999 年版。

中国钢铁工业五十年数字汇编编辑委员会：《中国钢铁工业五十年数字汇编》（上、下），冶金工业出版社 2003 年版。

中国国家经济贸易委员会：《中国工业五十年新中国工业通鉴 1949—1999》，中国经济出版社 2000 年版。

中国经济概况编写组：《中国经济概况》，新华出版社 1983 年版。

中国科学院编译出版委员会：《十年来的中国科学（冶金，1949—1959）》，科学出版社 1960 年版。

中国炼铁三十年编辑小组：《中国炼铁三十年（1949—1979）》，冶金工业出版社 1981 年版。

中国社会科学院等：《中华人民共和国经济档案资料选编》，人民出版社 2011 年版。

《中华人民共和国发展国民经济的第一个五年计划（1953—1957）》，人民出版社 1955 年版。

《周传典文集》编委会：《周传典文集卷 1》，冶金工业出版社 2001 年版。

《周传典文集》编委会：《周传典文集卷 2》，冶金工业出版社 2001 年版。

《周传典文集》编委会：《周传典文集卷 3》，冶金工业出版社 2001 年版。

《周传典文集》编委会：《周传典文集卷 4》，冶金工业出版社 2001 年版。

祝慈寿:《中国现代工业史》,重庆出版社 1990 年版。

[日] 户田弘元:《世界钢铁工业和钢铁企业》,那宝魁等译,冶金工业出版社 1994 年版。

[日] 中山秀太朗:《世界机械发展史》,石玉良译,机械工业出版社 1986 年版。

J. M. Hinton, *China's Steel Industry: the Policy Implications of Technology Transfer to the People's Republic of China*, Santa Monica: Rand, 1986.

M. Gardner Clark, *The Development of China's Steel Industry and Soviet Technical Aid*, New York, Cornell University Press, 1973.

Ronald Hsia, "China's Industrial Growth, 1953 – 1957", *The ANNALS of the American Academy of Political and Social Science*, 1959.

Ronald Hsia, *Economic Planning in Communist China*, Hongkong, International Secretariat, Institute of Pacific relations, 1955.

Ronald Hsia etc, *Its Output Behavior Productivity & Growth Pattern*, Hongkong, International Secretariat, Institute of Pacific relations, 1971.

Wu Yuan – li, *The Steel Industry in Communist China*, New York, the Hoover Institution on War, Revolution and Peace, 1965.

五 学位论文与期刊论文

包钢选矿厂:《弱磁——浮选——强磁流程工业试验》,《包钢科技》,1974 年。

陈春元:《包钢炼铁近 20 年科技发展综述》,《包钢科技》2004 年第 6 期。

邓金:《105 地质队揭秘》,《西部资源》2011 年第 1 期。

邓德文:《初轧厂生产技术发展史及展望》,《包钢科技》1984 年第 4 期。

丁道衡:《绥远白云鄂博铁矿报告》,《地质汇报》1933 年第 23 期。

窦学宏:《纪念〈绥远白云鄂博稀土类矿物的初步研究〉发表 70 周

年——中国发现稀土第一人——何作霖》,《稀土信息》2005 年第
2 期。

关国江等:《包钢烧结厂近十年来设备技术改造回顾》,《包钢科技》
1999 年第 4 期。

黄春江:《绥远百灵庙白云鄂博附近铁矿》,《地质论评》1946 年第
1 期。

霍知节:《我国第一个稀土生产工厂的创建及早期发展(1953—
1963)》,《自然辩证法通讯》2019 年第 3 期。

季为:《大炼钢铁》,《档案天地》2010 年第 1 期。

姜曦:《当代中国钢铁工业的技术嬗变——1949—1965 年冶金工业与社
会的思考》,《北京科技大学学报》(社会科学版)2014 年第 4 期。

李德彬:《五十年代我国引进技术设备的问题》,《北京大学学报》(哲
学社会科学版)1985 年第 4 期。

李刚:《一个铁骨铮铮的包钢人—春来塞外忆杨维》,《中国冶金史料》
1986 年第 1 期。

李尚诣:《钢铁工业科技进步历程》,《冶金管理》1999 年第 9 期。

《炼铁厂 1958—1998 年大事记》,《包钢科技》1999 年第 3 期。

刘诗铮:《回顾包钢建厂三十年,铁矿石原料的历程及今后设想》,《包
钢科技》1984 年第 4 期。

吕湘提等:《包钢炼钢厂技术改造探讨》,《炼钢》1996 年第 3 期。

栾景河:《苏联从中国召回专家的原因及其后果评介》,《中共党史资
料》2003 年第 1 期。

罗见今等:《中瑞西北科学考察团在内蒙古的活动及科学贡献》,《广西
民族大学学报》(自然科学版)2014 年第 3 期。

毛应民:《王鹤寿关于大炼钢铁运动的一封信》,《江淮文史》2014 年
第 1 期。

聂馥玲:《关于建国前白云鄂博矿的历史研究综述》,《长沙理工大学学
报》(社会科学版),2016 年。

齐光：《钢花铁水流年》，《中国冶金史料》1987 年第 1 期。

邱成岭：《苏联援建包头钢铁基地史略》，内蒙古大学，2004 年。

任建勋：《业绩辉煌的中国重型机械制造业五十年》，《重型机械》1999
年第 4 期。

沈志华：《对在华苏联专家问题的历史考察》，《当代中国史研究》2002
年第 1 期。

宋兴智：《包钢稀土工业现状及其发展》，《稀土》1983 年第 4 期。

宿世芳：《关于 50 年代我国从苏联进口技术和成套设备的回顾》，《当
代中国史研究》1998 年第 5 期。

孙秋昌：《建国以来机械工业的技术引进》，《机械工程》1986 年第
2 期。

唐嗣孝等：《包钢炼焦配煤研究四十》，《包钢科技》1994 年第 3 期。

王定武：《我国钢铁冶金设备国产化问题探讨》，《中国冶金》2003 年
第 4 期。

王利峰：《包头钢铁公司》，《钢铁》1988 年第 5 期。

王利中：《"一五"计划与包头工业基地的建设》，《当代中国史研究》，
2015 年。

王章豹：《中国机械工业技术引进五十年》，《自然辩证法通讯》2000
年第 22 卷第 1 期。

王振山：《包钢炼铁系统的技术进步》，《炼铁》1999 年第 9 期。

王振山等：《炼铁生产的回顾与展望》，《包钢科技》1994 年第 3 期。

沃泽明：《论大中型企业在少数民族地区的历史作用及影响》，《内蒙古
统战理论研究》1994 年第 5 期。

吴杰：《包钢建成记》，《国企》2012 年第 9 期。

肖文等：《白云鄂博矿区地质工作发展综述》，《包钢科技》2010 年第
36 卷第 3 期。

严振东等：《依靠科技进步，提高设备装备水平》，《包钢科技》1995
年第 2 期。

杨栋：《加快技术改造大力采用新技术努力开创炼钢生产新局面——在第二次全国炼钢会议上的工作报告》，《炼钢》，1985 年。

杨维：《包钢建设的筹备工作》，《建设月刊》1957 年第 9 期。

仪德刚等：《新中国技术引进的历程与成效分析》，《科技管理研究》2007 年第 4 期。

殷瑞钰：《关于钢铁工业的若干评论》，《北京科技大学学报》1990 年第 3 期。

于俊：《包钢钢轨科技攻关纪略》，《包钢科技》1992 年第 3 期。

于俊：《包钢高炉冶炼科技攻关纪略》，《包钢科技》1992 年第 4 期。

张柏春等：《中苏科学技术合作中的技术转移》，《当代中国史研究》2005 年第 2 期。

张国忠：《包钢的生产建设对开发内蒙古的重要作用—庆祝包钢建厂三十周年》，《内蒙古社会科学（汉文版）》1984 年第 5 期。

张慧生等：《包钢轧钢系统的成就和展望》，《包钢科技》1994 年第 3 期。

赵德民：《包钢稀土工业的发展》，《包钢科技》1994 年第 3 期。

郑睿川：《包钢的创建与边区的开发》，选自斯平《开发边区与三力支边——开发内蒙古与三力支边调查报告和论文选集》，内蒙古人民出版社 1986 年版。

政协包头市昆都仑区文史资料委员会：《昆都仑文史资料选编》，内部发行，1987 年。

中国包头钢铁公司白云鄂博铁矿：《前进中的白云鄂博铁矿》，《国外金属矿山》1997 年第 4 期。

中国冶金史料编辑部：《中国冶金史料》，1985—1994 年共 34 期。

周取定等：《包钢烧结矿及球团矿在高炉内的冶炼特性及破损的试验研究》，《北京科技大学学报》1981 年第 3 期。

г. A. 加尔布兹、м. п. 萨比耶夫等：《钢铁译丛》1957 年第 12 期。（王婷娣、杜华云合译自苏联杂志《钢》1957 年第 11 期）

Б. Я. 利亚宾基:《苏维埃政权 40 年苏联钢铁工业的发展》,《钢铁译丛》1957 年第 12 期。(杨直夫译自苏联杂志《钢》1957 年第 11 期)

и. А. 涅克拉索夫:《苏联的炼铁生产》,《钢铁译丛》1957 年第 12 期。(孙文俊译自苏联杂志《钢》1957 年第 11 期)

Д. А. 斯莫良连柯、"苏联的炼钢生产":《钢铁译丛》1957 年第 12 期。(田樹梓、杜华云译自苏联杂志《钢》1957 年第 11 期)

附　录

包钢生产建设大事记

为反映和当时情况更为相符，此处保留了当时整理的包钢生产建设大事记，[①] 可对照内蒙古包头钢铁基地的建设与发展中整理的大事记。[②]

1927 年

中国地质学家丁道衡发现白云鄂博铁矿。

1950 年

中央地质计划指导委员会二四一队开始对白云鄂博矿区进行普查。

1953 年

5 月："五四钢铁公司筹备处"（包钢前身）在北京成立，同年 6 月在包头设立五四钢铁公司筹备处包头办事处。

9 月：白云鄂博铁矿山临时开采。

11 月 23 日：中共中央华北局成立包头市建设委员会，由刘澜涛同志任主任，刘秀峰、乌兰夫、苏谦益等同志任副主任。

---

① 《包钢生产建设大事年表》，包钢档案馆档案，案卷号：1 - 17 - 0175，第 38—62 页。

② 张宇：《内蒙古包头钢铁基地的建设与发展》，内蒙古人民出版社 2013 年版，第 69—140 页。

1954 年

5 月 1 日：五四钢铁公司筹备处改为包头钢铁公司。

5 月 27 日：国家计委批准包钢设计书。

6 月 1 日：重工业部批准包钢在包头市宋家壕建厂。

6 月 5 日：中财委批准包钢厂址勘测报告。

6 月：中央批准包钢计划任务书，设计任务书。

1955 年

3 月 18 日：包钢由重工业部钢铁局领导改为由重工业部直接领导，包钢福利区开始建设。

7 月：鞍山钢铁建设公司成立包钢建设筹备处。

12 月 26 日：重工业部批准包钢建筑生产基地工程设计任务书。

12 月：苏联提交包钢初步设计（共 8 卷）。

1956 年

1 月 6 日：审查初步设计。

2 月 25 日：重工业部批准建筑生产基地工程初步设计。

3 月 13 日：成立鞍建包头分公司。

3 月 24 日：重工业部颁发包钢建厂规模（生铁 400 万吨，钢 350 万吨，钢材 270 万吨，建厂总进度为 1956—1963 年）。

4 月 4 日：国务院批准包钢初步设计。

5 月 25 日：国家计委批准包头特厚合金钢板厂（一〇六厂）设计任务书。

5 月 28 日：国家建委批准包钢初步设计概算。

8 月 14 日：冶金工业部批准包钢固阳、拉草山白云石矿初步设计。

8 月 21 日：冶金工业部批准包钢洪涛山石灰石矿设计任务书。

8 月 22 日：冶金工业部批准包钢杂怀沟硬质粘土矿初步设计。

9 月 23 日：工资改革，改革后全体职工平均工资较 1955 年提高17.78%，月平均工资增长 22.9%。

10 月 27 日：苏联提交包钢技术设计。

1957 年

1 月 1 日：包头冶金建筑总公司成立。

3 月 15 日：建筑基地铁路建成并举行通车典礼。

6 月 24 日：召开首届职工代表大会。

6 月：建筑基地基本建成并投入生产。整风、反右。

7 月 25 日：包钢厂区第一批工程：炼铁、炼钢、机修、锻造、金结等 11 个厂的机修区开工兴建，并举行建厂开工典礼。

10 月 20 日：包头钢铁公司、包头冶金建筑总公司、黑色冶金设计院包头分院合并为包头钢铁公司。

11 月：紧缩机构，下放干部（计 1643 人）。

12 月：白云铁矿粗破碎工程开工建设。白云铁矿铁路工程开工建设。

1958 年

2 月 3 日：成立钢铁材料厂（试验厂前身）。

3 月：白云铁矿中破碎工程开工建设。

4 月 1 日：焦化厂三号、四号焦炉开工建设。

4 月 6 日：焦化厂备煤车间开工建设，成立动力部。

4 月 8 日：炼铁一号高炉开工兴建。

4 月 18 日：机总金属结构车间建成投入生产，每年可加工钢板、型钢等金属结构部件八千多吨。

5 月 20 日：包钢黄河水源地第一供水系统工程动工。

6 月 14 日：炼铁厂一号高炉开始浇灌基础，并举行开工典礼。

6 月 24 日：成立耐火材料厂。

6 月 27 日：党中央政治局委员林伯渠同志视察包钢。

6 月 30 日：机械总厂建成投入生产。

7 月 1 日：耐火材料厂黏土砖车间，矽砖车间动工兴建。

7 月 5 日：机总三吨电炉投入生产。

7 月 10 日：焦化厂焦油车间动工兴建。

7 月 19 日：中共中央副主席朱德视察包钢。

7 月 25 日：焦化厂回收车间动工兴建。

8 月 12 日：焦化厂精苯车间动工兴建。

8 月：鞍山黑色金属矿山设计院完成包钢白云鄂博施工图。

9 月 12 日：钢铁材料厂炼铁车间投入生产。

12 月 12 日：钢铁材料厂转炉车间建成投入生产。

12 月 17 日：炼钢厂动工兴建。

12 月 22 日：焦化厂第一座焦炉（4 号焦炉）开始烘炉。

12 月：有色冶金设计总院完成包头稀有金属试验车间（704）矿前身初步设计。

1959 年

1 月 9 日：初轧厂动工兴建。

3 月 5 日：焦化厂一号焦炉开工兴建。

3 月 10 日：成立废钢处理厂。

3 月 16 日：白云铁矿电机车上山。

3 月 23 日：机总厂 20 吨小平炉投产。

5 月 1 日：白云铁矿山中破碎投产。

5 月 22 日：焦化厂 4 号焦炉炼出第一炉焦。

5 月 25 日：原煤炭工业部包头洗煤厂划归包钢领导。

5 月：成立杂怀沟黏土矿。

6 月 10 日：成立第二选矿厂（704 厂前身）

7 月 1 日：卡布其石灰石矿正式开采。

7 月 13 日：成立冶金炉修理厂。

8 月 4 日：黄河取水系统第一条管线正式通水。

8 月 22 日：焦化厂 3 号开始烘炉。

9 月 2 日：成立拉草山白云石矿。

9 月 5 日：焦化厂备煤车间投产。

9 月 7 日：炼铁厂 1 号高炉电力烘炉。

9月17日：机总10吨电炉投产。

9月26日：1号高炉提前一年建成投入生产。

10月12日：焦化厂3号焦炉炼出第一炉焦。

10月15日：举行1号高炉出铁典礼大会，周恩来总理亲临剪彩。

10月29日：钢铁材料厂改为试验厂。

11月2日：冶金工业部批准包钢焦化厂建设沥青焦车间。

11月12日：炼铁厂2号高炉动工兴建。

12月10日：耐火材料厂火泥车间、白云石车间、石灰石车间、黏土砖车间部分临时性生产。

12月10日：试验厂3号55M3小高炉流出铁水。

12月14日：冶金工业部批准包钢卡布其石灰石矿初步设计。

12月22日：焦化厂煤气解冻库正式投入生产。

12月25日：试验厂4号55M3小高炉投入生产。

12月：焦化厂回收车间，焦油车间投入生产。

1960年

1月1日：耐火材料厂矽砖车间投入生产。焦化厂1号、2号两座沥青焦炉开始烘炉。焦化厂硫铵车间投入生产。

1月3日：洗煤厂简易洗煤车间第一组生产系统全部投入生产。

3月17日：耐火厂1号隧道窑投入生产。

4月19日：成立公司农场。

4月22日：成立农牧管理处。

4月25日：成立综合技工学校。

5月1日：炼钢厂1号平炉投入生产。

5月9日：成立干部学校。

5月10日：成立包钢医学院。

5月18日：成立设备材料公司。

6月7日：成立轧辊钢锭模厂。

6月9日：成立施工机械制造厂。

6 月 16 日：成立王成沟铁矿。

6 月 24 日：国务院副总理陆定一来包钢视察。

7 月 13 日：成立地质勘探公司。

7 月 19 日：成立房产公司。

8 月 4 日：焦化厂 1 号焦炉投入生产。

8 月：欢送苏联专家回国。

9 月 13 日：炼铁厂 2 号高炉投入生产。

9 月 13 日：中共中央书记处书记李雪峰来包钢视察。

9 月 19 日：成立矿山公司。

9 月 26 日：成立索伦山铬镁矿。

10 月 13 日：炼钢厂 2 号平炉投入生产。

11 月 27 日：炼钢厂 3 号平炉投入生产。

1961 年

3 月 1 日：撤销医学院，成立卫生学校。

3 月 4 日：炼铁厂 2 号高炉恢复生产。

3 月 10 日：炼钢厂 3 号高炉恢复生产。

3 月 14 日：炼钢厂 1 号平炉恢复生产。

3 月 17 日：炼铁厂 2 号高炉恢复生产。

3 月 18 日：炼钢厂 2 号高炉恢复生产。

5 月 9 日：耐火厂 2 号恢复生产。

9 月 9 日：英国元帅蒙哥马利参观了包钢焦化厂和炼铁厂。

11 月：国务院副总理兼外交部长陈毅在内蒙古自治区政府主席乌兰夫的陪同下视察包钢。

1962 年[①]

3 月 14—17 日：中国金属学会包钢分会炼铁专业学术会议举行。会议对包钢矿石在冶炼中存在的问题进行了讨论。

---

① 《1962—1965 年包头钢铁公司编年纪事（1927—1984）［征求意见稿]》，包钢厂史办公室，1984 年。

4月16日：炼钢厂3号平炉在3月23日恢复生产之后，又因停供煤气而停炉。

6月1日：冶金工业部批准包钢关于黄河水源地3号输水管线南段10公里全部用钢管更替预应力钢筋混凝土管的意见。该工程投资1139万元，于1964年底建成投产。包钢因铺设预应力钢筋混凝土管造成返工共损失400万元。

7月25日：国家科学技术委员会召开包头稀土科学研究工作协调会议。国家科委副主任张有萱主持会议，冶金工业部副部长徐驰及解放军国防科委、中国科学院、第三机械工业部等部门负责人参加了会议。会议决定成立包头稀土临时协调小组等有关问题。

8月9日：国家科学技术委员会召开第二次包头稀土临时协调小组会议。包钢经理李超在会上介绍了包头矿资源、科学研究和建设选矿车间的情况及问题。会议商定：（1）提出包头资源的综合开发方案；（2）解决建设选矿车间的资金问题；（3）充实包钢冶金研究所的技术力量；（4）由包钢冶金研究所负责集中交流国内有关研究情况和技术情报资料；（5）年内或明年初召开一次全国性的稀土研究与应用学术会议。

9月17日：冶金工业部电告包钢、北京矿山研究院、鞍山黑色金属矿山设计院，决定白云鄂博铁矿的富、中、贫氧化矿（萤石类型）用氧化软腊皂作为浮选剂，立即进行工艺流程的全面试验，为设计提供可靠依据。

12月20日：包钢向冶金工业部钢铁司报告，1962年以前包钢生产与试制的钢种共48种。

1963年

1月7日：冶金工业部确定包钢选矿厂磁化焙烧设计方案：（1）为验证包头贫氧化铁矿石用竖窑焙烧的性能，决定在鞍钢50立方米竖窑进行彻底的焙烧磁选试验，试验的矿石要与包钢将来生产的矿石相同；（2）对选矿厂焙烧车间的建设，先建设转窑、竖窑各2台，逐步摸索经验。

2 月 4 日：包钢经理会议决定将包钢冶金研究所划分为包钢中央试验室和包钢冶金研究所两个部分。中央试验室承担黑色冶金试验任务，冶金研究所承担稀土、稀有金属的科研任务。同年 3 月 31 日机构分设工作办理完毕。

2 月 25 日：冶金工业部致函对外贸易部，同意签订苏联提交的《包钢 400 毫米无缝钢管轧机精整部分机械设备合同（草案）》，但有些个别问题需在合同签订前，向苏联方面查询并在合同中补充、修正。

3 月 9 日：冶金工业部副部长徐驰在北京主持召开会议，讨论包钢选矿烧结试验问题。参加会议的有冶金工业部设计司、矿山司和基建司负责人及有关人员。

3 月 15 日：冶金工业部致函中国技术进口公司同意包钢选矿、烧结车间电气设备按 1962 年 5 月中苏经济谈判确定的范围，与苏方签订合同。超出这个谈判范围的设备，不要苏方交付。

3 月 29 日：冶金工业部致函对外贸易部，同意苏联方面提出的包钢 80—125 毫米钢球轧机的设备合同草案。但附件所列配套设备的几个具体规格、型号、数量尚有问题，需在合同签订前，由苏方予以修正。

3 月：包钢制定《第三个五年计划包钢生产建设规划草案（1963—1967）》和《第四个五年计划包钢生产建设规划草案（1968—1972）》。"三五"规划要求包钢于 1967 年建成年产 150 万吨铁、100 万吨钢的联合企业；"四五"规划要求包钢于 1972 年建成年产 355 万吨铁、316 万吨钢、208 万吨钢材的联合企业。

4 月 1 日：经国家科学技术委员会批准，包钢冶金研究所改由冶金工业部直接领导，并更名为冶金工业部包头冶金研究所。

4 月 4 日：经国家科学技术委员会批准，冶金工业部决定撤销包钢七〇四厂建制，将该厂并入包头冶金研究所，改称包头冶金研究所合金试验厂，合并工作至同年 8 月 5 日结束。

4 月 15—27 日：国家科学技术委员会、冶金工业部、中国科学院在北京共同召开包头矿综合利用和稀土应用工作会议（即第一次"四·一五"会议）。会议由国家科委、冶金部、中科院、地质部、三机部、国防科委等部委的 15 位负责人组成领导小组。参加会议的有关科学家、工程技术人员和管理人员共 107 人。经过讨论，与会人员一致认为白云鄂博资源开发应贯彻综合利用的方针，但对如何执行这一方针，有不同的看法和意见。根据讨论的意见，会议印发了《包头矿综合利用座谈纪要》，制定了《1963—1967 年包头矿综合利用及稀土应用研究规划》。

4 月 16 日：冶金工业部副部长徐驰，在北京再次主持召开包钢选矿试验会议。会议对浮选、水质、尾矿净化等试验工作，做出具体要求和决定。参加会议的有包钢、鞍山矿山设计院、北京矿山设计研究院、建筑设计研究院、包头黑色冶金设计院及冶金工业部设计司、矿山司、基建司等有关单位。

5 月 17 日：冶金工业部对包钢补充初步设计方案审查结束。并就矿山、选矿和烧结工程的有关设计问题做出决定：白云鄂博铁矿的机修、供热、供水设施等，可按矿山年产 1200 万吨矿石规模进行填平补齐，设计可按方案与施工图两段进行；为保证深部露天开拓运输方法的可靠性，矿山设计院要积极收集国外有关资料，结合国内生产条件研究；为保证包钢 300 万吨钢规模所需铁矿石的用量，还应进行第二矿石基地的勘探工作。

5 月 20 日：国家科学技术委员会向国务院副总理聂荣臻提交了《关于包头白云鄂博矿藏开发利用问题的报告》。《报告》介绍了白云鄂博资源情况及稀土、铌、钽的用途，汇报了开发方针上存在的不同意见。《报告》认为"鉴于白云鄂博矿藏的开发利用和包钢的建设方针，涉及国民经济计划的全面安排，建议国家计委组织力量全面地加以研究"。

冶金工业部向包钢、包头冶金建设公司、鞍山矿山设计院、包头黑色冶金设计院下达《关于加强包钢选烧工程进度的通知》。该通知称，包钢选矿烧结工程是国家 1963 年的重点建设项目，也是包钢在调整时期的首要建设项目。

7 月 19 日：冶金工业部下达《1963 年包钢基本建设设计问题的通知》。该通知对包钢白云鄂博铁矿、卡布其石灰石矿、杂怀沟硬质黏土矿、选矿厂等单位的 50 余项有关设计问题做了具体安排。

8 月 2 日：冶金工业部党组向中共中央、国务院呈报《关于包钢建设方针的意见》。针对白云鄂博究竟是作为钢铁基地去开采，还是按稀土金属、稀有金属矿去开采；包钢究竟是否仍应按原计划进行建设，或者按照特殊钢厂去建设等几种不同意见，冶金工业部认为，包钢仍应按原设计方案建设，可以先建成 150 万吨的规模。包钢在设计和建设中可以贯彻钢铁和稀土金属同时并举的方针，系统地搞清白云鄂博资源，首先查明铌的矿藏，尽量解决当前采矿和保护铌矿之间的矛盾，并加强对白云鄂博资源综合利用的科学研究。

8 月 20 日：冶金工业部批复包钢《关于请求下达白云鄂博铁矿矿体内铌的分采工业技术指标的报告》。冶金工业部认为，从易解石内通过选矿方法富集铌的试验研究，虽经长沙矿冶研究所做过工作，但只能从原矿含铌 0.06% 富集到 0.29%，尚未达到铌精矿含铌 20% 左右的要求。因此，在选矿工艺尚未过关之前，还不能提出工业储量指标。

11 月 1 日：冶金工业部就国外进口轧机在国内补套问题，致函国家计委并第一机械工业部，要求对已有的包钢直径 400 毫米无缝钢管轧机从整套轧机出发，全盘考虑补套工作。

11 月 12 日：冶金工业部发文，要求认真清查进口轧机及其他重要设备的设计图纸和设备质量问题。包钢清查项目是 950/800/850 毫米轨梁轧机、钢球轧机、直径 400 毫米无缝钢管轧机。

1964 年

2 月 26 日：冶金工业部下达通知，要求包钢在 1964 年度"扭转亏损，修好设备，练兵习武，打好基础，迎接大发展"。但仍允许包钢亏损 2772 万元。

4月8日：中国第一座200公斤煤气加热铝镁砖配煤试验焦炉在包钢焦化厂建成并开始烘炉。

4月9日：时任中共中央总书记、国务院副总理邓小平，时任中共中央政治局委员、全国人大常委会副委员长彭真，在时任国务院副总理、中共内蒙古自治区委员会第一书记、内蒙古自治区政府主席乌兰夫陪同下视察包钢。

4月14日：冶金工业部为包钢发来贺电："经过第一季度的努力，你们已摘掉亏损帽子，这在包钢是一件大事，是包钢工作大转变的表现。"

4月17日：包钢召开一季度扭亏为盈祝捷大会。冶金工业部财务司副司长岳仲轩代表冶金部向包钢全体职工表示祝贺。中共包头市委第二书记范易在大会上讲了话。包钢自1964年开始至1966年三年共盈利6729万元，是包钢历史上第一次扭亏为盈时期。

7月6日：冶金工业部设备维护管理工作座谈会在包钢举行。冶金工业部设备司副司长宁秋海、政治部宣传部副部长刘冠军主持会议。国家经委副主任、物资管理局局长袁宝华出席会议并讲了话。包钢在1961年国家决定缩短基本建设战线后，大量"下马"的工程设备积压在库，最高峰的1962年在库设备达71600吨，号称"设备海洋""亚洲第一大仓库"。其中一半以上是苏联进口的成套设备。为了全面维护、保养好这批在库设备，包钢组建了专门队伍，扩建设备仓库，并利用缓建工程的厂房、宿舍设立大批临时仓库。自1962年至1964年，包钢共完成一次性防腐维护设备88231吨。其中解体维护保养69792吨，归整倒运设备132881吨。冶金工业部在设备维护管理工作座谈会上，对包钢在库设备维护工作给予了充分的肯定。

7月：中共中央书记处书记、中共中央华北局第一书记李雪峰视察包钢。

8月28日：包钢就包头地区红砖质量问题向冶金工业部和包头市人大、包头市经委提出报告。报告反映，包头地区红砖质量不好，抗冻性能差。包钢从 1957 年至 1963 年底，已用去包头红砖 51706 万块，许多建筑物都出现严重损毁，部分建筑物被迫拆除重建。部分建筑虽经局部加固，但因红砖质量太差，也需推倒重建。建议凡包钢厂区生产车间相对湿度超过 60% 的一律不采用红砖做承重结构和维护结构。

1965 年

1 月 29 日：为加快包钢建设速度和加强对基本建设工作的集中领导。冶金工业部决定成立"冶金工业部包钢建设指挥部"，在包钢建设期间代表冶金工业部决定建设中的各项问题。李超任指挥部总指挥，宋绍林任副总指挥，成员有林光、刘克刚、孙冰水、刘耀宗、曹天越等。包钢建设指挥部成立后，围绕浮选第一系列的建设，全面组织开展了"选烧大会战"。

2 月：冶金工业部决定实行冶金工业建设"大包干"制度。根据"大包干"的管理体制，包钢的基本建设从设计到施工，从设备订货到设备试运转，均由二冶包干负责。包钢只做生产准备工作，至工程竣工验收后，由包钢接管生产。

3 月 1 日：北京、天津、河北、山西和内蒙古等省、市、自治区，组织大批物资支援包钢建设。这些物资包括机螺丝、铜丝网、塑料管等 14 个品种，133 个规格，90 余万件（台）。

4 月 6 日：《人民日报》发表题为《在科学实验中坚持唯物辩证法——论包钢焦化厂在炼焦配煤中技术革命的新成就》的社论。

4 月 15—24 日：包头矿综合利用和稀土应用工作会议在包头召开（即第二次"四·一五"会议）。会议由国家科委、国家经委、冶金工业部联合召开，全国各有关部门、单位 140 个，代表 369 名参加了会议。会议确定了"以铁为主，综合利用"的白云鄂博矿资源开发方针。

5 月 12 日：冶金工业部电告包钢，包头钢铁基地资源综合利用技术，已列为国家经委、国家科委技术革命项目，各会战小组已经组成。

5 月 25 日：国家科学技术委员会、国家经济委员会下达包头矿综合利用研究试验及稀土元素应用试验计划。文中再一次强调包头冶金研究所是稀土研究与应用的情报交流中心，各单位应将研究试验及推广应用情况的资料定期送给该所。

8月24日：包钢选矿厂浮选第一系列建成投产。

8月：包钢初轧厂1150毫米初轧机主体工程动工兴建。

10月29日：冶金工业部包钢建设指挥部发出《关于包钢本年建设情况和明年设计安排》。指出：（1）集中力量，以建成一座高炉的原料系统为目标，同时完成白云鄂博铁矿、黄河水源地、耐火材料厂的部分改建、扩建；扫清一批急需的质量处理和结尾项目，基本形成一座高炉、三座平炉配套的综合生产能力。（2）以出钢材为目标，先后建成初轧厂和轨梁厂。（3）集中力量建成无缝钢管厂和第四座、第五座平炉以及第二座高炉的全部原料系统。

11月：包钢重油总油库和炼钢分油库工程开始施工，次年7月竣工。

12月15日：包头冶金研究所向冶金工业部呈报《关于包头中贫矿浮选试验会战情况的报告》。报告称，参加会战的有北京有色金属研究院、北京矿冶研究院、中科院长沙矿冶研究所、中科院地质研究所、地质部综合研究所、北京有色冶金设计院、鞍山黑色冶金设计院、包钢和包头冶金研究所9个单位的300多人。会战从5月至12月中旬，已进行了多种方案和多种药剂制度的探讨，两个流程（半混合半优先浮选流程和优先浮选流程）都已做完小型和连续试验，半混合半优先浮选流程已做完工业性试验。

后　记

　　本书系内蒙古自治区人民政府重大研究项目"发掘内蒙古历史文化，服务'一带一路'建设"第七子课题项目，项目主持人傅永春。课题组除了提交第一部书稿《蒙古族教育科学医疗文化与"一带一路"建设研究》外，在项目进展的中期又增加了本篇书稿。新中国成立后，内蒙古创造了"齐心协力建包钢"的历史佳话。追寻包钢初建时"一带一路"的足迹，发掘内蒙古地区各民族在"一带一路"经济走廊中的历史文化作用具有现实意义。该项目成果将对内蒙古全面融入"一带一路"建设起到积极作用。近年来，包钢高度关注"一带一路"发展进程，不断加强与"一带一路"沿线国家各领域、各阶层的交往交流，努力实现与"一带一路"沿线国家的全方位交流与合作。

　　包钢不仅是内蒙古钢铁工业的代表，还是国家钢铁工业的长子，它的兴建与投产可视为我国现代钢铁工业早期技术发展的模式，是我国现代钢铁工业化的缩影。包钢的建立让包头从过去的"风沙之地、水旱码头"发展成为今天的"草原明珠"，可以说从建厂之初包钢就肩负起服务国家建设、振兴内蒙古地区民族工业的重要职责。本书作者武月清博士的家乡就在包头市达茂旗，居住地塔令宫（蒙语是平川深处的意思）离白云鄂博矿仅90公里，是白云鄂博矿的水源地。作者希望借此宣传家乡，也希望通过课题研究成果引起更多的社会人士来关注包钢的发展前景，希望国家和社会能像当年给予包钢的重视一样，给予相应的政策支持，重新开展白云鄂博地质勘探研究，进行矿产的重新定位，开展稀土、铌资源的利用研究等，以实现国家战略资源的充分利用，让这座宝山更好地服务于"一带一路"倡议。这也是本书的意义所在。

本项研究在前期调研中得到了内蒙古师范大学科学技术史研究院广大师生们的全力支持和帮助，特此致谢。衷心感谢包钢集团以及相关的业界同仁们的全力配合与支持，没有他们提供的档案资料和口述史访谈，该项目是无法在短时间内完成的。书稿有幸得到了丛书主编朝克先生、子课题主持人傅永春先生的大力支持，课题组布仁吉日嘎拉教授、代钦教授的审阅和批改，特此致谢。

武月清

2021 年 8 月 10 日